Chemie 2

Naturstoffe · Aromate · Kunststoffe

Karl-Eugen Maulbetsch · Helmut Moll

Autoren

Dr. Karl-Eugen Maulbetsch war als Studiendirektor Fachberater für Chemie beim OSA Tübingen. Im Rahmen dieser Tätigkeit leitete er zusammen mit anderen Fachberater-Kollegen verschiedene Fortbildungsseminare über Themen zu Lehrplanänderungen, zum Einsatz von Experimenten sowie zur theoretischen und physikalischen Chemie. Außerdem war er viele Jahre Mitglied der Abitur-Aufgaben-Kommission und auch an Entwürfen zu Abitur-Aufgaben für die neue Kursstufe beteiligt. Am Gymnasium Balingen unterrichtete er überwiegend Chemie. Als häufiger Kursleiter in der Oberstufe bereitete er zahlreiche Schülerinnen und Schüler auf das Abitur vor.

Helmut Moll ist seit vielen Jahren an einem Gymnasium in der Nähe von Stuttgart als Fachlehrer für Biologie und Chemie tätig. Durch den Unterricht in zahlreichen Biologie- und Chemiekursen der Kolleg- bzw. Oberstufe sammelte er umfassende didaktische Erfahrungen, die in die beiden Bände des Abiturtrainingsprogrammes eingeflossen sind. Schwerpunkte seiner Arbeit sind die Erklärung chemischer Sachverhalte sowie die Erstellung von Aufgaben für die Kontrolle des Lernerfolgs. Als Autor für den Stark Verlag ist Helmut Moll seit dem Jahr 2000 tätig.

Bildnachweis
Umschlagbild: © kwanchaift – Fotolia.com
Kapitelbild 1: EM-Aufnahme, D. G. Robinson; aus Strasburger, Lehrbuch der Botanik, Gustav Fischer Verlag Stuttgart, 33. Auflage 1991
Kapitelbild 2: © ullstein – AP
Kapitelbild 3, oben: Ausstellungskatalog „Faszination Kunststoff", 1998, Seite 60; unten: Polartec®, Malden Mills Industries – 550 Broadway, Lawrence, MA 01842, USA

© 2018 Stark Verlag GmbH
www.stark-verlag.de
1. Auflage 1987

Das Werk und alle seine Bestandteile sind urheberrechtlich geschützt. Jede vollständige oder teilweise Vervielfältigung, Verbreitung und Veröffentlichung bedarf der ausdrücklichen Genehmigung des Verlages. Dies gilt insbesondere für Vervielfältigungen, Mikroverfilmungen sowie die Speicherung und Verarbeitung in elektronischen Systemen.

Inhalt

Vorwort

Naturstoffe 1

1 Kohlenhydrate und optische Aktivität 2
1.1 Molekülchiralität und optische Aktivität 2
1.2 Monosaccharide 6
1.3 Disaccharide 14
1.4 Polysaccharide 17
  Zusammenfassung 21
  Aufgaben 24

2 Aminocarbonsäuren und Proteine 30
2.1 Aminosäuren als Bausteine der Proteine 30
2.2 Peptide 39
2.3 Aufbau- und Strukturprinzipien von Proteinen 42
2.4 Enzyme 47
  Zusammenfassung 50
  Aufgaben 52

3 Nukleinsäuren – der Speicher genetischer Information 58
3.1 Bausteine der Nukleinsäuren 58
3.2 Die Primärstruktur der DNA 60
3.3 Ein Modell der DNA 61
  Zusammenfassung 62
  Aufgaben 62

Aromatische Verbindungen 63

1 Benzol und der aromatische Zustand 64
1.1 Der Begriff der „Aromatizität" 64
1.2 Eigenschaften und Struktur von Benzol 64
1.3 Die Bindungsverhältnisse im Benzolmolekül 66
1.4 Mesomerie und Mesomerieenergie 67
1.5 Die Hückel-Regel 69
1.6 Reaktionsverhalten von Benzol 70
  Zusammenfassung 73
  Aufgaben 74

2	Weitere wichtige aromatische Verbindungen	77
2.1	Nitrobenzol und Anilin	77
2.2	Benzolsulfonsäure	78
2.3	Aromaten mit aliphatischen Seitenketten	79
2.4	Mehrkernige Aromaten und Heteroaromaten	85
	Zusammenfassung	87
	Aufgaben	88
3	Gesundheitsgefährdung durch Chemikalien	95
3.1	Die toxikologische Forschung	95
3.2	Grenzwerte der WHO	96
3.3	Sicherheitsdatenblätter und Gefahrstoffverordnung	96
3.4	Die Maximale Arbeitsplatzkonzentration (MAK) und andere Grenzwerte	97
	Zusammenfassung	98
	Aufgaben	98

Kunststoffe ... 103

1	Die Geschichte der Kunststoffe	104
2	Wichtige Syntheseverfahren	105
2.1	Kunststoffsynthese durch Polymerisation	105
2.2	Kunststoffsynthese durch Polykondensation	111
2.3	Kunststoffsynthese durch Polyaddition	117
	Zusammenfassung	119
	Aufgaben	120
3	Der Zusammenhang zwischen den Eigenschaften und der Struktur von Kunstoffen	133
3.1	Eigenschaften und Struktur der thermoplastischen Kunststoffe	133
3.2	Eigenschaften und Struktur duroplastischer Kunststoffe	135
3.3	Eigenschaften und Strukur der Elastomere	135
	Zusammenfassung	136
	Aufgaben	137
4	Verarbeitung von Kunststoffen	138
4.1	Herstellung duroplastischer Formteile	138
4.2	Verarbeitung thermoplastischer Werkstoffe	138
4.3	Verarbeitung von Textilfasern	139
4.4	Herstellung geschäumter Werkstoffe	141
	Zusammenfassung	142
	Aufgaben	142

5	Verwertung von Kunststoffabfällen	144
5.1	Werkstoffliches Recycling	145
5.2	Rohstoffliche Verwertung	146
5.3	Energetische Verwertung	147
	Zusammenfassung	148
	Aufgaben	149

Lösungen 151

Anhang 227

Stichwortverzeichnis 231

Autoren: Dr. Karl-Eugen Maulbetsch und Helmut Moll

Besonderer Dank gilt Christoph Maulbetsch für zahlreiche Anregungen, Hinweise und fachliche Ratschläge sowie der Redaktion des Stark Verlags für die tatkräftige Unterstützung bei der Erstellung des Manuskripts.

 Im Hinblick auf eine eventuelle Begrenzung des Datenvolumens wird empfohlen, dass Sie sich beim Ansehen der Videos im WLAN befinden. Haben Sie keine Möglichkeit, den QR-Code zu scannen, finden Sie die Lernvideos auch unter:
http://qrcode.stark-verlag.de/84732V

Vorwort

Liebe Schülerin, lieber Schüler,

in drei klar strukturierten Kapiteln deckt dieser Trainingsband Chemie 2 das im Pflichtbereich der Abiturprüfung verlangte Grundwissen zu den Themen „**Naturstoffe**", „**Aromatische Verbindungen**" und „**Kunststoffe**" vollständig, anschaulich und leicht verständlich ab.

Damit ist Ihnen dieses Buch eine wertvolle Hilfe bei der effektiven Vorbereitung sowohl auf das Abitur als auch auf Klausuren und für den **unterrichtsbegleitenden Einsatz** in der gesamten Kursphase geeignet.

Anhand prägnanter **Beispiele**, einprägsamer **Merksätze**, übersichtlicher **Abbildungen** und knapper **Zusammenfassungen** wird das prüfungsrelevante Wissen leicht nachvollziehbar dargestellt und erläutert.
Eine Vielzahl von **Aufgaben** im Anschluss an jede thematische Einheit ermöglicht Ihnen die **Anwendung, Wiederholung, Einübung und Vertiefung** des erworbenen Wissens. Anhand der vollständigen **Lösungen**, die Sie am Ende des Buches finden, können Sie Ihren Lernerfolg direkt überprüfen.
Das umfassende **Stichwortverzeichnis** erlaubt Ihnen das schnelle Auffinden der wichtigsten Begriffe.

Zu ausgewählten Themenbereichen gibt es **Lernvideos**, in denen wichtige chemische Zusammenhänge dargestellt werden. An den entsprechenden Stellen im Buch befindet sich ein QR-Code, den Sie mithilfe Ihres Smartphones oder Tablets scannen können – Sie gelangen so schnell und einfach zum zugehörigen Lernvideo.

Viel Erfolg bei Ihren Prüfungen wünschen Ihnen das Autorenteam und der Stark Verlag.

Naturstoffe

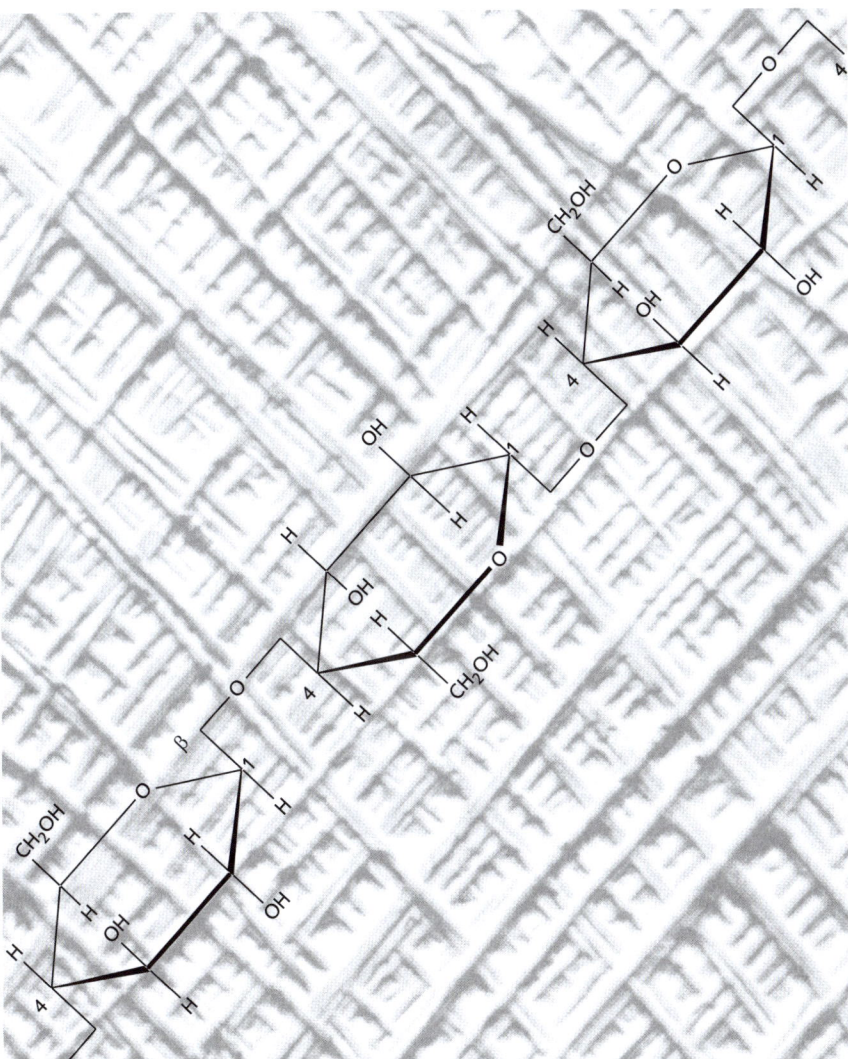

Die hohe Stabilität pflanzlicher Zellwände wird durch die netzartige Anordnung von Cellulose-Mikrofibrillen gewährleistet. Gebildet werden diese Strukturen, indem sich etwa 50 Cellulose-Makromoleküle parallel ausrichten und zu einer Elementarfibrille zusammenlagern. Eine Mikrofibrille besteht aus ungefähr 20 solcher Elementarfibrillen.

1 Kohlenhydrate und optische Aktivität

In der Natur werden **Kohlenhydrate** aus dem Kohlenstoffdioxid der Luft und aus Wasser mithilfe des Sonnenlichts über die physikalisch-chemischen Prozesse der **Fotosynthese** hergestellt. Ein Teil der Energie des Sonnenlichts wird von den Pflanzen so in einer chemisch verwertbaren Form festgelegt.

Der Name „Kohlenhydrate" ist historisch zu erklären und leitet sich von der **allgemeinen Summenformel $C_n(H_2O)_n$** dieser Verbindungen ab. In der systematischen chemischen Nomenklatur tragen die Namen vieler Vertreter der Kohlenhydrate die Endung „-ose", wie etwa bei Glucose oder Fructose.

1.1 Molekülchiralität und optische Aktivität

Die Moleküle verschiedener chemischer Verbindungen wie Glycerinaldehyd oder Milchsäure kommen in **zwei verschiedenen Formen** vor, die sich wie unsere Hände verhalten: wie Bild und Spiegelbild. Man kann Modelle dieser Moleküle drehen und wenden, stets stellt man fest, dass sie sich nicht zur Deckung bringen lassen. Dieses Phänomen bezeichnet man mit dem Begriff **Chiralität** („Händigkeit") oder **Spiegelbildisomerie**.

> Moleküle, die sich wie Bild und Spiegelbild verhalten, bezeichnet man als **Enantiomere**[1] oder **optische Isomere**. Sie drehen die Ebene linear polarisierten Lichtes.

Die Spiegelbildisomerie der Milchsäure erklärt sich aus der Tatsache, dass am Kohlenstoffatom C2 **vier** verschiedene Substituenten **tetraedrisch** angeordnet sind:

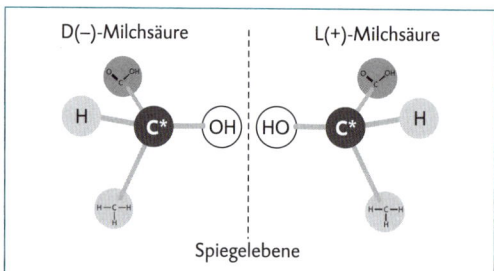

Abb. 1: Enantiomere des Milchsäuremoleküls

Dieses Kohlenstoffatom wird **asymmetrisches** Kohlenstoffatom genannt und mit (*) gekennzeichnet. Es bildet das **Chiralitätszentrum** des Moleküls.

---

1 von griech. *enantios*: entgegengesetzt

Um die unterschiedlichen räumlichen Strukturen chiraler Moleküle darzustellen, wendet man die Projektionsformel-Schreibweise nach FISCHER an. Zur Erstellung solcher Projektionen müssen folgende Regeln beachtet werden:
- Die Kohlenstoffkette wird **senkrecht** angeordnet.
- Das höchstoxidierte Kohlenstoffatom steht dabei **oben**.
- Das asymmetrische Kohlenstoffatom liegt **in der** Papierebene.
- Nach oben und unten verlaufende Bindungen liegen **hinter**, nach links und rechts weisende Bindungen liegen **vor** der Papierebene.

Projiziert man nun alle vier Substituenten in die Papierebene, so erhält man im Fall des Milchsäuremoleküls für die C–C-Bindungen senkrechte, für die C–H- und C–OH-Bindung jeweils einen waagrechten Bindungsstrich. Die beiden chiralen Moleküle unterscheiden sich in der **Stellung der Hydroxylgruppe**:

Mit **D**-Milchsäure bezeichnet man die Verbindung, bei der die OH-Gruppe in der FISCHER-Projektion rechts steht (lat.: *dexter*: rechts). Bei **L**-Milchsäure ist die OH-Gruppe dementsprechend links (lat.: *laevus*: links) angeordnet. Wenn eine Verbindung **mehrere** asymmetrische Kohlenstoffatome aufweist, bezieht sich die D- bzw. L-Bezeichnung auf die Stellung des Substituenten am asymmetrischen Kohlenstoffatom, das am weitesten von der höchstoxidierten Gruppe entfernt liegt. Untersucht man Verbindungen mit n asymmetrischen Kohlenstoffatomen, so existieren von diesen **2^n Stereoisomere**. Bei gleicher Strukturformel (Konstitutionsformel), bei gleicher Reihenfolge und gleicher Verknüpfung der Atome bzw. Atomgruppen im Molekül also, weisen Stereoisomere eine unterschiedliche räumliche Anordnung dieser Atome bzw. Atomgruppen auf. Solche räumlichen Anordnungen werden als **Konfigurationen** bezeichnet. Die Stereochemie befasst sich mit der Untersuchung und Charakterisierung dieser Konfigurationen.

Stereoisomere, die sich wie Bild und Spiegelbild verhalten, die also nicht zur Deckung gebracht werden können, nennt man Enantiomere. Stereoisomere, die sich nicht spiegelbildisomer zueinander verhalten, bezeichnet man als **Diastereomere**[2].

Polarisiertes Licht und die Messung der optischen Aktivität

Einige Eigenschaften von Licht lassen sich dadurch erklären, dass man annimmt, Licht sei eine transversale Welle, deren Schwingungsrichtung **senkrecht** zur Ausbreitungsrichtung steht. Normalerweise sind alle möglichen Schwingungsrichtungen existent, die senkrecht zur Ausbreitungsrichtung stehen. Es gibt jedoch Filter, die aus dieser Vielzahl von Schwingungsrichtungen nur eine einzige hindurchtreten lassen und den Rest abschwächen. Das Licht, das aus einem solchen **Polarisator** austritt, nennt man linear polarisiertes Licht. Unser Auge kann dieses Licht von normalem Licht nicht unterscheiden. Wird aber ein zweiter Polarisationsfilter (**Analysator**) in den Strahlengang gebracht, kann der Unterschied erkennbar gemacht werden.

Ein **Polarimeter** dient der Analyse der **optischen Aktivität** von Verbindungen. Als Lichtquelle wird eine Natriumdampflampe verwendet, die monochromatisches Licht der Wellenlänge $\lambda = 589$ nm erzeugt, das durch ein drehbares Filter, den Polarisator tritt. Damit werden nur die Schwingungsebenen durchgelassen, die der Gitterrichtung des Polarisators entsprechen. Das auf diese Weise linear polarisierte Licht wird nun durch einen zweiten, ebenfalls drehbaren Filter, den Analysator, betrachtet. Stimmen die Gitterrichtungen beider Filter überein, tritt das polarisierte Licht aus und kann beobachtet werden. Dreht man den Analysator so, dass die Gitterrichtung des Analysators **senkrecht** zu der des Polarisators steht, so wird der Durchtritt des linear polarisierten Lichts verhindert, es herrscht Dunkelheit.

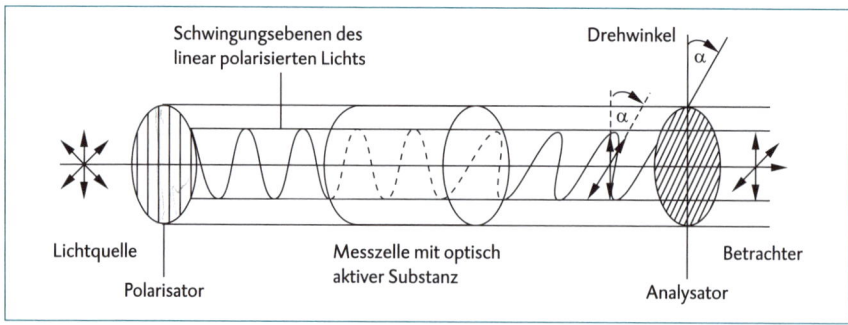

Abb. 2: Schematischer Aufbau eines Polarimeters

---

2 von griech. *dia*: jenseits

Optische Aktivität

Wenn man eine Probe eines der beiden Enantiomere der Milchsäure in den Strahlengang zwischen Polarisator und Analysator bringt, kann man eine Aufhellung erkennen. Um wieder völlige Dunkelheit zu erreichen, muss der Analysator um einen **bestimmten Winkel α** gedreht werden. Beim Durchtritt durch die Lösung wurde die Schwingungsrichtung des linear polarisierten Lichts um eben diesen Winkel α gedreht. Bei D-Milchsäure muss der Analysator gegen den Uhrzeigersinn gedreht werden, sie ist **linksdrehend**. Bei L-Milchsäure muss der Analysator entgegengesetzt verdreht werden, sie ist die rechtsdrehende Form.

> Stoffe, die die Schwingungsrichtung von linear polarisiertem Licht beeinflussen, bezeichnet man als **optisch aktiv** und kennzeichnet die rechtsdrehende Form mit (+), die linksdrehende mit (−).

Spezifische Drehung

Der gemessene Drehwinkel α ist proportional zur Massenkonzentration β in $[g \cdot mL^{-1}]$ und zur Schichtdicke ℓ in [dm] der Lösung:

$$\alpha = [\alpha]_D^{20} \cdot \beta \cdot \ell \qquad [\alpha]_D^{20} : \text{Stoffkonstante} \left[\frac{grd \cdot mL}{g \cdot dm} \right]$$

D: D-Linie des Natriums
20: Temperatur des Lösungsmittels bei 20 °C

Im Lösungsmittel Wasser gelten bei 20 °C folgende spezifische Werte:

- D-Milchsäure: $[\alpha]_D^{20} = -3{,}8° \cdot mL \cdot g^{-1} \cdot dm^{-1}$
- D-Glucose: $[\alpha]_D^{20} = +52{,}7° \cdot mL \cdot g^{-1} \cdot dm^{-1}$
- D-Fructose: $[\alpha]_D^{20} = -92{,}4° \cdot mL \cdot g^{-1} \cdot dm^{-1}$

Stimmen Lösungsmittel, Temperatur und Wellenlänge mit den Bedingungen der Tabellenwerte für die spezifische Drehung überein, so kann man bei gegebener Schichtdicke aus der Bestimmung des Drehwinkels α die **Konzentration** der untersuchten Verbindung ermitteln.

Enantiomere und optische Aktivität

Alle chiralen Verbindungen zeigen optische Aktivität. Die jeweiligen Enantiomeren lassen sich durch ihre unterschiedliche spezifische Drehung unterscheiden, die entweder mit oder gegen den Uhrzeigersinn verläuft.

Untersucht man dagegen eine Lösung, die **beide** Enantiomere einer chiralen Verbindung in gleicher Konzentration enthält, so kann man keine Veränderung des Drehwinkels feststellen, da sich die wie Bild und Spiegelbild gebauten Moleküle in ihrer Wirkung gegenüber linear polarisiertem Licht kompensieren.

> Optisch inaktive **1 : 1-Gemische** von Enantiomeren nennt man **Racemate**.

1.2 Monosaccharide

Kohlenhydrate können aus kleineren Molekülen oder aus vielen Bausteinen aufgebaut sein. Niedermolekulare Kohlenhydrate nennt man „Zucker". Je nach der Anzahl der am Aufbau beteiligten Moleküle unterscheidet man:
- **Monosaccharide** (Einfachzucker): ein Einzelmolekül
- **Oligosaccharide** (Mehrfachzucker): zwei bis acht Einheiten
- **Polysaccharide** (Vielfachzucker): mehr als acht Einheiten

Monosaccharide werden je nach Anzahl der am Aufbau der Kohlenstoffkette beteiligten Atome eingeteilt. So kennt man Moleküle mit
- drei Kohlenstoffatomen: **Triosen**
- fünf Kohlenstoffatomen: **Pentosen**
- sechs Kohlenstoffatomen: **Hexosen**

Glucose

Glucose bzw. „Traubenzucker" kommt in süßen Früchten und im Honig vor. Sie ist das **Primärprodukt** der Fotosynthese der grünen Pflanzen. Den Lebewesen dient Glucose als schnell verfügbare Energiereserve. Im menschlichen Blut liegt ihr Anteil, der als der „Blutzuckerspiegel" gemessen wird, zwischen 70 und 120 mg pro 100 mL Blut.

Die Summenformel der Glucose lautet $C_6H_{12}O_6$. Mit sechs Kohlenstoffatomen zählt dieses Monosaccharid daher zu den Hexosen. Am Aufbau eines Glucosemoleküls sind mehrere funktionelle Gruppen beteiligt. Die FISCHER-Projektion des Glucosemoleküls ist rechts gezeigt. Der positive Verlauf der Silberspiegel-Probe (siehe S. 11) zeigt, dass eine Aldehydgruppe im Molekül vorhanden ist. Daher gehört Glucose zu den Aldohexosen, kürzer den **Aldosen**. Glucose reagiert außerdem mit Essigsäure, wobei **Ester** entstehen. Diese Reaktion lässt auf OH-Gruppen im Molekül schließen, sodass man Glucose auch den Alkanolen zuordnen könnte.

D-Glucose

Die qualitative Untersuchung der Veresterung ergibt, dass fünf OH-Gruppen im Glucosemolekül vorhanden sind. Das **Kohlenstoffatom C 5** ist das am weitesten vom höchstoxidierten Kohlenstoffatom in der Aldehydgruppe entfernte asymmetrische Kohlenstoffatom. Die Stellung der Hydroxylgruppe an C 5 wird deshalb für die **D-/L-Zuordnung** der Glucose herangezogen.

Eine typische Nachweisreaktion auf **Aldehyde**, die Rotfärbung einer Lösung mit fuchsinschwefliger Säure, verläuft mit Glucose negativ, obwohl Glucose eine Aldose ist. Ein Vergleich der pH-Werte der Versuchsansätze zeigt:
- Die Silberspiegel-Probe läuft in alkalischem Milieu ab.
- Fuchsinschweflige Säure liegt in saurem Milieu vor.

In saurer Lösung läuft stattdessen überwiegend die **Halbacetalbildung** ab, eine typische Reaktion von Carbonylverbindungen mit Alkanolen. Diese Reaktion findet beim Glucosemolekül **intramolekular** zwischen dem ersten und dem fünften Kohlenstoffatom statt:

Aldehyd-Form   Halbacetal-Form

Es bildet sich ein **sechsgliedriger Ring**, in dem die Kohlenstoffatome C 1 und C 5 über eine Sauerstoffbrücke verbunden sind. Dieser Sechsring wird „Pyranring" genannt, da er von der Verbindung Pyran abgeleitet ist. Die Ringform der Glucose nennt man deshalb auch **Pyranose-Form**. In der Glucopyranose liegt keine freie Aldehydgruppe vor, was erklärt, warum die Nachweisreaktion mit fuchsinschwefliger Säure im sauren Milieu nicht positiv verläuft.

Durch die Bildung der ringförmigen Pyranoseform wird das **Kohlenstoffatom C 1** zu einem **asymmetrischen** Kohlenstoffatom. Während des Ringschlusses aus der offenkettigen Aldehydform kommt es zu zwei unterschiedlichen Orientierungen der Hydroxylgruppe am Kohlenstoffatom C 1. Steht sie auf der gleichen Seite des Moleküls wie die Hydroxylgruppe am Kohlenstoffatom C 2, also unterhalb der Ringebene der „HAWORTH"-Projektion, so spricht man von **α-Glucose**, ist sie entgegengesetzt orientiert, von **β-Glucose**:

α-D-Glucose   β-D-Glucose

Die beiden Isomere unterscheiden sich also nur in ihrer Konfiguration am Kohlenstoffatom C1. Man bezeichnet sie auch als **Anomere**, sie verhalten sich diastereomer zueinander.

W. N. HAWORTH führte die nach ihm benannte Projektion für zyklische Verbindungen ein. Das Molekül wird, wie zuvor gezeigt, als ebenes, waagrecht liegendes Sechseck gezeichnet. Die Bindung zu den Substituenten wird mithilfe senkrecht stehender Striche angedeutet. Substituenten, die in der FISCHER-Projektion links von der Kohlenstoffkette liegen, zeigen bei **HAWORTH-Formeln** nach oben. Substituenten, die rechts von der Kohlenstoffkette liegen, zeigen nach unten.

Die ringförmigen Glucosemoleküle sind entgegen der vorangegangenen Darstellungen in der Realität **nicht eben** gebaut. Wie beim Cyclohexan existieren verschiedene Konformationen, eine Sessel- und eine Wannenform. Die energetisch günstigere Sesselform, etwa die des β-Glucosemoleküls, existiert in zwei Formen: Die sperrige Hydroxymethylgruppe und die axiale Hydroxylgruppe am Kohlenstoffatom C1 behindern sich in der im Folgenden links gezeigten Struktur, auch elektrostatische Wechselwirkungen sind ausgeprägter als in den äquatorialen Positionen:

mehr axiale Substituenten   mehr äquatoriale Substituenten
                                   bevorzugte Form

Man kann die Anomere der Glucose in reinem, kristallinem Zustand isolieren. Ihre Lösungen drehen die Schwingungsebene des linear polarisierten Lichts, jedoch in unterschiedlichem Maß. Die **spezifische Drehung** beträgt für

- α-Glucose: $[\alpha]_D^{20} = +112° \, mL \cdot g^{-1} \cdot dm^{-1}$
- β-Glucose: $[\alpha]_D^{20} = +18{,}7° \, mL \cdot g^{-1} \cdot dm^{-1}$

Stellt man frische, gleich konzentrierte Lösungen der beiden Anomere her und misst ihren Drehwinkel im **Polarimeter**, so beobachtet man, egal ob man von α- oder β-Glucose ausgeht, eine **kontinuierliche Änderung** des Drehwinkels bis hin zu einem bestimmten Endwert, der dann konstant bleibt. Ursache für diese Erscheinung, die man **Mutarotation**[3] nennt, ist die über die offenkettige Form verlaufende, spontane Umwandlung des einen Anomeren in das andere.

---

3 von lat. *mutare*: verwandeln

Dabei stellt sich ein chemisches Gleichgewicht zwischen allen drei Formen ein, für das der spezifische Drehwinkel $[\alpha]_D^{20} = +52{,}7°\,\text{mL}\cdot\text{g}^{-1}\cdot\text{dm}^{-1}$ gilt:

α-D-Glucose   Aldehydform   β-D-Glucose

Fehling I + II

Fructose

Fructose kommt häufig zusammen mit Glucose in süßen Früchten vor. Sie ist kristallin sehr schlecht darstellbar und bildet stattdessen eine sirupartige Flüssigkeit. Sie wird als Süßungsmittel verwendet. Lange Zeit wurde sie auch als Diabetikerzucker verwendet, weil sie im Stoffwechsel unabhängig von Insulin verarbeitet werden kann.

Fructose hat die gleiche Summenformel ($C_6H_{12}O_6$) wie Glucose, sie ist also ebenfalls eine Hexose. Die Strukturanalyse liefert jedoch ein abweichendes Ergebnis: Am **Kohlenstoffatom C 2** des Fructosemoleküls befindet sich eine **Ketogruppe**, Fructose ist demnach eine 2-Ketohexose.

Fructose kommt wie Glucose in anomeren Formen vor. In wässriger Lösung liegt sie in Pyranoseform als Sechsring vor. Der Ringschluss erfolgt über eine Sauerstoffbrücke zwischen dem zweiten und dem sechsten Kohlenstoffatom:

Projektionsformel der Fructose

α-D-(−)-Fructopyranose Sechsring

In **Verbindungen** liegt das Molekül häufig als **Fünfring** vor. Der Ringschluss erfolgt dann zwischen dem zweiten und dem fünften Kohlenstoffatom. Das Grundgerüst dieses Moleküls entspricht der Struktur der Verbindung Furan (siehe S. 87). Man nennt diese Form des Fruchtzuckers deshalb auch **Furanose**form.

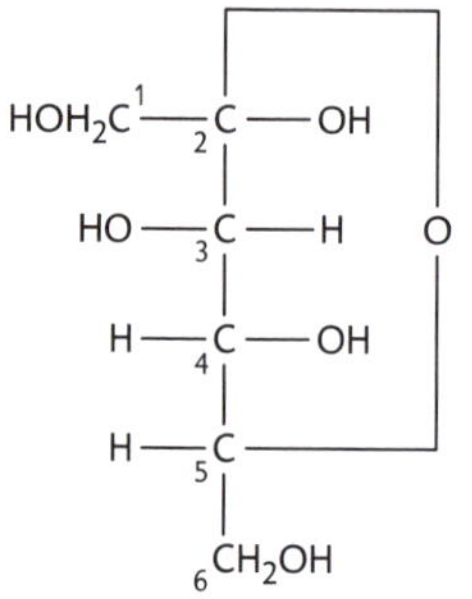

Projektionsformel

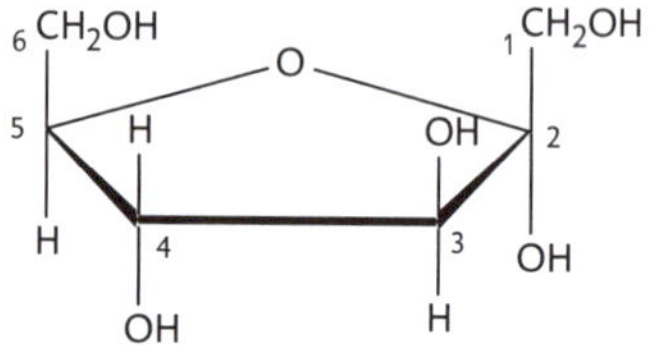

α-D-(−)-Fructofuranose
Fünfring

Eine wässrige Lösung von Fructose enthält neben der offenkettigen Form verschiedene Pyranose- und die Furanoseformen der Fructose. Das chemische **Gleichgewicht** in wässriger Lösung lässt sich wie folgt darstellen:

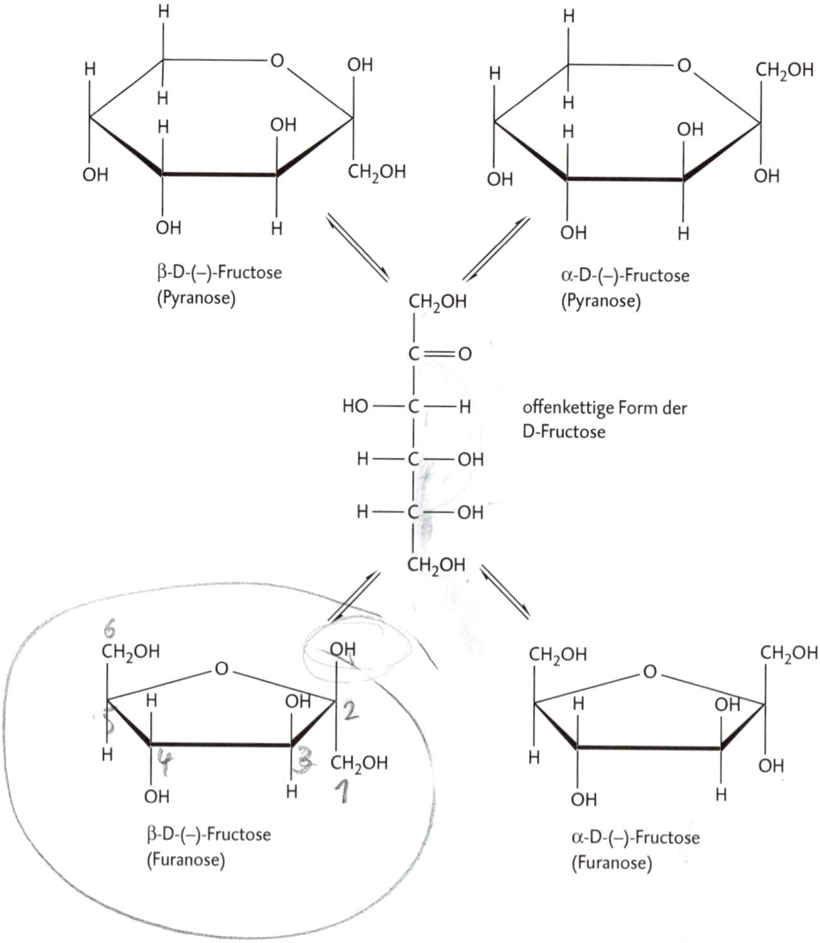

β-D-(−)-Fructose
(Pyranose)

α-D-(−)-Fructose
(Pyranose)

offenkettige Form der
D-Fructose

β-D-(−)-Fructose
(Furanose)

α-D-(−)-Fructose
(Furanose)

Lösungen der Fructose zeigen bei der **Silberspiegel-Probe** einen **positiven** Verlauf, obwohl Fructose keine Aldehydgruppe besitzt. Grund dafür ist die Erscheinung, dass sich Fructose in alkalischer Lösung in **Glucose** umwandelt, sodass Glucose in der Lösung überwiegt. Diese Umwandlung geschieht durch intramolekulare Protonenwanderung und Elektronenverschiebung und wird **Keto-Enol-Tautomerie** genannt: „Enol" setzt sich zusammen aus „-en" für die C=C-Bindung und „-ol" für die Hydroxylgruppe:

$$\text{D-Fructose} \xrightleftharpoons{[OH^-]} \text{Enol-Form} \xrightleftharpoons{[OH^-]} \text{D-Glucose}$$

Ein spezieller Nachweis auf Fructose ist die **Seliwanow-Probe** (siehe S. 12).

Reaktionen der Monosaccharide

Die folgenden Nachweisreaktionen werden zur Identifizierung von Monosacchariden angewandt:

- Bei der **Silberspiegel-Probe** (TOLLENS-Probe) zum Nachweis von Aldehyden gibt man zu einer 5 %-igen Silbernitrat-Lösung in einem Reagenzglas so lange konzentrierte Ammoniak-Lösung, bis sich der entstehende Niederschlag gerade wieder aufgelöst hat. Dann gibt man die Lösung des Monosaccharids hinzu und erwärmt im Wasserbad. Alle Monosaccharide, die in alkalischer Lösung eine **Aldehydgruppe** bilden, wirken unter den Versuchsbedingungen reduzierend, sodass sich elementares Silber als „Silberspiegel" abscheidet. Der Reaktionsverlauf lässt sich wie folgt formulieren:

Reduktion: $2\,\overset{+I}{Ag}{}^+ + 2\,e^- \longrightarrow 2\,\overset{0}{Ag}$

Oxidation: $R-\overset{+I}{C}HO + 2\,OH^- \longrightarrow R-\overset{+III}{C}OOH + 2\,e^- + H_2O$

- Zur Durchführung der **FEHLING'schen Probe** mischt man in einem Reagenzglas zu etwa gleichen Teilen FEHLING'sche Lösung I (Kupfersulfat-Lösung) und FEHLING'sche Lösung II (alkalische Lösung von Kalium-Natrium-Tartrat). Nach dem Umschütteln entsteht eine klare, tiefblaue Lösung. Zu dieser Lösung gibt man die Monosaccharid-Lösung und erwärmt im Wasserbad.

Liegt ein reduzierender Zucker mit Aldehydgruppe vor, so beobachtet man einen Farbumschlag von blau nach ziegelrot. Unlösliches Kupfer(I)-oxid (Cu_2O) ist entstanden:

Reduktion: $2\,\overset{+II}{Cu}{}^{2+} + 2\,e^- + 2\,OH^- \longrightarrow \overset{+I}{Cu_2}O + H_2O$

Oxidation: $\underset{R}{H-\overset{+I}{C}(=O)} + 2\,OH^- \longrightarrow \underset{R}{HO-\overset{+III}{C}(=O)} + 2\,e^- + H_2O$

- Bei der SCHIFF'schen Probe verwendet man fuchsinschweflige Säure (farblos). Zwei verschiedene Reagenzgläser beschickt man mit diesem Nachweisreagens. Zu dem einen gibt man zusätzlich Glucose-Lösung, zu dem anderen Acetaldehyd. Im Reagenzglas mit Acetaldehyd kann eine deutliche Rotfärbung als Nachweis auf die Aldehydgruppe beobachtet werden, während man im Glucoseansatz keine Farbveränderung feststellen kann. Die Beobachtung erklärt sich aus der Tatsache, dass Glucose in saurer Lösung fast ausschließlich als Halbacetal vorliegt (siehe S. 7).
- Die SELIWANOW-Probe zum Nachweis der Fructose wird folgendermaßen durchgeführt: Man löst wenig Resorcin in 5 mL konzentrierter Salzsäure und verteilt diese Lösung auf zwei Reagenzgläser. Zum einen gibt man etwas Glucose, zum andern etwas Fructose und erwärmt im kochenden Wasserbad. Beim Fructoseansatz ist eine **sofortige** Rotfärbung zu beobachten, während die Farbveränderung bei Glucose zeitlich stark verzögert auftritt.
- Sowohl Aldosen wie auch Ketosen sind **oxidierbar**. Setzt man schwache Oxidationsmittel wie Bromwasser oder verdünnte Salpetersäure ein, so kann die Aldehydgruppe oxidiert werden. Aus D-Glucose entsteht dabei die D-Gluconsäure:

D-Glucose $\xrightarrow[\text{verdünnte }HNO_3\text{-Lösung}]{\text{Oxidation}}$ D-Gluconsäure

Mit stärkeren Oxidationsmitteln wie konzentrierter Salpetersäure gelingt die Oxidation der primären Hydroxylgruppe am Kohlenstoffatom C 6 und die der Formylgruppe am Kohlenstoffatom C 1. Dabei entstehen **Zuckersäuren**:

$$
\begin{array}{c}
\text{CHO} \\
\mid \\
\text{H}-\text{C}-\text{OH} \\
\mid \\
\text{HO}-\text{C}-\text{H} \\
\mid \\
\text{H}-\text{C}-\text{OH} \\
\mid \\
\text{H}-\text{C}-\text{OH} \\
\mid \\
\text{CH}_2\text{OH} \\
\text{D-Glucose}
\end{array}
\xrightarrow[\text{konzentrierte HNO}_3\text{-Lösung}]{\text{Oxidation}}
\begin{array}{c}
\text{COOH} \\
\mid \\
\text{H}-\text{C}-\text{OH} \\
\mid \\
\text{HO}-\text{C}-\text{H} \\
\mid \\
\text{H}-\text{C}-\text{OH} \\
\mid \\
\text{H}-\text{C}-\text{OH} \\
\mid \\
\text{COOH} \\
\text{D-Zuckersäure} \\
\text{(D-Glucarsäure)}
\end{array}
$$

Im Zellstoffwechsel des Menschen und als Bausteine von Polysacchariden spielen die **Glucuronsäuren** eine wichtige Rolle. Als Glycosaminoglycan-Bestandteile kommen sie z. B. in der Matrix im extrazellulären Raum des tierischen Gewebes und als Pektine in der Gerüstsubstanz pflanzlicher Zellwände vor.
Sie entstehen durch Oxidation der Hydroxylgruppe am Kohlenstoffatom C 6, die dadurch in eine Carboxylgruppe übergeht:

$$
\begin{array}{c}
\text{CHO} \\
\mid \\
\text{H}-\text{C}-\text{OH} \\
\mid \\
\text{HO}-\text{C}-\text{H} \\
\mid \\
\text{H}-\text{C}-\text{OH} \\
\mid \\
\text{H}-\text{C}-\text{OH} \\
\mid \\
\text{CH}_2\text{OH} \\
\text{D-Glucose}
\end{array}
\xrightarrow[-\text{H}_2\text{O}]{\text{formal: } +\text{O}_2}
\begin{array}{c}
\text{CHO} \\
\mid \\
\text{H}-\text{C}-\text{OH} \\
\mid \\
\text{HO}-\text{C}-\text{H} \\
\mid \\
\text{H}-\text{C}-\text{OH} \\
\mid \\
\text{H}-\text{C}-\text{OH} \\
\mid \\
\text{COOH} \\
\text{D-Glucuronsäure}
\end{array}
$$

- Die **halbacetalische Hydroxylgruppe** am Kohlenstoffatom C 1 der Glucose und am Kohlenstoffatom C 2 sowohl der Fructopyranose als auch der Fructofuranose ist sehr reaktionsfähig. Sie können in saurer Lösung mit Alkanolen zu **Acetalen** weiterreagieren. Als Alkanolkomponente kann dabei z. B. ein Methanol- oder Ethanolmolekül oder ein weiteres Monosaccharid-Molekül dienen. Die so entstehenden Verbindungen nennt man **Glycoside**.

Folgende Reaktionsgleichung zeigt die Glycosidbildung zwischen α-D-Glucose und Methanol:

α-D-Glucose + CH$_3$OH → Methyl-α-D-glucopyranosid + (−H$_2$O)

In der Natur kommen Glycoside sehr häufig vor. **Farbstoffe** wie die Anthocyane und andere pflanzliche Inhaltsstoffe gehören zu dieser Stoffgruppe.

Wichtige Pentosen

Viele **Pentosen**, die zur Stoffgruppe der Aldosen gehören, sind in ihrem Reaktionsverhalten der Glucose sehr ähnlich. Sie besitzen asymmetrische Kohlenstoffatome, sind also auch optisch aktiv. In wässriger Lösung können sie ebenfalls in Ringformen vorliegen und Anomere bilden.

D-Ribose   D-Xylose   D-Arabinose

1.3 Disaccharide

Disaccharid-Moleküle sind aus **zwei Monosaccharid-Einheiten** aufgebaut. Sie entstehen in einer Kondensationsreaktion durch **glycosidische** Verknüpfung zweier Monosaccharid-Moleküle unter Abspaltung von Wasser. Dabei gibt es zwei unterschiedliche Möglichkeiten:

1. Zwischen einer **alkoholischen** und einer **halbacetalischen OH-Gruppe**. Das dabei entstehende Disaccharid besitzt einen Monosaccharidbaustein, der als **Acetal** vorliegt, während der zweite Baustein als **Halbacetal** erhalten bleibt. Die Ringöffnung in alkalischer Lösung ist an der halbacetalischen OH-Gruppe möglich. Daher wirken diese Zucker reduzierend und zeigen Mutarotation. Diese Eigenschaften besitzen z. B. Maltose und Cellobiose.

2. Zwischen **zwei halbacetalischen OH-Gruppen**. Diese Disaccharide enthalten keine halbacetalische Hydroxylgruppe, sie wirken nicht reduzierend, weil die Ringöffnung nicht möglich ist. Sie zeigen deshalb auch keine Mutarotation. Ein Vertreter dieser Gruppe ist einer der bekanntesten Zucker, die Saccharose („Haushaltszucker").

Saccharose

Als Süßungsmittel stand in Europa lange Zeit nur Honig zur Verfügung. Der aus dem Orient importierte Zucker war sehr teuer und damit ein Luxusartikel. Er konnte früher nur aus Zuckerrohr gewonnen werden, das in Europa nicht heimisch war. Erst mit der Züchtung der Zuckerrübe ist es gelungen, auch in unseren Breiten Zucker preiswert herzustellen. Rübenzucker und Rohrzucker sind identisch, sie bestehen aus **Saccharose**. Erhitzt man diesen Zucker, so schmilzt er bei 185 °C und bildet eine sich allmählich braun verfärbende Schmelze, das so genannte **„Karamell"**. Wenn man das Disaccharid unter dem Einfluss von H_3O^+-Ionen als Katalysator hydrolysiert, erhält man als Reaktionsprodukt ein äquimolares Gemisch aus **α-D-Glucose und β-D-Fructose**. Saccharose ist ein **nichtreduzierender** Zucker, sodass die Glycosidbindung durch Reaktion der beiden Halbacetalstellen in den Monosaccharid-Bausteinen erfolgt sein muss. Die so entstandene Verknüpfung bezeichnet man als 1,2-Glycosidbindung:

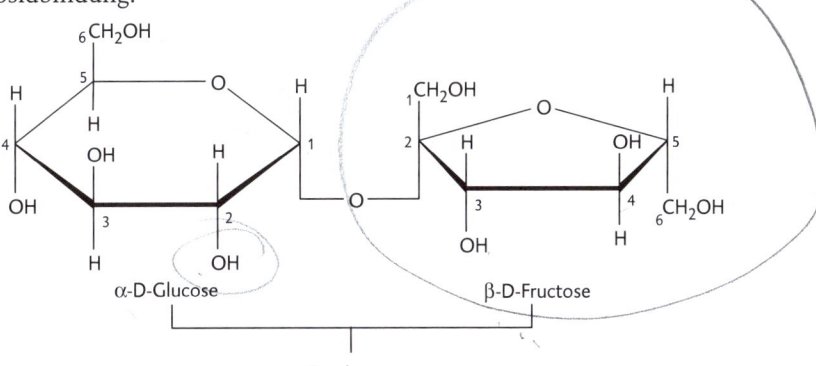

Aufgrund dieser Verküpfung reagiert Saccharose nicht mit FEHLING'scher Lösung.

Durch die Wechselwirkung der zahlreichen Hydroxylgruppen im Molekül mit den Wasserdipolen ist Saccharose in Wasser sehr gut löslich. Sie dreht die Schwingungsebene des polarisierten Lichtes um $[\alpha]_D = +66{,}5° \cdot mL \cdot g^{-1} \cdot dm^{-1}$ nach rechts.

Lösungen der beiden die Saccharose aufbauenden Monosaccharide zeigen gegenüber einer reinen Saccharose-Lösung abweichende optische Eigenschaften, weshalb man die **Hydrolyse** mit dem Polarimeter verfolgen kann:

$$C_{12}H_{22}O_{11} + H_2O \longrightarrow C_6H_{12}O_6 + C_6H_{12}O_6$$

Saccharose   D-Glucose   D-Fructose

$[\alpha]_D = +66{,}5° \cdot mL \cdot g^{-1} \cdot dm^{-1}$ $+52{,}5° \cdot mL \cdot g^{-1} \cdot dm^{-1}$ $-92° \cdot mL \cdot g^{-1} \cdot dm^{-1}$

Hydrolysat: Endwert $[\alpha]_D = -20° \cdot mL \cdot g^{-1} \cdot dm^{-1}$

Während der Hydrolyse wechselt die Drehrichtung von (+) nach (−). Diese Richtungsänderung und die ihr zugrunde liegende Reaktion bezeichnet man als **Inversion des Rohrzuckers**. Das entstandene Hydrolysat bezeichnet man als **Invertzucker**. Bienenhonig ist natürlicher Invertzucker, Kunsthonig technisch invertierter Rohrzucker.

Maltose

Maltose oder „**Malzzucker**" besitzt ebenfalls die Summenformel $C_{12}H_{22}O_{11}$. Maltose zeigt eine positive Reaktion mit FEHLING'scher Lösung, es handelt sich also um einen **reduzierenden** Zucker. Den Grund hierfür findet man im Molekülbau: Eine der beiden Monosaccharideinheiten hat ihre halbacetalische OH-Gruppe behalten (durch einen gestrichelten Pfeil gekennzeichnet):

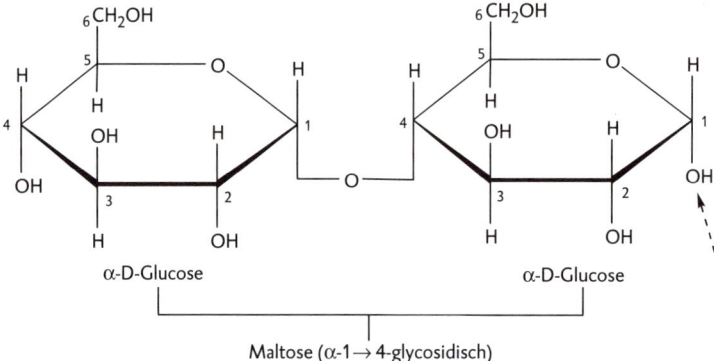

Maltose (α-1 → 4-glycosidisch)

Es liegt eine **α-1,4-glycosidische** Bindung vor. Unterwirft man Maltose einer Hydrolyse, so enthält das Hydrolysat ausschließlich α-D-Glucosemoleküle.

Cellobiose

Cellobiose ist ebenfalls ein Zucker mit der Summenformel $C_{12}H_{22}O_{11}$. Sie entsteht bei der Spaltung von **Cellulose**makromolekülen. Cellobiose ist ein **reduzierender** Zucker, die beiden Monosaccharid-Einheiten des Disacharids sind wie bei der Maltose über eine 1,4-glycosidische Bindung verknüpft.

Die Hydrolyse von Cellobiose liefert allerdings ausschließlich β-D-Glucose, weshalb man die hier vorliegende Bindung als **β-1,4-glycosidisch** bezeichnet:

Cellobiose (β-1→ 4-glycosidisch)

1.4 Polysaccharide

Die Moleküle der **Polysaccharide** sind aus vielen Monosaccharideinheiten aufgebaut. Als Monosaccharidbaustein kommt in der Natur häufig das Glucosemolekül vor, wobei zwischen 100 und mehreren 1 000 solcher Moleküle verknüpft sein können.

Stärke

Stärke ist der wichtigste **Reservestoff** der grünen Pflanzen. Sie wird in Samen und unterirdischen Pflanzenteilen eingelagert. Stärke ist ein wichtiger **Nährstoff** für den Menschen. Deshalb sind stärkehaltige Wurzelknollen, wie die Kartoffel, Rüben oder (Getreide-)Samen häufig als Bestandteil unserer Nahrung zu finden. Tiere und Menschen können Stärke in Form von Glycogen in Muskel- und Leberzellen speichern. Diese Speicherform steht in den Zellen als schnell abrufbare Energiereserve zur Verfügung.

Natürliche Stärke besteht aus zwei nebeneinander vorkommenden Typen von Glucoseketten, der **Amylose** (20 %) und dem **Amylopektin** (80 %): Amylose ist der Anteil der Stärke, der sich in heißem Wasser löst, wenn auch nur kolloidal[4], während Amylopektin unlöslich ist. Stärke-Lösungen sind trüb, was auf die Lichtstreuung der Moleküle zurückzuführen ist. Diese Eigenschaft kolloidaler Lösungen nennt man „**Tyndall-Effekt**". Wenn der Massenanteil der Stärke im Wasser zunimmt, entsteht ein Gel, das als „Stärkekleister" bezeichnet wird.

---

4 In einer kolloidalen Lösung liegen die Teilchen feinst verteilt vor, sind aber aufgrund ihrer Größe nicht im eigentlichen Sinne „gelöst".

Amylose besteht aus **unverzweigten, kettenförmigen** Makromolekülen, die bis zu 1 000 α-D-Glucose-Bausteine umfassen. Die Glucoseeinheiten sind durch α-1,4-glycosidische Bindungen miteinander verknüpft:

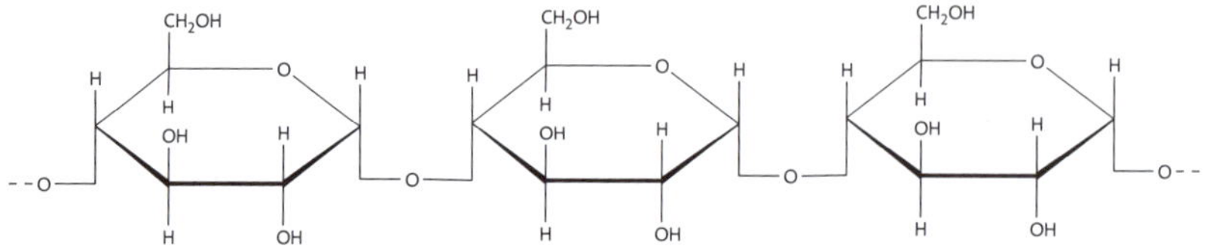

Ausschnitt aus der Amylosestruktur

Das entstehende Makromolekül ist **spiralig** in Form einer Helix **gewunden**. Stabilisiert wird die Helix-Struktur durch Wasserstoffbrückenbindungen, wobei jeweils sechs Glucoseeinheiten eine vollständige Windung ergeben:

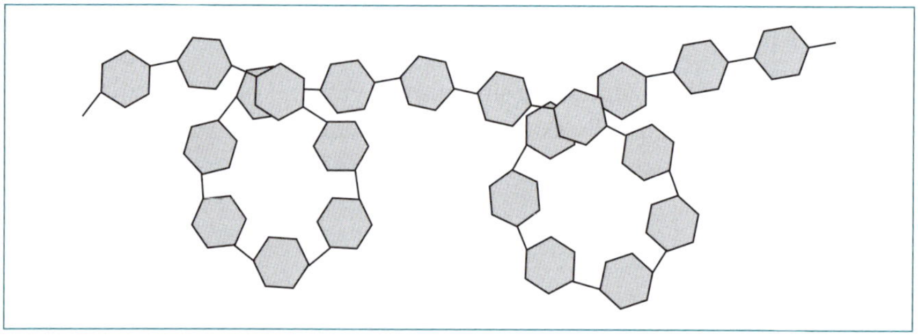

Abb. 3: Schematisierter Ausschnitt aus einem Amylosemakromolekül

Amylopektinmoleküle sind **verzweigt** und bestehen aus mehr als 2 000 α-D-Glucose-Bausteinen. In Wasser sind sie nicht löslich. Neben α-1,4-Glycosidbindungen treten auch **1,6-Glycosidbindungen** auf. Dadurch entstehen Verzweigungen, weshalb die Moleküle keine Helixstruktur ausbilden können.

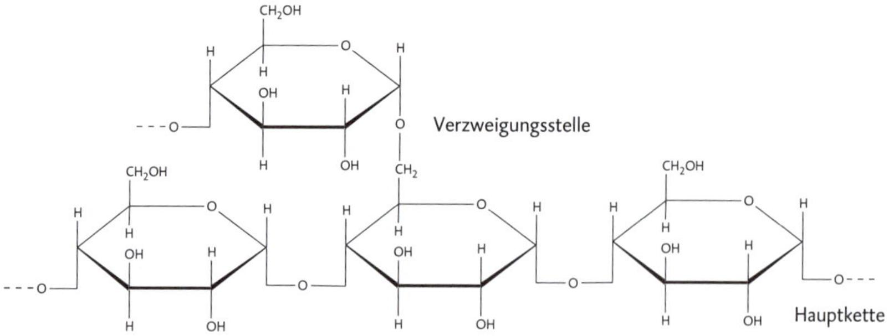

Ausschnitt aus der Struktur des Amylopektinmoleküls

Lugol'sche Lösung (I_2/KI-Lösung) ist ein sehr empfindliches Nachweisreagenz für Stärke. Die anfangs dunkelbraune Iod-Lösung färbt sich bei Anwesenheit von Amylose **blau-schwarz**. Beim Erhitzen der Lösung verschwindet die blau-schwarze Färbung, beim Abkühlen erscheint sie jedoch wieder. Dies deutet darauf hin, dass die Wechselwirkungen zwischen den Stärkemolekülen und den Iodmolekülen nicht besonders intensiv sind. Untersuchungen haben gezeigt, dass es sich um eine Art Einschlussverbindung handelt. Iodmoleküle lagern sich in das Innere der **Amylose-Helix** ein, wo sie durch VAN-DER-WAALS-Kräfte gehalten werden. Mit Amylopektin bildet Lugol'sche Lösung aufgrund der uneinheitlicheren Struktur nur vereinzelt Einschlussverbindungen, die eine **rotviolette** Farbe aufweisen.

Amylose und Amylopektin können durch **enzymatischen** Angriff in verschiedene Bruchstücke zerlegt werden. Die so genannten **Amylasen**, die z. B. im Speichel vorkommen, spalten die Polysaccharid-Moleküle in kleinere Einheiten bis zur Maltose. Im Darm wird diese durch das Enzym Maltase in Glucoseeinheiten gespalten.

Bruchstücke	Beispiel
Polysaccharide, Oligosaccharide	Dextrine
Disaccharide	Maltose
Monosaccharide	D-Glucose

Tab. 1: Abbauprodukte der Stärke

Hydrolyse erfolgt auch unter dem Einfluss von H_3O^+-Ionen. Der **Reaktionsmechanismus** der sauren Hydrolyse der glycosidischen Bindungen ist im Folgenden stark vereinfacht dargestellt.

1. Im ersten Schritt kommt es nach **Protonierung** des glycosidischen Brücken-Sauerstoffatoms durch die als Katalysator fungierende Säure und anschließender Hitzeeinwirkung zur Spaltung der Bindung:

$$-\overset{|}{\underset{|}{C}}-O-\overset{|}{\underset{|}{C}}- + H_3O^+ \longrightarrow -\overset{|}{\underset{|}{C}}-\overset{\oplus}{\underset{H}{O}}-\overset{|}{\underset{|}{C}}- + H_2O \xrightarrow{\text{Hitze}} -\overset{|}{\underset{|}{C}}-OH + {}^\oplus\overset{|}{\underset{|}{C}}-$$

2. Im zweiten Schritt kommt es nach Anlagerung von Wasser und anschließender Abspaltung eines Protons zur **Rückbildung** des Katalysators:

$${}^\oplus\overset{|}{\underset{|}{C}}- + H_2O \longrightarrow -\overset{|}{\underset{|}{C}}-\overset{H}{\underset{H}{\overset{\oplus}{O}}} + H_2O \longrightarrow -\overset{|}{\underset{|}{C}}-OH + H_3O^+$$

Das **elektronenreiche** Sauerstoffatom der Glycosidbindung kann leicht protoniert werden. Das entstehende **instabile** Zwischenprodukt wird dann bei erhöhter Temperatur gespalten. So entsteht ein vollständiges Monosaccharid-Molekül, während das Kohlenstoffatom C4 am zweiten Ring noch eine positive Ladung trägt. Hier ist die Anlagerung eines Wassermoleküls möglich. Durch Abspaltung eines Protons aus dem ebenfalls instabilen Zwischenprodukt entsteht das zweite vollständige Zuckermolekül.

Cellulose

Cellulose ist als **Gerüstsubstanz** in den Zellwänden der grünen Pflanzen enthalten. Es ist das auf der Erde häufigste Kohlenhydrat. Baumwolle, Flachs und Hanf bestehen fast zu 100 % aus Cellulose, Holz enthält etwa 50 % Cellulose als Fasermaterial.

Das Makromolekül besteht nur aus β-D-Glucoseeinheiten, die β-1,4-glycosidisch verknüpft sind. So entsteht aus mehr als 10 000 Bausteinen ein **geradkettiges Makromolekül**. Jedes zweite Glukosemolekül ist dabei um die C1-C4-Achse gedreht (siehe Cellobiose, S. 17), sodass die Glycosidbindungen abwechselnd oberhalb und unterhalb der Ringebenen zu liegen kommen:

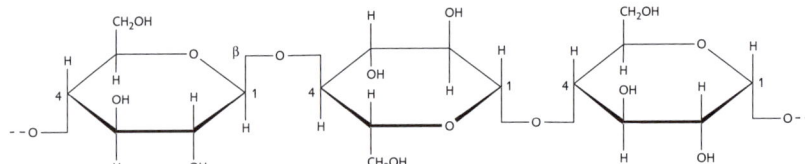

Ausschnitt aus der Cellulose-Struktur

Das kettenförmige Makromolekül ist zur **Faserbildung** besonders gut geeignet: Etwa 50 Makromoleküle können **parallel** nebeneinander liegen und sich durch Ausbildung von Wasserstoffbrückenbindungen zu einer so genannten „Elementarfibrille" zusammenlagern. Etwa 20 solcher Elementarfibrillen bilden eine „Mikrofibrille". Sie bildet die Grundbaueinheit der pflanzlichen Zellwände. Die Stabilität dieser Zellwände wird dadurch gewährleistet, dass die Mikrofibrillen **netzartig** übereinander liegen.

Mit starken Mineralsäuren kann Cellulose in ihre Bausteine, die β-D-Glucoseeinheiten gespalten werden. Der Reaktionsmechanismus entspricht dem der zuvor besprochenen Hydrolyse der Amylose. Das Reaktionsprodukt kann durch spezielle Hefen zu **Ethanol** umgesetzt werden, das unter der Bezeichnung „Industriealkohol" als Lösungsmittel Verwendung findet. Cellulose ist für die **menschliche Verdauung** von großer Bedeutung.

Zwar fehlt dem Menschen das cellulosespaltende Enzym **Cellulase**, sodass Cellulose im Verdauungssystem nicht aufgespalten werden kann. Dennoch ist sie ein sehr wichtiger **Ballaststoff**, ohne den die Darmperistaltik zum Erliegen kommen würde.

Aus **Holz** kann man über verschiedene Aufschlussverfahren nahezu reine Cellulose („Zellstoff") gewinnen. Dazu muss zunächst der Holzstoff **Lignin** abgetrennt werden. Lignin übernimmt im Holz die Rolle eines Füllstoffes, der die Fasern „verklebt". Aus der gewonnenen Cellulose werden Papier, Nitrocellulose und halbsynthetische Fasern wie die Acetat- oder Viskoseseide hergestellt.

 ## Zusammenfassung

1. Kohlenstoffatome, die vier verschiedene Atome bzw. Atomgruppen binden, nennt man **asymmetrische Kohlenstoffatome**.

2. Kohlenstoffatome, die tetraedrisch von vier verschiedenen Atomen bzw. Atomgruppen umgeben sind, bilden **Chiralitätszentren**. Bild und Spiegelbild solcher Moleküle können nicht zur Deckung gebracht werden, man nennt sie **Enantiomere** oder optische Isomere. Sie drehen die Ebene des polarisierten Lichtes jeweils um den gleichen Betrag, aber in entgegengesetzter Richtung. Isomere, die sich nicht wie Bild und Spiegelbild verhalten, werden als **Diastereomere** bezeichnet. Moleküle, die eine Symmetrieebene besitzen, sind nicht optisch aktiv.

3. Zur Messung der optischen Aktivität verwendet man **Polarimeter**; diese bestehen aus Lampe, Linse, Polarisator, Küvette, Analysator und Fernrohr. Sind Polarisator und Analysator parallel orientiert, dann herrscht Helligkeit, stehen sie im 90°-Winkel zueinander, dann herrscht Dunkelheit. Dreht die Substanz die Ebene des polarisierten Lichtes, dann muss der Analysator um den entsprechenden Winkel nachgestellt werden. Drehungen im Uhrzeigersinn werden mit einem (+), jene entgegen dem Uhrzeiger mit einem (−) bezeichnet.

4. Die Drehung des polarisierten Lichtes ist proportional zur Massenkonzentration und zur Länge der durchstrahlten Küvette.

5. Zucker werden in **Monosaccharide** (Einfachzucker), **Oligosaccharide** (Mehrfachzucker) und **Polysaccharide** (Vielfachzucker) eingeteilt.

6. Eine weitere Klassifizierung erfolgt nach der Anzahl der Kohlenstoffatome in Triosen, Tetrosen, Pentosen, Hexosen usw. Trägt die Kohlenstoffkette am Ende eine Formylgruppe (Aldehydgruppe), dann liegt eine **Aldose** vor. Befindet sich die Carbonylgruppe an einer anderen Position, dann ist das Monosaccharid ein Keton und wird als **Ketose** bezeichnet.

7. In den FISCHER-Projektionsformeln werden Zuckerstrukturen in linearer Anordnung wiedergegeben. Das höchstoxidierte Kohlenstoffatom wird in der Papierebene oben gezeichnet. Das am weitesten von der Carbonylgruppe entfernte asymmetrische Kohlenstoffatom ist das Referenz-Kohlenstoffatom. Steht die Hydroxylgruppe nach der Projektion rechts, dann liegt die D-Form vor, im umgekehrten Fall die L-Form.
Die Anzahl der Isomere mit n chiralen (asymmetrischen) Zentren beträgt 2^n.

8. Zuckermoleküle sind nicht linear aufgebaut. Es liegen Sechs- und Fünfringe, Pyranosen und Furanosen vor. Die Bildung dieser Ringe ist eine Folge der Reaktionen der Aldehyd- oder Carbonylgruppen mit Hydroxylgruppen zu Halbacetalen. Durch die Halbacetal-Bildung entstehen am Halbacetal-Kohlenstoffatom, auch als anomeres Kohlenstoffatom bezeichnet, die zwei Anomere α und β aufgrund unterschiedlicher Orientierung der Hydroxylgruppen.

9. In der HAWORTH-Projektion der Pyranoseform von D-Glucose ist die Hydroxylgruppe bei der α-Form nach unten gerichtet, bei der β-Form nach oben; entsprechende Orientierungen gibt es bei den Furanose- und Pyranoseformen der Fructose. α- und β-Formen wandeln sich über die offene Kette in wässriger Lösung ineinander um. Die Drehwinkel ändern sich, nach einiger Zeit stellt sich ein einheitlicher Wert ein. Dieser Prozess wird als Mutarotation bezeichnet.

10. In der Realität sind die Pyranose-Ringe nicht eben, wie bei den HAWORTH-Formeln dargestellt, sondern sie liegen in der Sesselform vor. Am stabilsten sind dort diejenigen Anordnungen, bei denen sperrige Substituenten in äquatorialer Richtung orientiert sind.

11. Glucose ist ein reduzierender Zucker. Das Aldehyd-Kohlenstoffatom wird zum Carboxyl-Kohlenstoffatom oxidiert. Diese Eigenschaft ist die Grundlage für die Nachweise nach TOLLENS und FEHLING. Die Nachweisreaktionen funktionieren auch bei Fructose. Diese wandelt sich in alkalischer Lösung über eine Endiol-Form in Glucose um. Ein spezieller Nachweis für Fructose ist die Seliwanow-Probe. Mit einer Lösung von Resorcin in konzentrierter Salzsäure tritt eine Rotfärbung auf. Die Nachweisreaktion auf Aldehyde mit fuchsinschwefliger Säure ist negativ. In saurer Lösung liegt die Glucose überwiegend als Halbacetal vor. Die halbacetalische Hydroxylgruppe (glycosidische Gruppe) kann mit einer weiteren Hydroxylgruppe zu einem Vollacetal (Glycosid) reagieren. Die Nachweisreaktionen mit TOLLENS- und FEHLING-Reagenz verlaufen auch bei anderen Monosacchariden (Aldosen und Ketosen) positiv.

12. Die halbacetalische Hydroxylgruppe kann nicht nur mit einer gewöhnlichen alkoholischen Hydroxylgruppe reagieren, sondern auch mit den Hydroxylgruppen weiterer Monosaccharid-Moleküle. Dadurch entstehen Di-, Oligo- und Polysaccharide.

13. Das Maltosemolekül besteht aus zwei α-D-Glucosebausteinen, die 1,4 verknüpft sind. Die halbacetalische Hydroxylgruppe an C 1 am ersten Baustein ist nicht blockiert, der Ring kann sich öffnen, Maltose ist ein reduzierender Zucker.

14. Das **Saccharosemolekül** ist aus α-D-Glucose und β-D-Fructose aufgebaut. Die Bausteine sind 1,2 verknüpft, die halbacetalischen Hydroxylgruppen sind blockiert, eine Ringöffnung ist nicht möglich. Saccharose ist ein **nichtreduzierender** Zucker.

15. Das **Cellobiosemolekül** ist aus zwei β-D-Glucosebausteinen zusammengesetzt. Der Ring kann sich öffnen, da bei einem Baustein die halbacetalische Hydroxylgruppe nicht blockiert ist. Cellobiose ist ein reduzierender Zucker. Ein Baustein ist gegenüber den anderen **um 180° gedreht**.

16. Pflanzliche Zellen enthalten **Stärke** in Form von Granulaten. Besonders reich an diesem Speicherpolysaccharid sind Knollen und Samen von Kartoffeln und Mais. Stärke besteht aus zwei verschiedenen Stoffen: **Amylose** löst sich in kolloidaler Form, d. h. die langen Kettenmoleküle streuen das Licht (Tyndall-Effekt). Die α-D-Glucosebausteine sind in einer Helix angeordnet, jede Windung enthält etwa sechs Bausteine. Iodmoleküle können sich in die Hohlräume einlagern und werden dort durch VAN-DER WAALS-Kräfte gebunden. Dies ergibt eine Blaufärbung. Im **Amylopektin**, der unlöslichen Form der Stärke, liegen stark verzweigte Ketten vor. Die Verzweigungen bilden sich durch 1,6-Verknüpfungen. In tierischen Zellen, besonders in der Leber, ist als Speicherpolysaccharid **Glycogen** („tierische Stärke") vorhanden.

17. **Cellulose** kommt als Gerüstsubstanz in den Zellwänden der Pflanzen vor, insbesondere in Stielen, Stängeln und Stämmen. Baumwolle ist fast reine Cellulose. Die Makromolekülketten sind aus β-D-Glucosemolekülen aufgebaut, die untereinander β-1,4-verknüpft sind. Jedes zweite Molekül ist um 180° gedreht. Durch Wasserstoffbrückenbindungen zusammengehalten, lagern sich viele Ketten zu **Fasern** mit hoher Zugfestigkeit zusammen. Aus aufgeschlossenen Fasern werden Pappe und Papier hergestellt. Die Hydroxylgruppen der Cellulose können teilweise oder vollständig mit Essigsäure zu Celluloseacetat oder mit Salpetersäure zu Nitrocellulose umgesetzt werden. Die weitere Verarbeitung liefert Fasern oder andere Kunststoffteile.

Aufgaben

1. Was versteht man unter einem asymmetrischen Kohlenstoffatom?

2. a Erklären Sie Bau und Funktionsweise eines Polarimeters.
   b Von welchen Faktoren hängt der Drehwinkel α einer optisch aktiven Substanz ab?

3. Erstellen Sie alle möglichen Isomere der 2,3-Hydroxybutandisäure (Weinsäure) in FISCHER-Projektion. Kennzeichnen Sie die asymmetrischen Kohlenstoffatome und stellen Sie fest, welche der Strukturen zueinander enantiomer und welche zueinander diastereomer sind.

4. Eine Lösung von D-Milchsäure hat einen Drehwinkel von $\alpha = -2°$. Die Schichtdicke der Lösung beträgt $\ell = 2$ dm. Berechnen Sie die Massenkonzentration c der Milchsäure-Lösung.
(spezifischer Drehwinkel $[\alpha]_D^{20} = -3{,}8° \cdot mL \cdot g^{-1} \cdot dm^{-1}$)

5. Geben Sie die Struktur aller Triosen an, die durch Oxidation aus dem dreiwertigen Alkanol Glycerin hervorgehen können. Kennzeichnen Sie alle asymmetrischen Kohlenstoffatome und zeichnen Sie alle möglichen Enantiomere.

6. Geben Sie von der Aldotetrose sämtliche Formeln in den FISCHER-Projektionen an. Markieren Sie die asymmetrischen Kohlenstoffatome sowie die D- und L-Formen. Kennzeichnen Sie Enantiomere und Diastereomere.

7. Vor den Namen der Monosaccharide steht häufig (+)/(−) bzw. α/β. Erklären Sie diese Namenszusätze anhand selbst gewählter Beispiele.

8. Eine Portion Glucose wird in einem Reagenzglas, in dem sich Glaswolle und ein weiteres kleines Reagenzglas mit kaltem Wasser befindet (Abb. 4), zunächst geschmolzen und dann stärker – auch von der Seite – erhitzt. Am kleinen Glas kondensiert eine farblose Flüssigkeit, die wasserfreies, graues Kupfersulfat blau färbt. Den schwarzen Rückstand der Glucose erhitzt man zusammen mit Kupfer(II)-oxid in einem weiteren Reagenzglas (Abb. 5). Es bildet sich ein Gas, welches Kalkwasser trübt.
Deuten Sie die Beobachtungen und formulieren Sie Reaktionsgleichungen für die Nachweise. Welche Schlussfolgerungen bezüglich der elementaren Zusammensetzung von Glucose lassen sich aus diesen Versuchen ziehen?

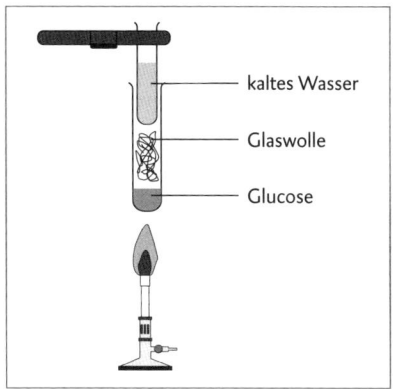
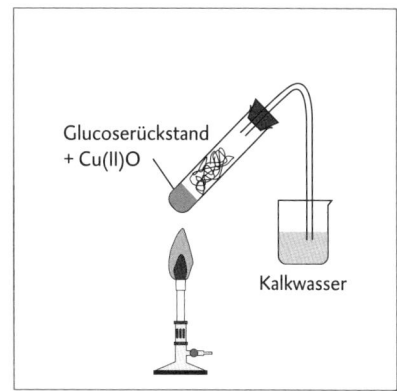

Abb. 4: Glucose wird geschmolzen. Abb. 5: Der Rückstand wird CuO erhitzt.

9. Glucose ist ein Feststoff und sehr gut in Wasser löslich. Geben Sie die Kräfte an, die den kristallinen Zustand bedingen. Erklären Sie die sehr gute Löslichkeit in Wasser.
4 g des Monosaccharids werden verbrannt. Formulieren Sie die Reaktionsgleichung unter Verwendung von Summenformeln. Geben Sie an, wie viel Liter des gasförmigen Stoffes unter Normbedingungen entstehen.
Der Abbau der Glucose durch Oxidation kann in biologischen Brennstoffzellen zur Gewinnung elektrischer Energie ausgenutzt werden. Die Bakterien *Rhodoferax ferrireducens*, die bei 25 °C optimal gedeihen, oxidieren Glucose zu Kohlenstoffdioxid. Die Elektronen werden von Graphitelektroden aufgenommen und z. B. zu dreifach positiv geladenen Eisenionen abgeleitet, die dann zu zweifach positiv geladenen Ionen reduziert werden (nach „Nature Biotechnology", Vol. 21, Nr. 10, Okt. 2003).
Formulieren Sie für den Redoxvorgang die Teilgleichungen und die Gesamtgleichung. Benutzen Sie für die Formel der Glucose die Summenformel.

10. Glucose wird mit Essigsäure vollständig verestert. Die molare Masse des Esters ist $M(\text{Ester}) = 390 \text{ g} \cdot \text{mol}^{-1}$.
Formulieren Sie die Reaktionsgleichung für die vollständige Veresterung aller Hydroxylgruppen. Benutzen Sie für die Glucose die FISCHER-Projektionsformel. Zeigen Sie, dass man die Anzahl der Hydroxylgruppen gemäß

$$Z(\text{OH}) = \frac{M(\text{Ester}) - M(\text{Glucose})}{42}$$

errechnen kann und den Wert 5 erhält.

11. a Welche Zusammensetzung haben die FEHLING'schen Lösungen I und II? Beschreiben Sie die Reaktion von Glucose mit FEHLING'scher Lösung und formulieren Sie die Teil-Reaktionsgleichungen sowie die gesamte Redoxgleichung. Schreiben Sie für Glucose die allgemeine Formel der Alkanale:

$$R-C\overset{\displaystyle O}{\underset{\displaystyle H}{\diagup}}$$

b β-D-Glucose wird mit Ethanol umgesetzt (Salzsäure als Katalysator). Formulieren Sie die Reaktionsgleichung. Vergleichen Sie die Reaktion des gebildeten Ethyl-β-D-Glucopyranosids mit FEHLING'scher Lösung.

12. Erläutern Sie die Farb-Nachweisreaktionen für Aldehyde und ihre Anwendbarkeit, z. B. auf Aldohexosen.

13. D-Galactose ist ein zu D-Glucose isomeres Monosaccharid. Die beiden Isomere unterscheiden sich lediglich durch die Stellung der Hydroxylgruppe am dritten asymmetrischen Kohlenstoffatom. Beide Monosaccharide lassen sich durch katalytische Hydrierung in sechswertige Alkanole überführen. Aus Glucose entsteht dabei Sorbit, der als Diabetikersüßstoff verwendet wird. Aus Galactose entsteht auf entsprechende Weise Galactit.
   a Zeichnen Sie die Strukturformeln der beiden Polyalkanole D-Sorbit und D-Galactit in FISCHER-Projektion.
   b Wässrige Lösungen von Sorbit und Galactit werden im Polarimeter untersucht. Während sich Sorbit-Lösung als optisch aktiv erweist, ist Galactit-Lösung optisch inaktiv. Erklären Sie diese Beobachtung.
   c β-D-Galactose ist in dem Disaccharid Lactose (Milchzucker) mit β-D-Glucose 1,4 verknüpft. Geben Sie von dem Disaccharid eine mögliche Strukturformel an und machen Sie eine Aussage über den Verlauf der FEHLING-Probe mit einer Lösung dieses Disaccharids.

14. Zu den Pentosen gehören die D-Xylose, die D-Ribose und die L-Ribose. D-Xylose unterscheidet sich von D-Ribose durch die Position der Hydroxylgruppe am zweiten asymmetrischen Kohlenstoffatom.
   a Zeichnen Sie die drei Pentosen in FISCHER-Projektion und erklären Sie die D-und L-Form am Beispiel der Ribose.
   b In wässriger Lösung liegen die Moleküle der D-Xylose sowohl in der Sechsringstruktur (Pyranoseform) als auch in der Fünfringstruktur (Furanoseform) vor. Zeichnen Sie alle möglichen Ringstrukturen der D-Xylose in HAWORTH-Projektion und kennzeichnen Sie die α-Formen.

15. Für Diabetiker und Übergewichtige ist Isomalt als Ersatzstoff für Saccharose wichtig. Ausgangsstoff zur Herstellung von Isomalt ist die Isomaltulose, ein Disaccharid, bei dem ein α-D-Glucosemolekül über das Kohlenstoffatom C1 mit dem Kohlenstoffatom C6 eines D-Fructosemoleküls glycosidisch verbunden ist.
    a Geben Sie für das Isomaltulose-Molekül eine Strukturformel an, in der der Fructosebaustein offenkettig und der Glucosebaustein als Sechsring vorliegt.
    b Zur Herstellung von Isomalt wird Isomaltulose am Kohlenstoffatom C2 des offenkettigen Fructosebausteins hydriert (Anlagerung von Wasserstoff). Zeichnen Sie anhand von Molekülausschnitten alle möglichen Strukturen des Reaktionsprodukts und begründen Sie Ihre Auswahl.
    c Mit Saccharose, Isomalt und Isomaltulose wird die FEHLING-Probe durchgeführt. Welche Ergebnisse sind zu erwarten? Begründen Sie.

16. In Zuckerrüben ist Saccharose enthalten, die durch säurekatalysierte Hydrolyse in Invertzucker umgewandelt werden kann.
    a Zeichnen Sie die Strukturformel der Saccharose nach HAWORTH. Erläutern Sie die bei der Hydrolyse der Saccharose auftretende Inversion. Geben Sie eine weitere Möglichkeit außer der Polarimetrie an, um die erfolgte Hydrolyse der Saccharose nachzuweisen.
    b Es gibt ein zur Fructose isomeres Monosaccharid, die Tagatose, deren Moleküle sich von denen der Fructose nur durch die Stellung der Hydroxylgruppe am Kohlenstoffatom C4 unterscheiden. Zeichnen Sie die Strukturformel der D-Tagatose in FISCHER-Projektion und das Pyranosid der α-D-Tagatose.
    c Bei einem der Disaccharide aus α-D-Glucose und α-D-Tagatose verläuft die FEHLING-Probe negativ. Geben Sie die Strukturformel dieses Moleküls an und erklären Sie sein Verhalten.

17. Ein Rezept zur Herstellung von Kunsthonig lautet: *„1 kg Rohrzucker wird in 2 Liter Wasser gelöst, dazu kommt 1 kg Milchsäure. Nun wird solange gekocht, bis das Flüssigkeitsvolumen auf 1,3 Liter gesunken ist."*
    a Geben Sie an, aus welchen Molekülen der in der Anleitung als „Rohrzucker" bezeichnete Stoff besteht und erläutern Sie die Funktion der Milchsäure. Benutzen Sie dazu auch Reaktionsgleichungen.
    b Beschreiben Sie ein Verfahren, mit dem überprüft werden kann, ob die Reaktion beim Flüssigkeitsvolumen $V = 1,3$ L auch tatsächlich vollständig beendet ist.

18. Das Molekül des Trisaccharids Gentianose ist wie folgt aufgebaut: Ein β-D-Glucosemolekül ist β-1,6-glycosidisch an ein Saccharosemolekül (1,6-glycosidische Verknüpfung über das Glucosemolekül) gebunden. Geben Sie die Strukturformel in HAWORTH-Projektion an.

19. Vorwiegend aus Cellulose aufgebaute Naturfasern weisen hohe mechanische Festigkeit auf. Erklären Sie diese Eigenschaft. Geben Sie dazu einen Ausschnitt aus der Molekülformel der Cellulose an. Zeichnen Sie mindestens vier Monomere. Erläutern Sie die Anordnung der Monomere innerhalb des Makromoleküls.

20. Cellulose wird hydrolysiert. Das Hydrolysat enthält u. a. ein Disaccharid. Zeichnen Sie die Strukturformel dieses Moleküls in HAWORTH-Projektion und erläutern Sie, wodurch sich dieses Molekül von Maltose unterscheidet.

21. a Polysaccharide sind in Wasser meist schlecht löslich. Erklären Sie diese Beobachtung.
    b Amylose, die lösliche Form der Stärke, kann durch die Iod-Stärke-Reaktion nachgewiesen werden. Bei Amylopektin, der unlöslichen Form, ist diese Nachweisreaktion nicht mehr typisch. Erläutern Sie diesen und den Unterschied zur Cellulose anhand von Molekülausschnitten. Erklären Sie auch den Temperatureinfluss auf die Nachweisreaktion der Amylose.

22. Kartoffeln bestehen hauptsächlich aus Wasser und Stärke. Auf- und Abbau der Stärke laufen in ihnen stets gleichzeitig ab. „Erfrorene" Kartoffeln schmecken meist süß. Geben Sie für diesen Sachverhalt eine mögliche Erklärung.
    Kartoffelstärke wird mit Wasser aufgeschlämmt, mit einigen Millilitern Salzsäure- und Glycerin-Lösung versetzt und dann einige Zeit im Rundkolben mit aufgesetztem Rückflusskühler gekocht. Die Reaktion wird durch Zugabe von Natronlauge gestoppt. Die zähflüssige Masse wird auf eine Glasplatte gegossen. Nach Trocknung kann eine Folie abgezogen werden. Erläutern Sie das Verfahren.

23. Zeichnen Sie einen Ausschnitt mit drei Bausteinen aus einem Polysaccharid, bei dem β-D-Xylosemoleküle 1,4-glycosidisch verknüpft sind. Benutzen Sie für die Aldopentosemoleküle die HAWORTH-Projektion in der Pyranoseform (siehe Aufgabe 14 b).

24. Inulin, ein Speicherpolysaccharid z. B. in Knollen von Dahlien-Arten, besteht aus Ketten von 30 bis 40 β-2,1-glycosidisch verknüpften Fructofuranosebausteinen, die am Anfang mit einem D-Glucosebaustein α-1,2-glycosidisch verknüpft sind. Zeichnen Sie aus einer solchen Kette einen Ausschnitt mit drei Bausteinen. Beginnen Sie dabei mit dem Glucosebaustein.

25. Zu einer Gruppe von Polysacchariden, die aus sich wiederholenden Disaccharideinheiten aufgebaut sind, gehören die Hyaluronsäuren. Sie kommen im Glaskörper des Wirbeltierauges vor und dienen z. B. in Gelenken als „Schmiermittel". Die Disaccharide können aus D-Glucuronsäure und aus N-Acetylglucosamin aufgebaut sein.

D-Glucuronsäure und N-Acetylglucosamin sind β-1,3-glycosidisch verknüpft. Die Disaccharide untereinander sind β-1,4-glycosidisch verknüpft. Geben Sie von den Disacchard-Bausteinen jeweils die Strukturformel in der FISCHER-Projektion an. Zeichnen Sie von der Kette des Polysaccharids einen Ausschnitt mit zwei Disaccharideinheiten.

2 Aminosäuren und Proteine

2.1 Aminosäuren als Bausteine der Proteine

Aminocarbonsäuren oder einfacher **Aminosäuren** sind Abkömmlinge (Derivate) der Carbonsäuren. In ihrer Kohlenstoffkette ist ein Wasserstoffatom durch eine Aminogruppe ersetzt. Je nach Stellung der Aminogruppe unterscheidet man α-, β- oder γ-Aminosäuren. Das der Carboxylgruppe benachbarte Kohlenstoffatom ist das α-Kohlenstoffatom, auf dieses folgt das β-Kohlenstoffatom. Nach den **IUPAC**-Nomenklaturregeln wird dem Kohlenstoffatom der Carboxylgruppe die Position 1 zugeordnet, das α-Kohlenstoffatom erhält die Position 2. Die Benennung einer Aminosäure erfolgt durch Angabe der Position der Aminogruppe, der Silbe „Amino" sowie des Namens der Carbonsäure.

Beispiele:

2-Aminopropansäure   2-Amino-3-hydroxypropansäure

Aminosäuren sind die **Bausteine der Proteine** (Eiweiße), die sowohl im Tier- als auch im Pflanzenreich eine wichtige Rolle spielen.

Molekülstruktur und physikalische Eigenschaften

Aminocarbonsäuren sind Verbindungen, die **zwei** funktionelle Gruppen im Molekül tragen, eine **Carboxyl-**(–COOH) und eine **Aminogruppe** (–NH$_2$).

> Die in der Natur vorkommenden Aminosäuren gehören in die Gruppe der **α-Aminosäuren**, d. h. beide funktionellen Gruppen sind an das gleiche Kohlenstoffatom gebunden.

Dieses Kohlenstoffatom trägt, mit Ausnahme der Aminosäure Glycin, immer vier verschiedene Substituenten. Die im Folgenden gezeigte, allgemeine Struktur der natürlichen Aminosäuren enthält einen variablen Rest R. Außer Glycin, bei dem „R" für ein weiteres Wasserstoffatom steht, sind die Moleküle daher alle **chiral** und optisch aktiv.

Hydrolysate natürlicher Proteine enthalten ausschließlich **L-Aminosäuren**:

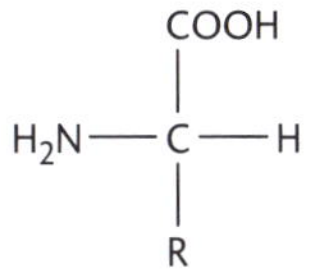

$$\mathrm{H_2N-\underset{R}{\underset{|}{\overset{COOH}{\overset{|}{C}}}}-H}$$

Bei Zimmertemperatur liegen alle Aminosäuren als **salzartige Feststoffe** vor, die sich nicht unzersetzt schmelzen lassen. Außerdem sind Aminosäuren **in Wasser gut löslich**. Diese Beobachtungen legen die Vermutung nahe, dass innerhalb der Kristallstruktur der Aminosäuren **ionische** Bindungen zwischen den Molekülen herrschen.

Chemische Eigenschaften und Einteilung der Aminosäuren

Durch intramolekulare Protonenwanderung entsteht die **zwitterionische** Form der Aminosäuren, die die zuvor genannten Beobachtungen erklärt. Die Bildung eines Zwitterions ist im Folgenden für die Aminosäure Glycin formuliert:

Beispiel

[Reaktionsschema: Glycin ⇌ Zwitterion]

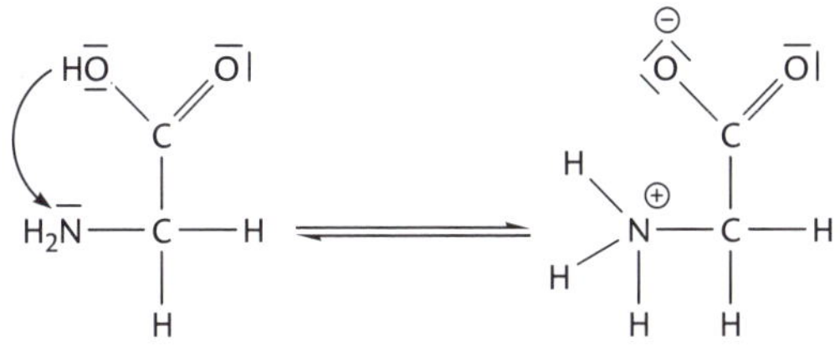

Zwitterion

> Ein Zwitterion besitzt zwar entgegengesetzt gerichtete Ladungen im Molekül, ist aber nach Außen hin **elektrisch neutral**.

Wie zuvor gezeigt, enthält die allgemeine Struktur von Aminosäuren einen variablen Rest. Anhand des chemischen Verhaltens dieser Reste können die 20 in der Natur vorkommenden Aminosäuren in vier Gruppen eingeteilt werden.

1. Aminosäuren mit **unpolarem** Rest:

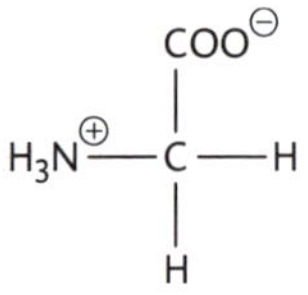

Glycin (Gly)
pH (I) = 5,97

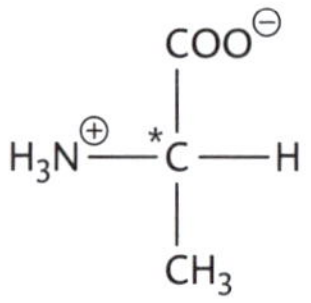

Alanin (Ala)
pH (I) = 6,02

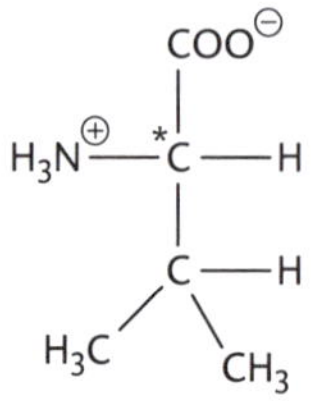

Valin (Val)
pH (I) = 5,97
(essenziell)

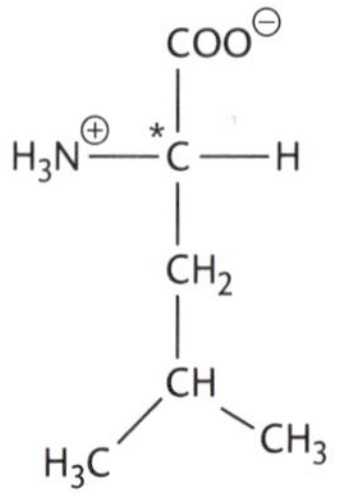

Leucin (Leu)
pH (I) = 5,98
(essenziell)

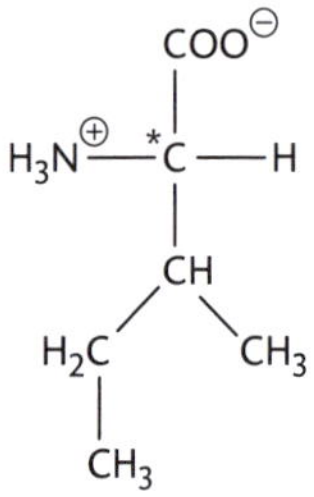

Isoleucin (Ile)
pH (I) = 6,02
(essenziell)

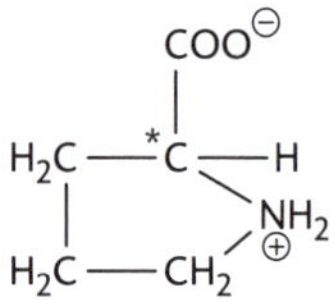

Prolin (Pro)
pH (I) = 6,48

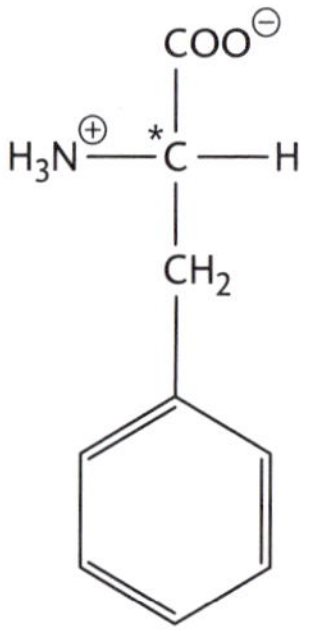

Phenylalanin (Phe)
pH (I) = 5,48
(essenziell)

2. Aminosäuren mit **polaren** Resten. In diesen Resten treten keine echten Ladungen auf:

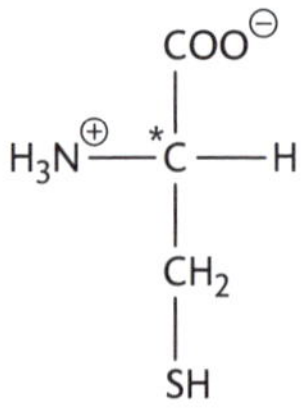

Cystein (Cys)
pH (I) = 5,02

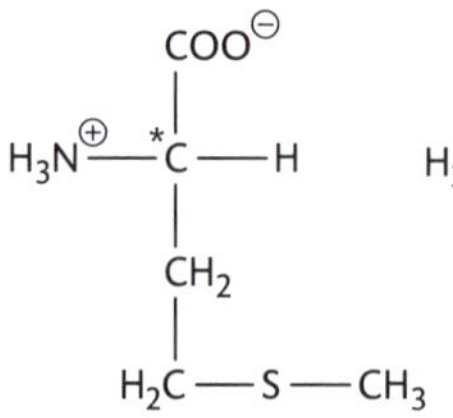

Methionin (Met)
pH (I) = 5,74
(essenziell)

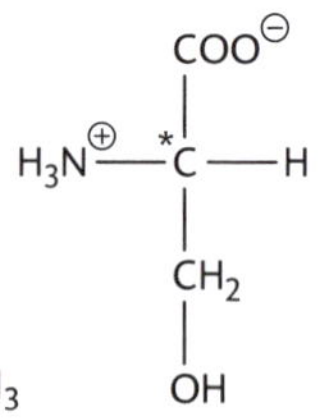

Serin (Ser)
pH (I) = 5,68

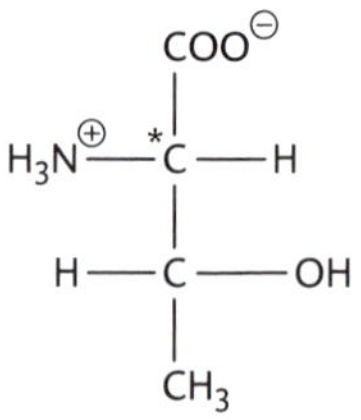

Threonin (Thr)
pH (I) = 5,87
(essenziell)

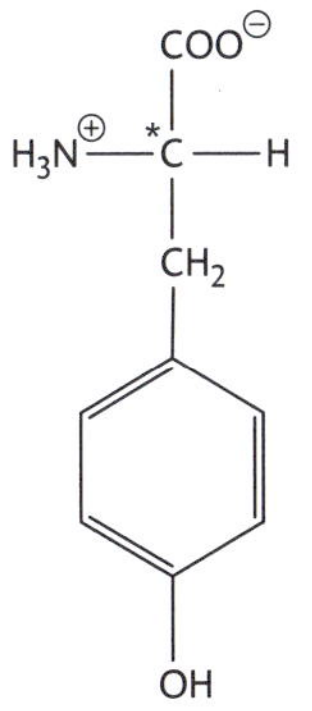

Tyrosin (Tyr)
pH (I) = 5,67

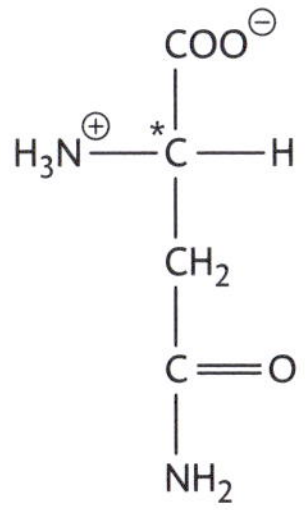

Asparagin (Asn)
pH (I) = 5,41

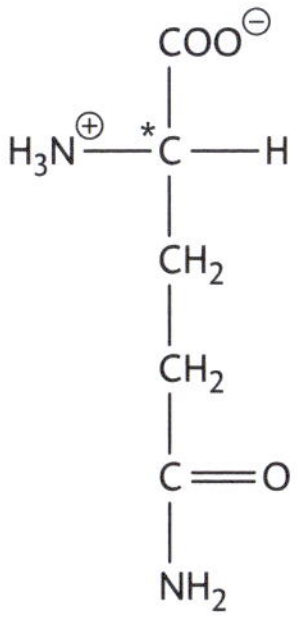

Glutamin (Gln)
pH (I) = 5,70

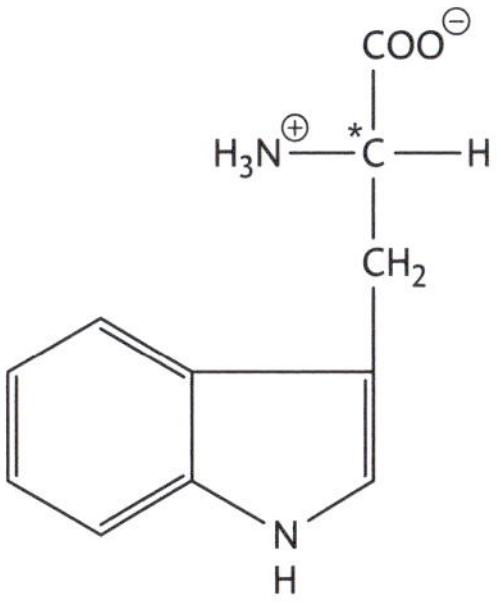

Tryptophan (Trp)
pH (I) = 5,88
(essenziell)

3. Aminosäuren mit protolysefähigen Resten mit **sauren** Eigenschaften.
   Die Aminosäuren dieser Gruppe haben organische Reste, die eine weitere Carboxylgruppe tragen:

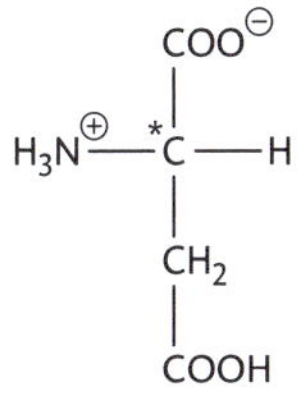

Asparaginsäure (Asp)
pH (I) = 2,77

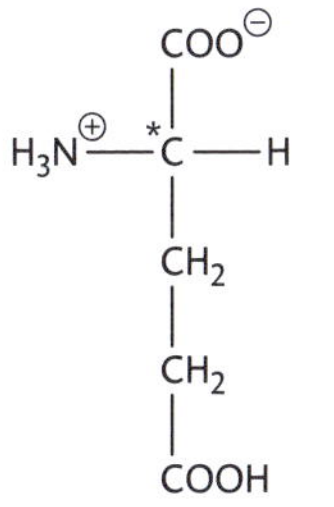

Glutaminsäure (Glu)
pH (I) = 3,22

4. Aminosäuren mit protolysefähigen Resten mit **basischen** Eigenschaften:

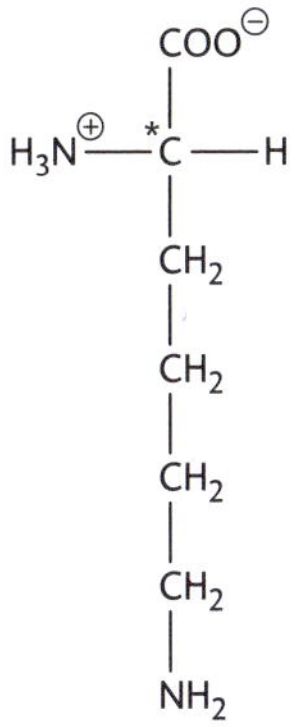

Lysin (Lys)
pH (I) = 9,74
(essenziell)

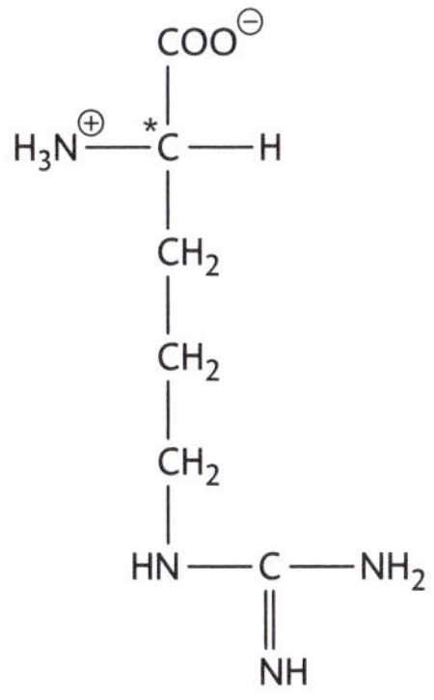

Arginin (Arg)
pH (I) = 10,76

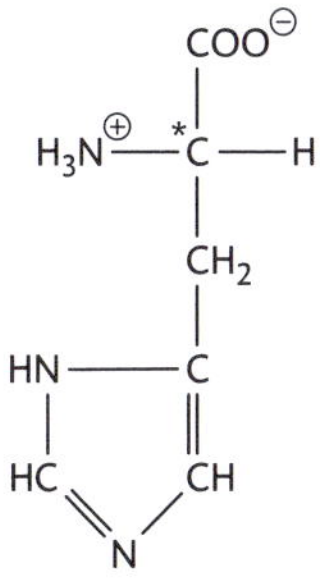

Histidin (His)
pH (I) = 7,59

> Acht der 20 natürlichen Aminosäuren kann der menschliche Organismus nicht selbst herstellen, sie müssen mit der Nahrung aufgenommen werden. Man bezeichnet sie daher als **essenzielle Aminosäuren**.

Reaktionsverhalten der Aminosäuren

Im Folgenden wird anhand des Glycins das chemische Verhalten der Aminosäuren stellvertretend für alle anderen Vertreter dargestellt.

Wie bereits festgestellt, liegen alle Aminosäuren in wässriger Lösung in Form eines Zwitterions vor. Diese Zwitterionen können in Anwesenheit von Säuren oder Basen entweder als Protonendonator oder als Protonenakzeptor (Brönsted-Säuren bzw. -Basen) fungieren.

1. Bei Zugabe von **Hydroxidionen** läuft folgende Reaktion ab:

$$\text{Zwitterion} + OH^- \rightleftharpoons \text{Anionform} + H_2O \quad (1)$$

Es bildet sich die Anionform der Aminosäure.

2. Bei Zugabe von **Oxoniumionen** läuft folgende Reaktion ab, es bildet sich die Kationform der Aminosäure:

$$\text{Zwitterion} + H_3O^+ \rightleftharpoons \text{Kationform} + H_2O \quad (2)$$

> Aminosäuren können gleichzeitig als Brönsted-Säuren oder -Basen reagieren. Solche Stoffe bezeichnet man als **Ampholyte**.

Führt man die beiden gezeigten Protolysen 1 und 2 in einer wässrigen Lösung mit bekannter Konzentration durch, so lässt sich die fortschreitende Verlagerung des Protolysegleichgewichtes anhand der Veränderung des pH-Wertes der Lösung ablesen.

In einem Experiment werden dazu 50 mL einer 0,1 molaren Glycin-Lösung durch Salzsäurezugabe auf einen pH-Wert von ca. pH = 1 eingestellt. Dann wird mit 1 molarer Natronlauge titriert, die Änderung des pH-Wertes wird gemessen. Die pH-Werte werden in einem Diagramm gegen die zugegebene Menge an Natronlauge aufgetragen:

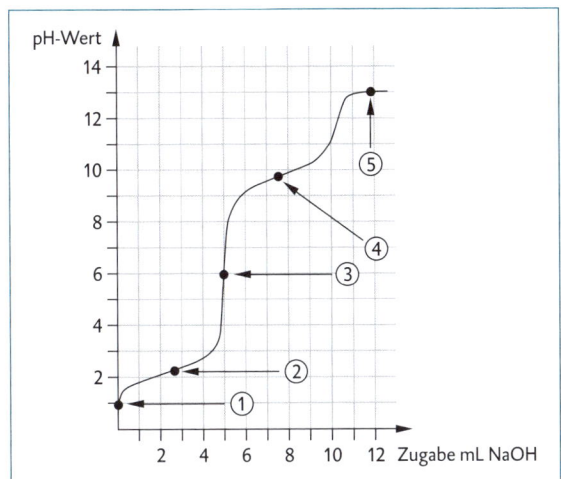

Abb. 6: Titrationskurve von Glycin mit NaOH-Lösung

Die im Experiment erhaltene Kurve zeigt einige markante **Punkte**, die näherer Erläuterung bedürfen. Die ionische Form, in der eine Aminosäure vorliegt, ist vom pH-Wert der Lösung abhängig, in der sie sich befindet. Die folgenden Dissoziationsgleichgewichte stellen diesen Sachverhalt noch einmal vor:

$$H_3\overset{\oplus}{N}-\underset{R}{\overset{H}{C}}-COOH \underset{+H^+}{\overset{-H^+}{\rightleftharpoons}} H_3\overset{\oplus}{N}-\underset{R}{\overset{H}{C}}-COO^{\ominus} \underset{+H^+}{\overset{-H^+}{\rightleftharpoons}} H_2N-\underset{R}{\overset{H}{C}}-COO^{\ominus}$$

protonierte Aminosäure   Zwitterion   deprotonierte Aminosäure
Kation   Anion

1 Zur Erklärung des in Abbildung 6 skizzierten Kurvenlaufes kann für **Punkt 1** die linke Seite der zuvor dargestellten Gleichgewichte herangezogen werden: In stark saurer Lösung ist das Gleichgewicht nach links verschoben, d. h. die Aminosäure liegt vollständig in der **Kationform** vor.
2 Folgt man nun dem Verlauf der Kurve und beachtet, dass das Protolysegleichgewicht durch Laugenzugabe langsam auf die Seite der Zwitterionenform der Aminosäure verschoben wird, so erreicht man **Punkt 2**.

Dort wurde gerade so viel Lauge zugegeben, dass die Protolyse der Carboxylgruppe zur Hälfte beendet ist. Für die Konzentrationen gilt:

$$c(\text{Kationform}) = c(\text{Zwitterion})$$

3   Das Gleichgewicht wird im weiteren Verlauf mehr und mehr in Richtung des Zwitterions verschoben. Bei **Punkt 3** ist die Deprotonierung der Carboxylgruppe vollständig und damit der **erste Äquivalenzpunkt** der Titration erreicht. Für diesen Punkt gilt auch, dass die Dissoziationen der sauren und basischen Gruppen gleich sind:

$$c(\text{Kationform}) = c(\text{Anionform})$$

Der weitere Verlauf der Kurve ergibt sich aus der Deprotonierung des Zwitterions.

4   Bei **Punkt 4** wird das Protolysengleichgewicht auf die Seite des Anions verschoben. Hier gilt:

$$c(\text{Zwitterion}) = c(\text{Anionform})$$

5   Durch weitere Zugabe von OH⁻-Ionen erreicht man nahezu die vollständige Verlagerung des Gleichgewichts auf die rechte Seite. Bei **Punkt 5** liegt fast ausschließlich die Anionform vor.

Durch die Konzentrationsverhältnisse, die in den Punkten 2 und 4 gegeben sind, kann die Aminosäure-Lösung hier eine ganz **besondere Wirkung** entfalten: Bei Punkt 2 liegen die Säure (Kationform) und ihre korrespondierende Base, das Zwitterion, im Konzentrationsverhältnis 1 : 1 vor, was den Verhältnissen in einer **Pufferlösung** entspricht. Weil an diesem Punkt gerade die Hälfte der Kationform protolysiert ist, spricht man vom **Halbäquivalenzpunkt 1**. Bei Punkt 4 sind die Verhältnisse ähnlich. Auch hier herrscht das Konzentrationsverhältnis $c(\text{Anionform}) : c(\text{Zwitterion}) = 1 : 1$, somit liegt auch hier eine Pufferlösung vor. Dieser Punkt wird als der **Halbäquivalenzpunkt 2** bezeichnet. Für beide Pufferbereiche kann die allgemeine **Puffergleichung** Anwendung finden:

$$\text{pH} = \text{p}K_S + \log \frac{c(\text{Base})}{c(\text{Säure})}$$

Die Teilchenkonzentrationen im Bruch sind jeweils gleich groß, also gilt für
- Punkt 2: $\text{pH} = \text{p}K_{S1} = 2{,}34$
- Punkt 4: $\text{pH} = \text{p}K_{S2} = 9{,}7$

Alle natürlichen Aminosäuren weisen ähnliche Protolyseeigenschaften. In lebenden Organismen sorgen sie daher für die Pufferung des **Zellsaftes** und des **Blutes**.

Der isoelektrische Punkt

Eine für jede Aminosäure charakteristische Größe ist ihr **isoelektrischer Punkt**. Bei diesem pH-Wert ist die Konzentration des Zwitterions maximal. Der Wert des IEP lässt sich aus den pH-Werten der beiden zuvor abgeleiteten Halbäquivalenzpunkte 2 und 4 berechnen. Für Glycin ergibt sich:

$$pH_{IEP} = \frac{pK_{S1} + pK_{S2}}{2} = 6{,}02$$

(*Anmerkung:* Diese Formel gilt nur für Aminosäuren ohne ionisierbare Gruppen in der Seitenkette.)

> Am **isoelektrischen Punkt** ist die Konzentration der Anion- bzw. Kationform einer Aminosäure gleich und sehr gering, die des Zwitterions ist maximal. An ihrem IEP weist eine Aminosäure-Lösung deshalb nur eine sehr **geringe elektrische Leitfähigkeit** auf.

Nachweis und Trennung von Aminosäuren

Aminosäuren können mit dem Reagens **Ninhydrin** nachgewiesen werden. Dieser **Nachweis** beruht auf einer Farbreaktion, die besonders bei dünnschichtchromatografischen Trennungen von Aminosäuregemischen eine Rolle spielt. Nach Beendigung der Chromatografie kann die abgetrocknete Platte mit Ninhydrin besprüht werden. Die vorhandenen Aminosäureflecke werden nach mehrminütigem Erwärmen auf ca. 100 °C als **violette** Flecke sichtbar.

Zur **Trennung** von Gemischen verschiedener Aminosäuren sind mehrere Verfahren möglich. Aufgrund der zur Hydrolyse von Proteinen nötigen Bedingungen liegen die bei dieser Aufspaltung entstehenden Aminosäure-Gemische zunächst in stark saurer Lösung vor, sodass zunächst mit Natriumhydrogencarbonat neutralisiert werden muss.

- Zur Durchführung einer **Dünnschichtchromatografie** (DC) verwendet man Kunststofffolien, die mit einer Schicht der stationären Phase (Cellulose, Kieselgel, Aluminiumoxid) beschichtet sind. Etwa 1 cm oberhalb des unteren Randes wird mit Bleistift eine Startlinie markiert und das Aminosäuregemisch aufgetragen. Gleichzeitig können zum Vergleich Testsubstanzen aufgetragen werden. Anschließend führt man die Trennung durch, wie in Aufgabe 16 a (siehe S. 159) für Zucker dargelegt. Die Sichtbarmachung erfolgt, wie bereits beschrieben, mit Ninhydrin. Für eine effektive chromatografische Auftrennung eines Aminosäuregemisches wird eine Mischung aus Butanol : Eisessig : Wasser = 70 : 10 : 20 als mobile Phase verwendet.
- Das **Elektrophorese**-Verfahren gehört zu den elektrochemischen Trennverfahren. Verschiedene Aminosäure wandern im elektrischen Feld je nach ihrer Ladung in Richtung der beiden Pole, die sie jedoch nicht erreichen

dürfen. Das Verfahren ist für Testsubstanzen geeignet, die Ladungen tragen und deren Molekülgröße unterschiedlich ist. Sind diese Voraussetzungen erfüllt, so haben die Verbindungen unterschiedliche Wanderungsgeschwindigkeiten im elektrischen Feld. Um eine deutliche Trennung zu erreichen, müssen alle Testsubstanzen, so wie bei einer DC auch, am gleichen Ausgangspunkt starten. Außerdem ist auch hier darauf zu achten, dass die Wanderungsstrecke lang genug ist.

> Die **Wanderungsgeschwindigkeit** von Teilchen in einem elektrischen Gleichspannungsfeld ist abhängig von der **Teilchengröße**, der **Nettoladung** der Teilchen und der Größe der angelegten Gleichspannung.

Außerdem wird die Wanderungsgeschwindigkeit der Aminosäuren durch die Lage des Protolysegleichgewichtes beeinflusst, da nur z. B. die Kationen wandern, die nach Außen ungeladenen Zwitterionen nicht. Die Wanderung läuft dann besonders schnell, wenn sehr viele Kationen im Gleichgewicht vorliegen. Dies ist der Fall, wenn der pH-Wert der Lösung möglichst weit vom pH-Wert des isoelektrischen Punktes entfernt ist. Für den pH-Bereich, in dem die Aminosäuren in der Anionform vorliegen, gelten die gleichen Überlegungen.

Die Auftrennung erfolgt in einer so genannten **Elektrophoresekammer**:

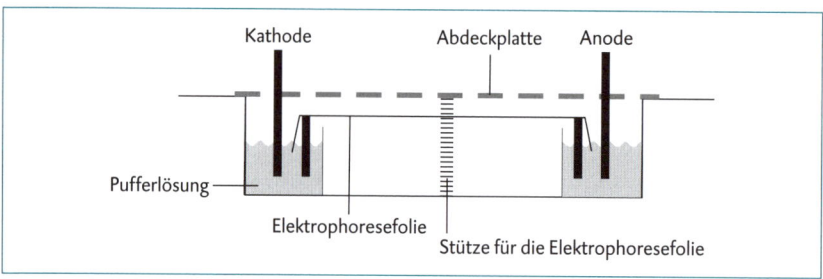

Abb. 7: Aufbau einer Elektrophoresekammer

Man gibt eine Pufferlösung in die Kammer und belegt die Trennstrecke mit saugfähigen Filterpapierstreifen, die in der Mitte mit einer Startlinie markiert sind. Auf diese Startlinie gibt man kleine Proben von Aminosäure-Gemischen. Dann wird die Kammer mit einem Deckel verschlossen und eine Gleichspannung von ca. 100–200 V angelegt. Nach etwa 30 Minuten kann man die Papierstreifen entnehmen und die Aminosäuren mit Ninhydrin sichtbar machen.

Je weiter das Protolysegleichgewicht der Aminosäuren beim pH-Wert der Pufferlösung auf der Seite der Kationform oder der Anionform liegt, umso weiter kann die Wanderung zum entsprechenden Pol voranschreiten:

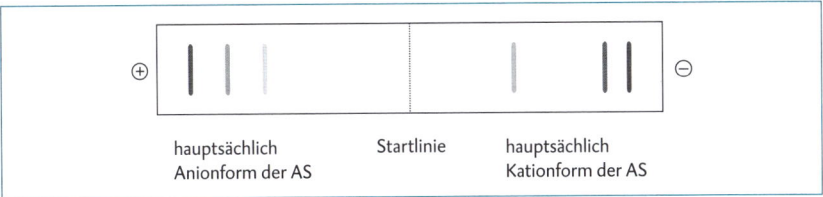

Abb. 8: Mit Ninhydin sichtbar gemachte Aminosäureflecken auf einem Papierstreifen

2.2 Peptide

Eiweiße (Proteine) sind die vielfältigsten **makromolekularen** Verbindungen der Zelle. Ob als Enzyme, Hormone, Antikörper, Gerüstsubstanzen oder Reservestoffe, Proteine spielen eine zentrale Rolle in allen Organismen.

Die Peptidbindung

Wenn man Proteine hydrolysiert, findet man außer den **Aminosäuren** keine weiteren Abbauprodukte. Demnach sind Proteine ausschließlich aus miteinander verbundenen Aminosäuremolekülen aufgebaut.

> Die Bindung zwischen zwei L-Aminosäuremolekülen entsteht durch die Reaktion der **Aminogruppe** des einen Moleküls mit der **Carboxylgruppe** des anderen. Unter Wasserabspaltung entsteht ein **Peptid** mit einer so genannten **Peptidbindung**.

Die Bildung von Peptiden aus Aminosäuren ist eine **Kondensationsreaktion**.

Beispiel: Die Bildung eines Dipeptids aus Glycin und Alanin kann man wie folgt formulieren:

Kondensation und Hydrolyse bilden ein **chemisches Gleichgewicht**, wobei die Hydrolyse die energetisch günstigere Teilreaktion ist.

So gebildete Molekülketten sind regelmäßig aufgebaut. Die Reste R (siehe S. 32 und 33) der Aminosäuren sind zwar verschieden, die Polypeptidkette selbst besteht aber immer aus folgender allgemeiner, sich wiederholender Sequenz:

$$\cdots -\overset{O}{\underset{}{\overset{\|}{C}}}-\underset{H}{\overset{H}{N}}-\underset{R_1}{\overset{H}{C}}-\overset{O}{\underset{}{\overset{\|}{C}}}-\underset{H}{\overset{H}{N}}-\underset{R_2}{\overset{H}{C}}- \cdots$$

Die Molekülketten werden nach der **Anzahl** der im Molekül vorkommenden L-Aminosäuren benannt. Eiweißstoffe werden unterteilt in:
- **Oligopeptide** < 10 Aminosäuren
- **Polypeptide** 10–100 Aminosäuren
- **Proteine** > 100 Aminosäuren

Mithilfe der Röntgenstrukturanalyse ist die **Bindungslänge** der Peptidbindung bestimmt worden: Der C–N-Abstand in einer Peptidbindung ist mit 132 pm kleiner als der C–N-Abstand in Aminen (147 pm). Außerdem liegen alle am Aufbau der Peptidgruppe beteiligten Atome **in einer Ebene**. Diese Befunde lassen sich erklären, wenn man annimmt, dass in der Peptidgruppe ein **mesomerer Zustand** (siehe S. 67) vorliegt, wobei die π-Elektronen über das Sauerstoff-, das Kohlenstoff- und das Stickstoffatom delokalisiert sind. Der Bindungszustand kann mithilfe zweier mesomerer **Grenzformeln** umschrieben werden:

Mit der Annahme der Mesomerie lassen sich auch die besonders stabilen Bindungsverhältnisse erklären. Aus den Grenzformeln geht außerdem hervor, dass die C–N-Bindung partiellen **Doppelbindungscharakter** hat. Daher bildet die Peptidgruppe eine relativ starre Struktureinheit. Der Mangel an freier Drehbarkeit um diese Bindung hat entscheidende Folgen für den räumlichen Bau von Peptidmolekülen (siehe S. 44 und 45).

Wichtige Vertreter der Peptide

Viele **Hormone**, die wichtige Körperfunktionen steuern, gehören zur Stoffklasse der Peptide. Ein niedermolekulares menschliches Hormon ist etwa das Tripeptid **Glutathion**, das aus den Aminosäuren Glutaminsäure, Cystein und Glycin aufgebaut ist:

(Strukturformel: N-terminale Aminosäure Glutaminsäure (Glu) — Cystein (Cys) — C-terminale Aminosäure Glycin (Gly))

In der Kurzschreibweise bringt man durch die **Winkelung** des Moleküls zum Ausdruck, dass bei der Verknüpfung mit dem Cysteinbaustein die **γ-ständige** Carboxylgruppe der Glutaminsäure beteiligt ist:

```
   ┌── Cys ── Gly
   │
   Glu
```

Das Hormon Glutathion findet man hauptsächlich im Blut und in den Muskelzellen des Menschen. Die Thionylgruppe (–SH) des Cysteins kann **oxidiert** werden. Dann bildet sich mit einem zweiten Glutathionmolekül eine **Disulfidbrücke** (–S–S–). Auf diese Weise wirkt Glutathion im Organismus als Schutz gegen oxidierende Substanzen.

Das bekannteste Peptidhormon ist das **Insulin**. Es ist ein Polypeptid, dessen Makromoleküle aus zwei Peptidketten mit zusammen 51 Aminosäuren aufgebaut sind. Es sorgt für die Einschleusung von Glucose aus dem Blut in die Zellen und wirkt damit senkend auf den Glucosegehalt des Blutes (**Blutzuckerspiegel**).

Viele **Toxine** (Giftstoffe) und **Antibiotika** sind niedermolekulare Proteine, etwa das Gift des grünen Knollenblätterpilzes (α-Amanitin) oder Schlangen- und Bienengifte. Proteine sind auch Bestandteile gerüstbildender Strukturen, z. B. als Kollagen im Leder oder als Keratin in Haaren, Federn und Nägeln.

2.3 Aufbau- und Strukturprinzipien von Proteinen

Wenn man die **physiologische Wirkung** von Proteinen verstehen will, ist die Kenntnis von Strukturprinzipien, die allen makromolekularen Verbindungen zugrunde liegen, eine notwendige Voraussetzung (siehe S. 47 und 48).
Um zu erfahren, welche Aminosäuren am Aufbau eines Proteins beteiligt sind, wird es zunächst hydrolysiert. Durch anschließende dünnschichtchromatografische Untersuchung des Hydrolysats erhält man einen Überblick über die am Aufbau beteiligten Aminosäuren (siehe S. 32, 33 und 37). Damit ist das Proteinmolekül aber noch nicht eindeutig beschrieben.

Die Primärstruktur: Reihenfolge der Aminosäuren

Die Ermittlung der Aminosäuresequenz, die auch als **Primärstruktur** eines Proteins bezeichnet wird, ist der nächste Schritt zur Strukturaufklärung.

> Für die Charakterisierung des chemischen Aufbaus eines Proteins ist die **Reihenfolge der Aminosäuren**, die **Aminosäuresequenz** von großer Bedeutung.

Zunächst werden die beiden endständigen Aminosäuren identifiziert:
1. Der EDMAN-**Abbau** liefert die N-terminale Aminosäure, also das Ende des Makromoleküls, das eine $-NH_2$-Gruppe trägt. Diese Aminosäure reagiert mit Phenylisothiocyanat:

Phenylisothiocyanat   N-terminale Aminosäure

Peptidkette

Durch anschließende Hydrolyse kann die endständige Aminosäure in Verbindung mit dem Phenylisothiocyanat abgespalten werden. Das restliche Proteinmolekül bleibt unverändert, das Spaltprodukt kann mit chromatografischen Verfahren identifiziert werden.

gaschromatografisch identifizierbar

Peptidkette, um einen Aminosäurerest verkürzt; mit dieser verkürzten Kette kann der Abbau wiederholt werden

2. Zur Identifizierung der C-terminalen Aminosäure, des Molekülendes mit der Carboxylgruppe also, wird das Enzym **Carboxypeptidase** verwendet. Es katalysiert ausschließlich die Abspaltung der endständigen Aminosäure. Die Identifizierung erfolgt wieder mittels Chromatografie.

Zur endgültigen Ermittlung der Primärstruktur werden die Peptidketten mit selektiv wirkenden, **proteinspaltenden Enzymen** zerlegt:

Enzym ...	spaltet nach ...
Chymotrypsin	Phe, Trp, Tyr
Pepsin	Phe, Trp, Tyr, Leu (Spaltung auch vor diesen AS)
Trypsin	Lys, Arg

Tab. 2: Proteinspaltende Enzyme

So erhält man im Hydrolysat Fragmente der Proteinkette, die isoliert und durch den zuvor besprochenen EDMAN-Abbau sequenziert werden können. Durch Vergleich der Überlappungen der Bruchstücke findet man dann die Aminosäuresequenz, die Primärstruktur des Proteins.

Beispiel

Die Primärstruktur eines Oligopeptids wird wie folgt ermittelt:

Schritt		vorhandene Aminosäuren bzw. Fragmente
1	N-terminal	Arg
2	C-terminal	Lys
3	Fragmente 1. Hydrolyse	Arg–Ala Ser–Thr–Phe–Gly
4	Fragmente 2. Hydrolyse	Arg–Ala–Ser–Thr Phe–Gly–Asp–Ile
Ergebnis	Sequenz	Arg–Ala–Ser–Thr–Phe–Gly–Asp–Ile–Lys

Tab. 3: Beispielhafte Analyse einer Primärstruktur

Die Sekundärstruktur: α-Helix- und β-Faltblattstruktur

Viele Proteine besitzen **kristallinen** Aufbau. Dies ist ein Zeichen dafür, dass sich bestimmte räumliche Strukturelemente in ihren Molekülen **regelmäßig wiederholen**.

> Die **Sekundärstruktur** beschreibt sich regelmäßig wiederholende, räumliche Anordnungen der Aminosäuren in einer Peptidkette.

Tatsächlich ordnen sich viele Peptidmoleküle wenigstens in bestimmten Abschnitten regelmäßig an. Ursache dafür ist die Ausbildung von **Wasserstoffbrückenbindungen** zwischen –C=O- und –N–H-Gruppen von Peptidgruppen derselben (intra-) oder verschiedener (intermolekularer) Polypeptidketten. PAULING und COREY führten zwischen 1930 und 1940 Röntgenstruktur-Untersuchungen an Proteinen durch. Mit ihren Messdaten und Molekülmodellen leiteten sie die Grundstruktur der **α-Helix** ab:

- Die Peptidkette ist schraubig gewunden.
- Die Peptidbindungen bilden die Wände eines „Hohlzylinders", an dem die Reste der Aminosäuren außen ansetzen.
- Intramolekulare Wasserstoffbrückenbindungen zwischen nebeneinander liegenden Peptidgruppen stabilisieren die α-Helix.
- Auf eine Windung der Helix kommen etwa 3,6 Aminosäuren.

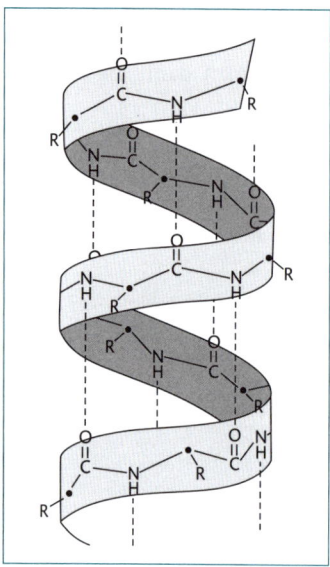

Abb. 9: α-Helixstruktur eines Proteins

Die **β-Faltblattstruktur** ist eine weitere Möglichkeit der Anordnung eines Proteinmoleküls in der Sekundärstruktur. Hier kommen mehrere Peptidketten so nebeneinander zu liegen, dass die Peptidgruppen wie in den Flächen und die dazwischen liegenden Kohlenstoffatome wie auf den Kanten eines mehrfach gefalteten Blattes Papier liegen. Benachbarte Polypeptidketten werden durch Wasserstoffbrückenbindungen in ihrer Position gehalten:

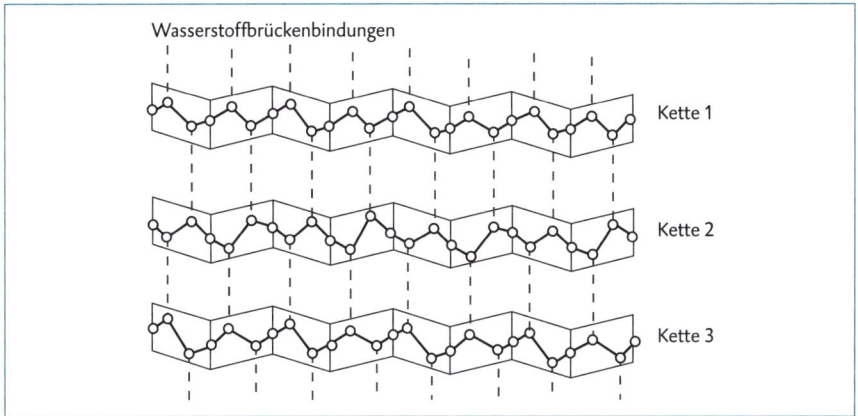

Abb. 10: β-Faltblattstruktur eines Proteins

Die Aminosäuresequenz eines Peptidmoleküls wird **Primärstruktur** genannt.
α-Helix und β-Faltblattstruktur sind mögliche **Sekundärstrukturen**.

Die Tertiärstruktur: Vollständige räumliche Struktur der Proteine

α-Helix- und β-Faltblattstruktur sind keine starren Gebilde. Sie können eine verknäuelte, gewundene Gestalt besitzen, die man **Tertiärstruktur** nennt. Diese Raumstruktur ist wesentlich komplizierter als etwa die α-helicale Struktur. Häufig bildet sich eine Art „Knäuel", dessen Gestalt je nach biologischer Funktion äußerst variabel sein kann und nur für wenige Proteine vollständig bekannt ist. Die Tertiärstruktur wird von verschiedenen Bindungsarten stabilisiert, die zwischen Resten **weiter auseinander** liegender Aminosäuren wirken:

- **van-der-Waals-Kräfte** ergeben sich aus Wechselwirkungen zwischen unpolaren Aminosäureresten.
- **Ionenbindungen** entstehen zwischen sauren und basischen Aminosäuren.
- **Wasserstoffbrückenbindungen** werden zwischen den polaren Seitenketten der Aminosäuren ausgebildet.
- **Disulfidbindungen** können nur zwischen Cysteinmolekülen entstehen. Dabei handelt es sich um echte Atombindungen.

Die Quartärstruktur: Anordnung von Peptidketten in Proteineinheiten

Manche Proteinmoleküle sind aus **mehreren Polypeptidketten** aufgebaut. Diese bilden dann eine Funktionseinheit, man spricht von der **Quartärstruktur** des Proteins, die für die **biologische Funktion** im Organismus entscheidend ist. Das für den Sauerstofftransport im Blut zuständige Hämoglobin besteht aus vier Polypeptidketten, zwei mit je 141 Aminosäuren und zwei mit je 146 Aminosäuren, die sich zur Quartärstruktur zusammenlagern. Der Zusammenhalt der Polypeptidketten in der Quartärstruktur wird durch die gleichen Bindungstypen bewirkt, die auch die Tertiärstruktur stabilisieren.

> Die **übergeordnete räumliche Anordnung** der in α-Helix oder β-Faltblattstruktur vorliegenden Polypeptidketten eines Proteinmoleküls nennt man **Tertiärstruktur**.
> Sind mehrere solcher Makromoleküle zu einer **funktionellen Proteineinheit** verbunden, so bezeichnet man diese als **Quartärstruktur**.
> In einer Quartärstruktur können auch Nicht-Protein-Anteile vorkommen.

Denaturierung von Proteinen

Tertiär- und Quartärstruktur von Proteinen sind unter physiologischen Bedingungen stabil. Allerdings wird Hühnereiweiß beim Kochen hart, Milcheiweiß koaguliert, wenn die Lösung sauer wird. In beiden Fällen kommt es zur Aufhebung der Tertiär- und Quartärstrukturen, was mit einer starken Abnahme der Wasserlöslichkeit verbunden ist. Häufig geht dabei auch die biologische Funktion des Proteins verloren. Diesen Zerstörungsvorgang nennt man **Denaturierung**. Dabei werden Bindungen gelöst, die die dreidimensionale Struktur des Proteinmoleküls bedingen:

- Disulfidbrücken werden durch Reduktion gespalten.
- Wasserstoffbrückenbindungen werden durch Wärme gelöst.
- Durch Änderung des pH-Werts können Ionenbindungen und Wasserstoffbrückenbindungen gelöst werden.
- Schwermetalle bilden mit Proteinen stabile Komplexe und beeinträchtigen oder verhindern ihre biologische Wirksamkeit.

Häufig ist die Denaturierung ein **irreversibler** Prozess, wenn sie z. B. durch Erhitzen verursacht wird. Im Falle einer Denaturierung durch Änderung des pH-Werts ist in manchen Fällen die Wiederherstellung der ursprünglichen Struktur durch erneute pH-Verschiebung möglich.

2.4 Enzyme

Enzyme sind Werkzeuge lebender Zellen, die dafür sorgen, dass biochemische Reaktionen unter physiologischen Bedingungen ablaufen können. Ohne sie ist ein geordneter und biologisch sinnvoller Ablauf der verschiedenen Zellfunktionen nicht denkbar. Erst die Enzyme ermöglichen bestimmte Reaktionen im Zellstoffwechsel. Außerdem greifen sie **regelnd und steuernd** in die Prozesse ein. Aus biokybernetischer[5] Sicht sind Enzyme Regel- oder Steuerglieder.

> Enzyme sind **Biokatalysatoren** der Zelle. Sie setzen die Aktivierungsenergie vieler biochemischer Reaktionen herab. Die Verbindungen, die durch Enzyme umgesetzt werden, nennt man **Substrate**.

Beispiel In der Zelle sorgt das Enzym **Katalase** für die Spaltung des Substrates Wasserstoffperoxid in Wasser und Sauerstoff:

$$2\,H_2O_2\,(aq) \xrightarrow{\text{Katalase}} 2\,H_2O\,(l) + O_2\,(g)$$

Zahlreiche Enzyme spalten ihre Substrate hydrolytisch durch Einlagerung von Wasser. Man nennt sie daher Hydrolasen. **Urease** etwa zerlegt Harnstoff unter Anlagerung von Wasser in CO_2 und NH_3:

$$H_2N{-}C({=}O){-}NH_2 + H_2O \xrightarrow{\text{Urease}} CO_2 + 2\,NH_3$$

Im Speichel ist das Enzym **Amylase** enthalten, welches das Polysaccharid Stärke (Amylose bzw. Amylopektin) in kurzkettige Oligosaccharide spaltet. Die 1,4-glycosidischen Bindungen zwischen den Glucosebausteinen der Amylose werden dazu hydrolysiert. Endprodukt dieser Spaltung ist z. B. Maltose. Das Enzym **Maltase** zerlegt die Maltose in die Monosaccharide. **Saccharase** und **Lactase** bauen die entsprechenden Disaccharide Saccharose und Lactose ab. **Peptidasen** wie Pepsin, Trypsin und Chymotrypsin spalten lange Proteinketten zu kürzeren Oligopeptiden auf.

Wie alle Katalysatoren beeinflussen Enzyme die Geschwindigkeit von chemischen Reaktionen, indem sie die Aktivierungsenergie herab setzen. Im Gegensatz zu anorganischen Katalysatoren arbeiten Enzyme jedoch **spezifischer**, da sie nur ganz bestimmte Substrate umsetzen. Diese Eigenschaft nennt man **Substratspezifität**.

---

[5] Als Kybernetik bezeichnet man die Wissenschaft von dynamischen Systemen.

> Das Vermögen eines Enzyms, nur bestimmte Substrate umzusetzen, wird als **Substratspezifität** bezeichnet.

Den Grund für diese Eigenschaft findet man in der Oberflächenstruktur von Enzymen: Das Substratmolekül passt nur in einen ganz bestimmten Bereich der Enzymoberfläche. Diese Region bezeichnet man als das **aktive Zentrum** des Enzyms.

> Die Funktionsweise der Enzyme lässt sich mit dem **Schlüssel-Schloss-Prinzip** erklären. Ein Enzym kann nur diejenigen Verbindungen („Schlüssel") binden und umsetzen, die genau in sein aktives Zentrum („Schloss") passen.

Das Enzym und die umzusetzende Substanz bilden eine Zwischenverbindung, den so genannten **Enzym-Substrat-Komplex**, bevor es zur chemischen Umsetzung des Substrates kommt. Als Bindungskräfte für diesen Enzym-Substrat-Komplex können wirken:
- Wasserstoffbrückenbindungen
- VAN-DER-WAALS-Kräfte
- elektrostatische Anziehungskräfte

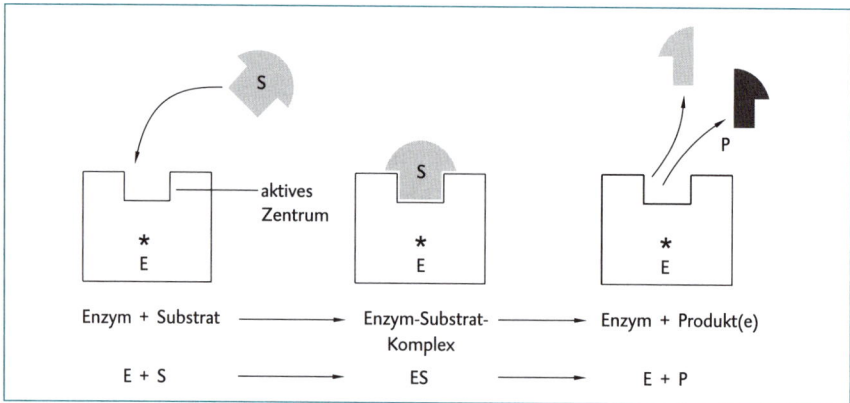

Abb. 11: Schema zum Ablauf einer enzymatisch katalysierten Reaktion

Jedes Enzym kann ein gebundenes Substrat nur durch **eine bestimmte Reaktion** umsetzen, da nur für diese Reaktion die Aktivierungsenergie soweit herabgesetzt wird, dass sie ablaufen kann. Deshalb wird durch ein Enzym nur eine einzige Reaktion katalysiert. Diese Eigenschaft von Enzymen nennt man Reaktions- oder **Wirkungsspezifität**.

Unter den hydrolytisch wirksamen Enzymen findet man z. B. die α-Amylase unseres Speichels. Sie katalysiert die Spaltung von Amylose in Bruchstücke mit jeweils sechs Glucoseeinheiten und greift dabei innerhalb der Helix der Amylose von Windung zu Windung immer die gleiche Glycosidbindung an.

Sind in einer Zelle **verschiedene Enzyme** vorhanden, die ein und dasselbe Substrat auf unterschiedliche Art und Weise umsetzen können, so entscheidet allein der Umstand, an welches Enzym das Substrat gebunden wird, über die Art der Umsetzung:

Enzyme finden heute in der **Medizin**, der **Wissenschaft** und der **Biotechnologie** verbreitet Anwendung. Dabei erweist sich die Spezifität der Enzyme als besonders nützlich, denn sie setzen auch bei Anwesenheit verschiedener Begleitstoffe gezielt nur „ihr" Substrat um:

- Spaltet man **Harnstoff** aus dem Blutplasma mithilfe von **Urease** und misst die Menge des gebildeten Ammoniaks, so kann man Rückschlüsse auf die Harnstoffmenge im Blut ziehen. Abweichungen vom Normwert liefern Hinweise auf eine Nierenfunktionsstörung.
- In Medikamenten werden **Lipasen** für die Fettverdauung, **Amylasen** für die Stärkeverdauung und **Proteasen** für die Eiweißverdauung zur Unterstützung der körpereigenen Verdauung eingesetzt.
- Bei der Ermittlung der Primärstruktur eines Proteins kann mithilfe bestimmter Enzyme die jeweils endständige Aminosäure abgetrennt und einzeln identifiziert werden (siehe S. 43).

Zusammenfassung

1. **Aminosäuren** sind Carbonsäuren, die überwiegend in α-Position (Kohlenstoffatom C 2) zur Carboxylgruppe eine Aminogruppe als weitere funktionelle Gruppe tragen.

2. Außer bei Glycin ist das α-Kohlenstoffatom asymmetrisch. Die L-Stereoisomere sind im Allgemeinen Bausteine der Proteine.

3. Die Klassifikation der Aminosäuren erfolgt über die Polarität und Struktur (aliphatisch/aromatisch) der Seitenketten. **Unpolare** Aminosäuren sind z. B. Glycin und Alanin, **aromatische** Aminosäuren Phenylalanin und Tryptophan. Serin und Threonin gehören zu den **polaren ungeladenen** Aminosäuren. Zu den **geladenen** Aminosäuren zählen z. B. Glutaminsäure und Lysin.

4. Bei niedrigem pH-Wert liegen die Aminosäuren überwiegend als Kationen, im Bereich des **isoelektrischen Punktes (IEP)** als **Zwitterionen**, und bei hohen pH-Werten als Anionen vor. Aminosäuren wirken als Puffer. Sie können geringe Mengen an Säuren als auch an Basen „abfangen". Die Carboxylationen wirken als Basen, die protonierten Aminogruppen als Säuren.

5. Aminosäuren sind feste Stoffe. Sie lassen sich nicht unzersetzt schmelzen. Zwitterionen besetzen die Gitterpunkte. Starke elektrostatische Kräfte zwischen den Ladungen der Zwitterionen bedingen den Zusammenhalt. Diese Kräfte sind stärker als die Bindungskräfte innerhalb eines Zwitterions. Die Wechselwirkungen der Ladungen mit Wasser-Dipolmolekülen erklärt die **Löslichkeit**.

6. Gemische von Aminosäuren können mittels Dünnschichtchromatografie oder durch Elektrophorese getrennt und identifiziert werden. Mit **Ninhydrin** bilden die Aminosäuren violette Flecken.

7. Aminosäuren lassen sich zu **Peptiden** verknüpfen. Bei diesen Synthesen reagiert jeweils eine Caboxylgruppe der einen Aminosäure mit einer Aminogruppe einer anderen Aminosäure unter Abspaltung von Wasser. Die Aminosäuren sind dann über die Peptidbindung miteinander verknüpft. Diese ist wegen des teilweise vorhandenen Doppelbindungscharakters der Kohlenstoff-Stickstoff-Bindung **eben** gebaut.

8. Die Einteilung erfolgt je nach Anzahl der Aminosäuren: Dipeptide, Tripeptide, Oligopeptide, Polypeptide und Proteine. Die Hydrolyse natürlicher Polypeptide und Proteine liefert etwa 20 verschiedene Aminosäuren.

9. Eine andere Einteilung beruht auf den biologischen Aufgaben der Peptide und Proteine: Zu den Peptiden mit Steuerungs- und Regulierungsfunktionen gehören die **Hormone** Glutathion und Insulin. Schlangengifte und bakterielle Toxine zählen zu den Proteinen mit **Abwehrfunktionen**. Haare, Fingernägel und Federn bestehen überwiegend aus dem unlöslichen **Struktur-Protein** Keratin. **Nährstoff- und Speicherproteine** kommen in Samen und z. B. in der Milch (Casein) vor.

10. Die Struktur von Proteinen kann auf vier Ebenen charakterisiert werden: **Primärstruktur, Sekundärstruktur, Tertiärstruktur und Quartärstruktur.**
Die Primärstruktur bezieht sich auf die Reihenfolge **(Sequenz)** der Aminosäuren. Diese kann über den EDMAN-Abbau und die Spaltung mit Enzymen ermittelt werden. Die Sekundärstruktur beschreibt die räumlichen Beziehungen benachbarter Aminosäuren in einer Kette. Dazu gehört die **α-Helix und die Faltblattstruktur.** Wesentliche Kräfte zwischen benachbarten Aminosäuren, die zu diesen Strukturen führen, sind Wasserstoffbrückenbindungen zwischen den Carbonyl- und NH-Gruppen. Die **räumliche Verdrillung** einer α-Helix, bedingt z. B. durch Disulfidbrücken, ergibt die Tertiärstruktur.
Sind Proteine aus zwei oder mehreren **Polypeptidketten oder Untereinheiten** aufgebaut, dann spricht man von einer Quartärstruktur. Die Strukturen der Einheiten können dabei gleich oder verschieden sein. **Insulin** z. B. besteht aus zwei unterschiedlich langen Ketten, die über Disulfid-Brücken verbunden sind. Der Proteinanteil des **Hämoglobins** besteht aus zwei α-Ketten und zwei β-Ketten, die sich in der Anzahl der Aminosäuren und deren Sequenz unterscheiden.

11. Die Veränderung der Tertiärstruktur durch Hitze, pH-Wert-Änderung oder Lösungsmittel bezeichnet man als **Denaturierung**. Die Veränderung ist oft mit dem Verlust der biologischen Funktion verbunden z. B. beim Erhitzen von Eiklar. Die Ketten entfalten sich und lagern sich zu unlöslichen Bestandteilen zusammen. Die Rückführung zu einer löslichen Protein-Lösung gelingt nicht mehr. Der Vorgang ist hier irreversibel. Bei Denaturierung durch pH-Wert-Änderungen ist der Vorgang teilweise umkehrbar.

12. **Enzyme sind Biokatalysatoren.** Fast alle bekannten Enzyme gehören der Stoffklasse der Proteine an.

13. Bei den durch Enzyme katalysierten Reaktionen bildet sich zwischen Substrat und Enzym der **Enzym-Substrat-Komplex.** Dieser wandelt sich in das Produkt und das Enzym um. Die Bindung des Substrates erfolgt über das aktive Zentrum (**Schlüssel-Schloss-Prinzip**).

14. Die Fähigkeit von Enzymen, nur auf bestimmte Substrate einzuwirken, bezeichnet man als **Substratspezifität**. Katalysiert ein Enzym nur eine bestimmte Umsetzung, dann spricht man von **Wirkungsspezifität**.

15. Für jedes Enzym gibt es einen optimalen Aktivitätsbereich bezüglich des pH-Wertes und der Temperatur.

16. Enzyme katalysieren z. B. Redoxreaktionen, die Übertragung von Atomgruppen, die Abspaltung von Atomgruppen aus einem Molekül oder die Hydrolyse von Substraten. Die Makromoleküle der Nahrung werden durch Hydrolyse in die Bausteine zerlegt. Die Enzyme **Pepsin, Trypsin und Chymotrypsin** spalten lange Proteinketten in Oligopeptide. Die **α-Amylase** des Speichels baut Stärke ab. **Maltase, Saccharase und Lactase** zerlegen Maltose, Saccharose und Lactose in Monosaccharide.

52 Naturstoffe

Aufgaben

26. a Erläutern Sie den Begriff „Aminosäure" hinsichtlich der auftretenden funktionellen Gruppen.

b Mit Aminosäuren werden folgende Experimente durchgeführt: Eine Spatelspitze einer Aminosäure wird in einem Reagenzglas erhitzt. Ein angefeuchtetes Indikatorpapier, das über die Öffnung gehalten wird, zeigt Blaufärbung.
Eine kleine Probe Cystein wird mit einigen Millilitern konzentrierter Natronlauge und Bleiacetat-Lösung gekocht, bis sich die Lösung schwarz färbt. Deuten Sie die Versuchsergebnisse unter Verwendung von Reaktionsgleichungen.

c Geben Sie von der Aminosäure β-Aminobutansäure die Strukturformel an. Was sind die Gemeinsamkeiten und worin unterscheiden sich α- und β-Aminobutansäure?

27. Gegeben sind die beiden Stoffe
  a Propansäure und
  b Alanin.

  Begründen Sie, weshalb Propansäure bei Raumtemperatur flüssig, Alanin dagegen fest ist.

28. Zu einer Alanin-Lösung gibt man
  a geringe Mengen Salzsäure
  b geringe Mengen Natronlauge

  In beiden Fällen ändert sich der pH-Wert geringfügig. Begründen Sie diesen Sachverhalt mit entsprechenden Reaktionsgleichungen.

29. a Glutaminsäure wird in Salzsäure mit pH = 1 gelöst. Die Lösung wird mit Natronlauge schrittweise auf pH = 13 gebracht. Geben Sie für vier Formen, die dabei auftreten, die Formeln an. Kennzeichnen Sie diejenigen, welche bei pH = 1 und pH = 13 überwiegen. Ordnen Sie den Strukturen die Begriffe „Zwitterion", „Kationenform", „Anionenform" zu.

b Aus Glutaminsäure erhält man über eine enzymatische Reaktion den Neurotransmitter 4-Aminobutansäure (γ-Aminobutansäure). Formulieren Sie die Reaktionsgleichung und geben Sie den Reaktionstyp an.

30. a Die folgende Abbildung 12 zeigt die im Praktikum am Computer aufgenommene Titrationskurve der Aminosäure Histidin. Bestimmen Sie die pK_S-Werte grafisch. Geben Sie die Gleichgewichte an, die den drei Dissoziationsschritten entsprechen, und charakterisieren Sie damit die in den Punkten A bis F vorliegenden Teilchen.

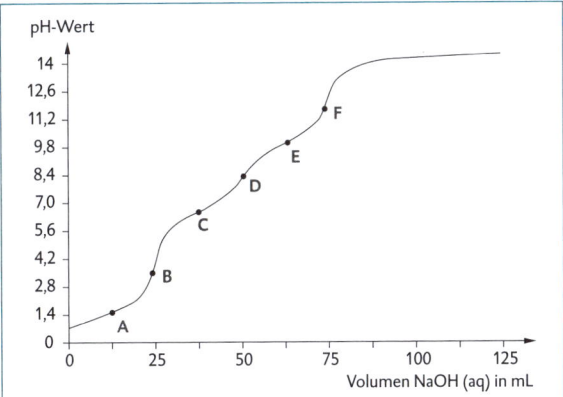

Abb. 12: Titrationskurve einer Aminosäure mit ionisierbarer Seitenkette, z. B. Histidin

Gehen Sie dabei von der rechts gezeigten Form aus, wie sie nach vollständiger Protonierung vorliegt. Die zweite Ionisierung erfolgt am protonierten Stickstoffatom des Rings.

b 1,94 g Histidin werden in 25 mL Salzsäure der Stoffmengenkonzentration $c = 1$ mol · L^{-1} gelöst. Zeigen Sie, dass damit eine vollständige Protonierung (angegebene Form) möglich ist. Berechnen Sie anschließend die Konzentration der Histidindihydrochlorid-Lösung.

31. Nach welchen Kriterien teilt man die natürlichen Aminosäuren in vier Gruppen ein? Formulieren Sie für jede Gruppe ein geeignetes Beispiel.

32. Vergleichen Sie 2-Amino-3-methylbutansäure (a) und 2-Amino-3-hydroxy-propansäure (b) bezüglich der Löslichkeit in Wasser. Geben Sie die Strukturformeln an.
    Von der L-Aminosäure 2-Amino-3-hydroxybutansäure gibt es zwei isomere Formen. Geben Sie die entsprechenden Strukturformeln an.

33. Die Aminosäure 2-Amino-3-hydroxy-propansäure reagiert
    a mit Ameisensäure (Methansäure).
    b mit Methanol.
    In beiden Fällen erhält man einen Ester. Begründen Sie dies mithilfe von Reaktionsgleichungen.

34. Wie kann man in der Kriminalistik nachweisen, dass durch einen Fingerabdruck Aminosäuren am Tatort zurückgeblieben sind?

35. Welche Trennverfahren sind für Gemische von Aminosäuren anwendbar? Beschreiben Sie in Stichworten die Durchführung jeder Möglichkeit.

36. Stellen sie eine Reaktionsgleichung für die Reaktion zweier Aminosäuren zu einem Doppelmolekül auf. Berücksichtigen Sie bei den funktionellen Gruppen die freien Elektronenpaare. Um welchen Reaktionstyp handelt es sich? Welche charakteristische Gruppe entsteht bei dieser Reaktion?

37. Mit den Aminosäuren Glycin, Cystein und Lysin soll das Tripeptid Gly–Cys–Lys hergestellt werden. Geben Sie dessen Strukturformel an. Geben Sie bei den funktionellen Gruppen auch die freien Elektronenpaare an.

38. Erklären Sie die Bindungsverhältnisse in einer Peptidgruppe.

39. Was sind Polypeptide?

40. Erklären Sie die Primärstruktur eines Proteins. Durch welches Verfahren kann man die Primärstruktur ermitteln?

41. Was bedeutet „Sekundärstruktur" eines Proteins? Durch welche intramolekularen Wechselwirkungen wird dieses Strukturmerkmal stabilisiert?

42. Neben den Primär- und Sekundärstrukturen gibt es auch Tertiär- und Quartärstrukturen von Proteinen. Charakterisieren und vergleichen Sie die beiden letztgenannten Strukturen miteinander. Welche intra- und intermolekularen Wechselwirkungen sind für diese beiden Strukturelemente verantwortlich?

43. Die folgende Abbildung zeigt den Bau des Insulinmoleküls des Schweins. Charakterisieren Sie den Aufbau. Benutzen Sie dazu die Typisierung nach Strukturen.

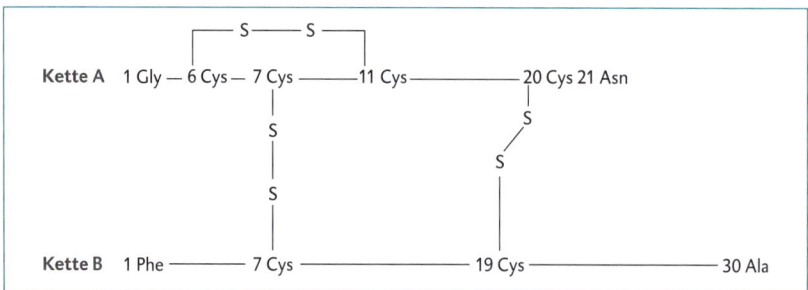

Abb. 13: Schema zum Aufbau des Insulinmoleküls des Schweins

Menschliches Insulin unterscheidet sich nur durch einen Aminosäurenbaustein vom Insulin des Schweines. Am Ende der B-Kette ist die Aminosäure Threonin durch die Aminosäure Alanin ersetzt.

In einem biotechnologischen Verfahren wird Schweineinsulin enzymatisch am Ende der B-Kette um die Aminosäure Alanin verkürzt und anschließend enzymatisch mit Threoninmethylester verknüpft. Nach Verseifung des Esters erhält man Humaninsulin.

Formulieren Sie die Reaktionsgleichung für die Synthese des Threoninmethylesters aus Threonin und Methanol.

Verknüpfen Sie diesen Ester mit der Aminosäure Lysin. Zeichnen Sie dazu den Ausschnitt –Lys–Thr–Ester für das Ende der B-Kette. Geben Sie mit diesem Ausschnitt ein Reaktionsschema für die Verseifung an.

44. Wann spricht man von der „Denaturierung" eines Proteins? Unter welchen Bedingungen tritt sie ein? Welche molekularen Veränderungen zieht sie nach sich?

45. Definieren Sie den Begriff „Enzym". Beschreiben Sie dabei auch die Wirkungsweise von Enzymen.

46. Grenzen Sie Wirkungs- und Substratspezifität gegeneinander ab.

47. Sulfonamide werden gegen Infektionskrankheiten eingesetzt. Sie können das Wachstum verschiedener Bakterien hemmen. Diese benötigen Folsäure als Wuchsstoff, die sie selbst synthetisieren. Eine dazu benötigte Ausgangsverbindung ist die para-Aminobenzoesäure:

p-Aminobenzoesäure   Sulfonamid

Entwickeln Sie Vorstellungen über die Wirkungsweise der Sulfonamide. Benutzen Sie das Schlüssel-Schloss-Prinzip und die Formeln der angegebenen Stoffe.

Der Mensch benötigt ebenfalls Folsäure. Wie könnte man die Unbedenklichkeit von Sulfonamiden für den Menschen erklären?

48. Einige Reaktionen, die in Pflanzen oder im menschlichen und tierischen Organismus durch Enzyme gesteuert werden, können auch auf Aminosäuren mit ringförmigen Seitenketten als Ausgangsstoffe zurückgeführt werden.

Zu den chemischen Reaktionen gehören z. B.:
- Umwandlung einer Aminosäure in eine Ketocarbonsäure durch Transaminasen. Dabei wird eine Aminogruppe in die im Folgenden gezeigte Oxogruppe überführt:

$$\diagdown C = O \diagup$$

- Einführung einer Hydroxylgruppe mittels Sauerstoff und anschließender Freisetzung von Wasser durch Hydroxylasen und Wasserstoffüberträger.
- Abspaltung von Kohlenstoffdioxid (Decarboxylierung), evtl. mit Oxidation.

a In einem ersten Schritt wird die Aminosäure Tryptophan in die Ketocarbonsäure überführt. Danach wird Kohlenstoffdioxid abgespalten und die Zwischenverbindung zur Carbonsäure oxidiert. Geben Sie die Strukturformel für die Oxosäure an. Formulieren Sie schematisch die Reaktionsgleichung für den nachfolgenden Schritt mit Luftsauerstoff. Das Endprodukt ist die Indolessigsäure. Diese kann unter Bildung einer Peptidbindung mit der Aminosäure Asparaginsäure zu Indolacetylasparaginsäure reagieren. Formulieren Sie für diese Synthese eine Reaktionsgleichung. (Indolessigsäure und Indolacetylasparaginsäure gehören zu den *Auxinen*.)

b In die Aminosäure Tyrosin wird zunächst eine zweite Hydroxylgruppe in ortho-Stellung (Position 5) eingeführt. Danach folgt die Abspaltung von Kohlenstoffdioxid. Geben Sie die Strukturformel für das Produkt der ersten Reaktion an. Benennen Sie das Produkt. Formulieren Sie die Reaktionsgleichung für die Decarboxylierung. Das Produkt ist der Neurotransmitter **Dopamin**.

c Klassifizieren Sie die angegebenen Aminosäuren und prüfen Sie, ob sich Wasserstoffbrückenbindungen über die Seitenketten ausbilden können. Informieren Sie sich im Internet durch direkte Eingabe der Wörter „Neurotransmitter" und „Auxin" in eine Suchmaschine über diese Begriffe.

49. Die Bestimmung von Glucose mithilfe von Enzymen beruht auf der Oxidation der D-Glucose mit Sauerstoff in Verbindung mit Wasser zu Gluconsäure und Wasserstoffperoxid (Enzym: Glucoseoxidase, GOD). Entstehendes Wasserstoffperoxid oxidiert unter Einwirkung einer Peroxidase, z. B. aus einem Teststäbchen („GOD-Test"), einen Indikator, der in Kombination mit Farbstoffen des Stäbchens einen rotvioletten Farbton ergibt. Dieser kann mit einer Skala verglichen und so die enthaltene Menge an Glucose abgeschätzt werden. Umschlossen von einer halbdurchlässigen Membran, enthalten diese Teststäbchen alle nötigen Enzyme und Reagenzien.
Formulieren Sie die Reaktionsgleichung für die Oxidation von D-Glucose zu Gluconsäure und Wasserstoffperoxid. Benutzen Sie dazu FISCHER-Projektionsformeln. Nennen Sie einige Eigenschaften der Membran und den Vorgang, durch den die Glucosemoleküle durch die Membran gelangen.

50. Geben Sie einige Beispiele für die Verwendung von Enzymen an.

3 Nukleinsäuren – der Speicher genetischer Information

Um Information zu speichern, benötigt man Zeichen wie die Buchstaben unseres Alphabets. Grundsätzlich kann man schon mit zwei Zeichen jede Art von Information speichern, z. B. digital mit den Zahlen 0 für „nein" und 1 für „ja". Theoretische Überlegungen führten im 20. Jahrhundert zu der Erkenntnis, dass sich verschiedene **Makromoleküle** als Träger der Erbinformation lebender Organismen eignen. AVERY konnte im Jahr 1944 schließlich die **Desoxyribonukleinsäure (DNA)** als den universellen Träger der genetischen Information der Organismen identifizieren.

3.1 Bausteine der Nukleinsäuren

Schon Mitte des 19. Jahrhunderts fand man bei der chemischen Untersuchung der Zellkernsubstanz eine Verbindung, die saure Eigenschaften besitzt. Deshalb wurde die Bezeichnung „**Nukleinsäure**" für diese Substanz verwendet. Als Bestandteile der Nukleinsäuren wurden u. a. die Zuckermoleküle **Ribose** bzw. **Desoxyribose**, die ein Sauerstoffatom weniger als Ribose enthält, identifiziert. Aufgrund dieser beiden verschiedenen Zuckerbausteine unterscheidet man zwei Typen von Nukleinsäuren:
1. Ribonukleinsäure (**RNA**)
2. Desoxyribonukleinsäure (**DNA**)

Qualitative Untersuchungen von DNA und RNA ergaben, dass jeweils **sechs** verschiedene Komponenten am Aufbau dieser beiden Typen der Nukleinsäuren beteiligt sind. Die folgende Tabelle fasst diese zusammen:

Bezeichnung	Symbol
Phosphorsäure	P
Zucker: Desoxyribose bzw. Ribose	Z
Organische Basen: • Adenin • Guanin • Cytosin • Thymin bzw. • Uracil	 A G C T U

Tab. 4: Bausteine von RNA und DNA

Phosphorsäure (H_3PO_4) ist eine dreiprotonige anorganische Säure. Ribose und Desoxyribose gehören zu den Zuckern (siehe S. 14). Sie besitzen jeweils fünf Kohlenstoffatome im Molekül, zählen also zu den Pentosen:

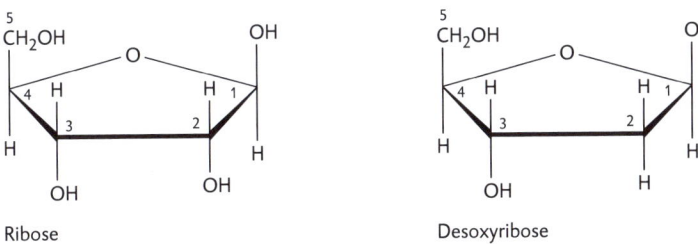

Die organischen Basen lassen sich aufgrund ihrer Struktur in zwei Gruppen einteilen:
1. Die **Purinbasen** Adenin und Guanin, deren Grundgerüst aus einem Sechs- und einem Fünfring besteht.
2. Die **Pyrimidinbasen** Cytosin und Thymin (bzw. Uracil in der RNA), mit dem Grundgerüst eines Sechsringes:

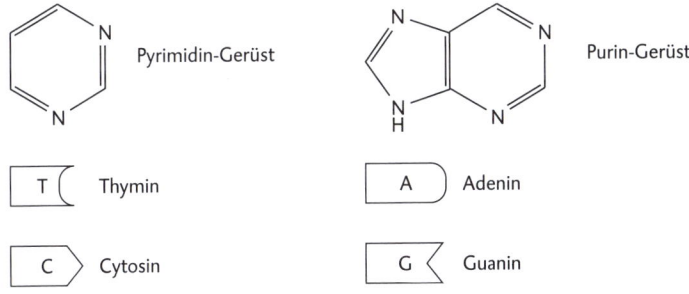

Die Verbindung aus einem Zuckermolekül und einer organischen Base nennt man **Nucleosid**. Bindet hieran noch ein Phosphorsäurerest, so entsteht ein **Nucleotid**.

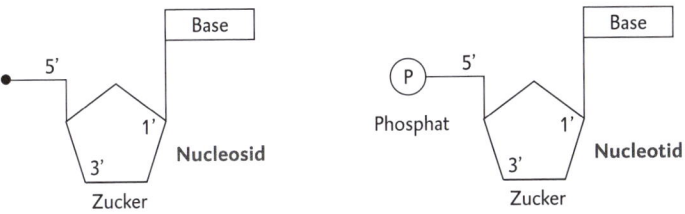

3.2 Die Primärstruktur der DNA

Pentosen enthalten Hydroxylgruppen (–OH) als funktionelle Gruppen, die mit Phosphorsäure unter Wasserabspaltung zu Estern reagieren können. Diese Kondensationsreaktion findet im Falle der Bildung der Nukleinsäuren sowohl am dritten als auch am fünften Kohlenstoffatom des Zuckers statt. Auf diese Weise entsteht eine lange Kette, in der Zuckermoleküle und Phosphatreste über Sauerstoffbrücken miteinander verbunden sind. Jeweils an das Kohlenstoffatom C 1 des Zuckers wird eine der vier organischen Basen gebunden:

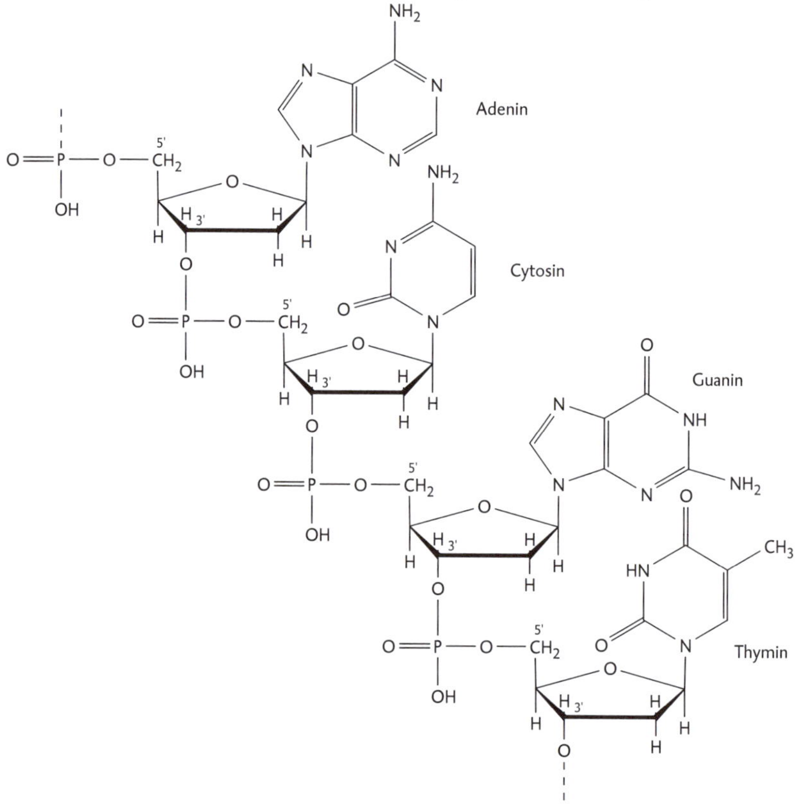

Die Enden der DNA-Kette sind nicht identisch: An einem Ende befindet sich ein Phosphat-Rest, am anderen Ende ein Zuckermolekül. Die DNA-Kette besitzt deshalb eine definierte **Richtung**, die man durch Angabe der Position der veresterten Sauerstoffatome, etwa mit 5' → 3' beschreibt. Die Verlängerung der Kette kann nur am 3'-Ende durch Anhängen eines neuen Nucleotids erfolgen.

3.3 Ein Modell der DNA

WATSON und CRICK stellten im Jahr 1952 ihr Modell der **Sekundärstruktur** der DNA vor. Dieses Modell erfüllt alle Anforderungen, die an eine Substanz gestellt werden müssen, welche die genetische Information tragen soll. Demnach liegen bei der DNA zwei parallel verlaufende Molekülfäden vor, abwechselnd aus Zucker und Phosphat aufgebaut, deren anhängende Basen über Wasserstoffbrückenbindungen in ihren Positionen gehalten werden. Da die beiden Zucker-Phosphatketten immer im gleichen Abstand und immer parallel aneinander liegen, kann immer nur eine „kurze" Pyrimidin-Base mit einer „langen" Purin-Base paaren. Die Anzahl der möglichen Wasserstoffbrückenbindungen ist ebenfalls unterschiedlich, sodass sich definierte Basenpaare ergeben: Adenin tritt mit Thymin über zwei, Cytosin mit Guanin über drei Wasserstoffbrückenbindungen in Wechselwirkung:

Aus diesen Bindungsverhältnissen ergibt sich zwangsläufig die **gegenläufige** Orientierung der beiden Zucker-Phosphat-Ketten des Doppelstranges.
Die Röntgenstrukturanalyse der DNA führte zu einer weiteren wichtigen Erkenntnis: Die beiden parallel nebeneinander liegenden Zucker-Phosphat-Stränge sind miteinander verdrillt, sodass ein schraubig gewundener Doppelstrang, die so genannte **DNA-Doppelhelix**, entsteht. Je 10,5 Basen-Paaren bilden eine Windung. Diese räumliche Anordnung ist die **Tertiärstruktur** der DNA.

Zusammenfassung

1. Die Stickstoffbasen sind heterozyklische Ringsysteme. Sie sind Pyrimidin- und Purin-Derivate. Die Stammverbindung **Pyrimidin** ist ein Sechsring mit zwei Stickstoffatomen. Die Stammverbindung **Purin** besteht aus einem Pyrimidinring und einem Fünfring mit ebenfalls zwei Stickstoffatomen (Imidazolring). Purinbasen sind Adenin und Guanin; zu den Pyrimidinbasen gehören Cytosin und Thymin, Uracil ist am Aufbau der Ribonukleinsäure (RNA) beteiligt.

2. **Nucleoside** sind Verbindungen aus den Stickstoffbasen (Purin- oder Pyrimidin-Derivate) und einer Pentose.

3. **Nucleotide** enthalten zusätzlich eine oder mehrere Phosphorsäure-Gruppen. Nucleotide sind die Bausteine der Nukleinsäuren und als solche Träger der **genetischen Information**. In den Zellen sind sie auch Überträger chemischer Energie.

4. Nukleinsäuren sind Polymere aus Nucleotiden. Diese sind über Phosphodiester-Gruppen zwischen den Hydroxylgruppen an den Positionen 5 und 3 einer Pentose mit den jeweils nächsten Pentosen verbunden.
   Die **DNA** besteht aus einer **Doppelhelix**. Desoxyribose-Phosphat-Sequenzen wechseln ab und bilden das Rückgrat. Die Basen sind über ein Stickstoffatom glykosidisch an die Zuckerbausteine gebunden und stehen sich in bestimmten Paaren gegenüber: Adenin und Thymin bzw. Guanin und Cytosin. Diese **komplementäre Basenpaarung** erfolgt über Wasserstoffbrückenbindungen. DNA kommt überwiegend in den Chromosomen im Zellkern vor.

Aufgaben

51. Welcher Stoffgruppe gehören Ribose und Desoxyribose an? Charakterisieren und vergleichen Sie die beiden Moleküle.

52. Was versteht man unter organischen Basen, Nucleosiden und Nucleotiden? Zeichnen Sie die Strukturformel eines Nucleotids mit der Base Adenin.

53. Beschreiben Sie den Aufbau der DNA. Berücksichtigen Sie dabei die Primär-, Sekundär- und Tertiärstruktur.

Aromatische Verbindungen

Nach der Umweltkatastrophe, die am 10. Juli 1976 durch den Pflanzenschutzmittelhersteller Icmesa im norditalienischen SEVESO verursacht wurde, reinigt ein Arbeiter in einem Schutzanzug ein Auto, das die mit „Dioxin" (TCDD) verseuchte, gesperrte Zone verlässt.

1 Benzol und der aromatische Zustand

1.1 Der Begriff der „Aromatizität"

Schon in der ersten Hälfte des 19. Jahrhunderts war eine große Zahl von Substanzen meist pflanzlicher Herkunft bekannt, die wegen ihres charakteristischen Geruchs als **„aromatische** Verbindungen" bezeichnet wurden. Hierzu zählte man z. B. Vanillin, Wintergrünöl, Cumarin und Bittermandelöl. Aus diesen Naturstoffen wurden Verbindungen wie z. B. Benzoesäure, Zimtsäure, Anilin und Phenol isoliert und charakterisiert. Der strukturelle Aufbau dieser aromatisch riechenden Naturstoffe und ihre systematische Beziehung zu anderen bekannten Kohlenwasserstoffen blieb jedoch lange Zeit unklar.

Erste chemische Analysen zeigten, dass die damals bekannten aromatischen Verbindungen einen „Kern" aus **sechs Kohlenstoffatomen** besitzen, wie er auch in dem von FARADAY im Jahre 1825 im Leuchtgas entdeckten **Benzol** enthalten ist. Von Benzol ausgehend gelang es, aromatische Verbindungen synthetisch herzustellen. Da Benzol sehr charakteristische Eigenschaften zeigt, wurden alle Stoffe, die sich vom Benzol ableiten lassen und in ihren Eigenschaften dem Benzol gleichen ebenfalls „aromatisch" genannt, ohne Rücksicht darauf, ob sie einen besonderen Geruch besitzen oder nicht.

1.2 Eigenschaften und Struktur von Benzol

Vorschläge zur Struktur des Benzolmoküls

Die chemische Analyse durch Faraday ergab, dass Benzol aus sechs Kohlenstoffatomen und sechs Wasserstoffatomen aufgebaut ist, also die **Summenformel C_6H_6** besitzt. Alle Kohlenstoff- und alle Wasserstoffatome sind den Analysen zufolge außerdem untereinander **chemisch gleichwertig**.

Die Anordnung der Bausteine im Benzolmolekül aber blieb lange Zeit rätselhaft. In der zweiten Hälfte des 19. Jh. wurden verschiedenste, aus heutiger Sicht teils „abenteuerliche" Vorschläge zur Struktur des Benzols gemacht:

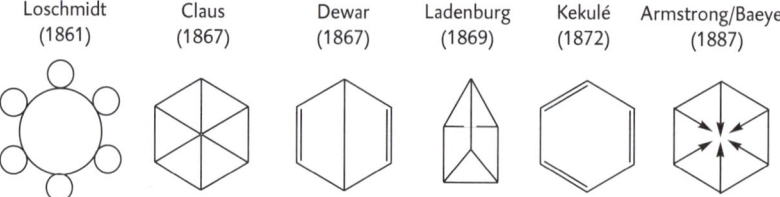

Loschmidt (1861)   Claus (1867)   Dewar (1867)   Ladenburg (1869)   Kekulé (1872)   Armstrong/Baeyer (1887)

Benzol ist eine krebserregende farblose, lichtbrechende, leicht entzündliche Flüssigkeit mit aromatischem Geruch, die mit stark rußender Flamme verbrennt. Die Dichte der Flüssigkeit ist mit 0,879 g · mL^{-1} geringer als die von Wasser, die Dämpfe sind schwerer als Luft. In Wasser ist Benzol nicht löslich, es ist jedoch in unpolaren Lösungsmitteln wie Benzin leicht löslich. Die Flüssigkeit siedet bei 80,1 °C und kristallisiert bei 5,5 °C. Benzol ist im **Erdöl** enthalten. Größere Mengen fallen bei der Herstellung von Koks aus Steinkohle an. Ein heute wichtiges Verfahren ist die Extraktion aus Pyrolysebenzin.

Aus dem Verhältnis der Zahl der Wasserstoffatome zur Zahl der Kohlenstoffatome folgerte man, dass es sich bei Benzol um eine **ungesättigte** Verbindung handeln müsse. Eine Addition von Halogenatomen an die Doppelbindungen sollte demnach gelingen, tatsächlich aber wird z. B. Bromwasser von Benzol nicht entfärbt. Unter Anwesenheit von wasserfreiem Eisenchlorid (FeCl$_3$) oder wasserfreiem Aluminiumchlorid (AlCl$_3$) erhält man aus Benzol und Brom stattdessen Verbindungen wie C$_6$H$_5$Br oder C$_6$H$_4$Br$_2$. Statt Additions- laufen also **Substitutionsreaktionen** ab. Bei diesen Substitutionen entsteht immer nur ein einziges **Mono**substitutionsprodukt, während stets drei isomere **Di**substitutionsprodukte, eine ortho-, meta- bzw. para-Form bekannt sind.

Die Ringstruktur von Kekulé

Diese und weitere analytische Befunde mussten anhand der Strukturformel für das Benzolmolekül erklärbar sein, was deren Aufklärung zunächst sehr erschwerte. KEKULÉ schlug 1872 eine **Ringstruktur** mit abwechselnden Einfach- und Doppelbindungen vor. In diesem Ringmolekül bildet jedes der sechs Kohlenstoffatome mit den zwei benachbarten Kohlenstoffatomen und einem Wasserstoffatom je eine Einfachbindung. Außerdem besitzt das Molekül sechs Elektronen, die einem **System aus Doppelbindungen** zuzuordnen sind:

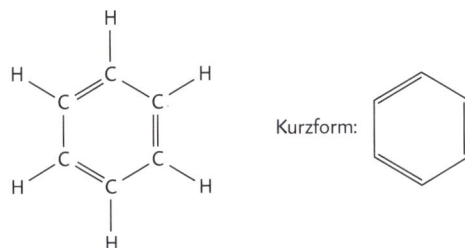

Dieser Strukturformel widerspricht allerdings nicht nur das zuvor beschriebene, für eine ungesättigte Verbindung **untypische Verhalten** des Benzols. Auch warf die Bestimmung der **C–C-Bindungslänge**, die zwischen der einer C–C-Einfach- und C=C-Doppelbindung liegt, sowie die Hydrierungsenergie des Benzolmoleküls, die geringer ist, als man es bei Vorhandensein dreier Doppelbindungen erwartet (siehe S. 68), neue Fragen auf. Schließlich ließ die Beobachtung, dass es immer nur ein einziges ortho- bzw. meta- oder para-Disubstitutionsprodukt des Benzols gibt, Zweifel an der Richtigkeit von Kekulés Formel aufkommen.

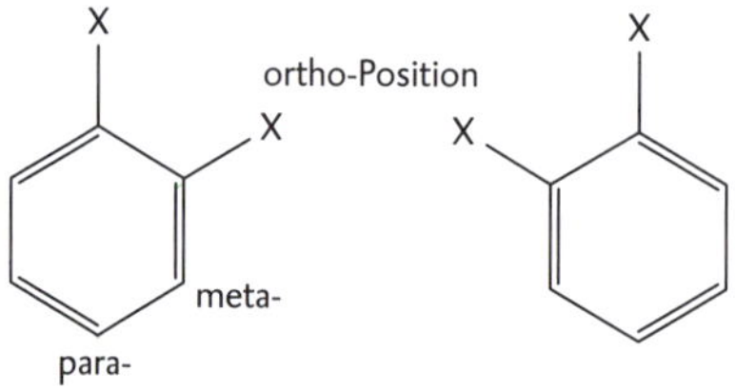

Durch die zusätzliche Annahme eines schnellen „Platzwechsels" von Einfach- und Doppelbindungen erklärte Kekulé die **Gleichwertigkeit** aller sechs Bindungen im Ring und konnte so die von ihm postulierte Benzolformel mit seinen Versuchsergebnissen in Einklang bringen. So lassen sich etwa die bei den Mono- und Disubstitutionen auftretenden, verschiedenen Zahlen an Isomeren mit der Annahme einer ringförmigen Struktur mit **gleichwertigen** Kohlenstoff- und Wasserstoffatomen sehr gut deuten:

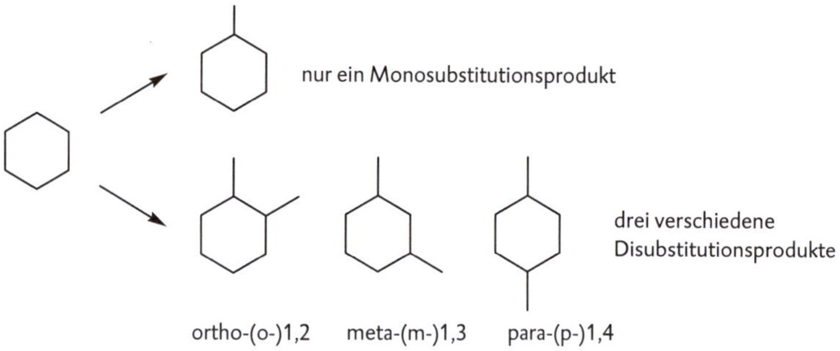

1.3 Die Bindungsverhältnisse im Benzolmolekül

Nach der heute anerkannten Vorstellung beschreibt man das Benzolmolekül als ein ebenes **(planares)**, gleichseitiges Sechseck, in dem alle C–C-Bindungslängen mit 139 pm und alle Bindungswinkel mit 120° einheitlich sind. Die Kohlenstoffatome, die die Ecken des Sechsecks bilden, sind durch Einfachbindungen miteinander verbunden. Eine weitere Einfachbindung bildet jedes Kohlenstofatom mit je einem Wasserstoffatom.

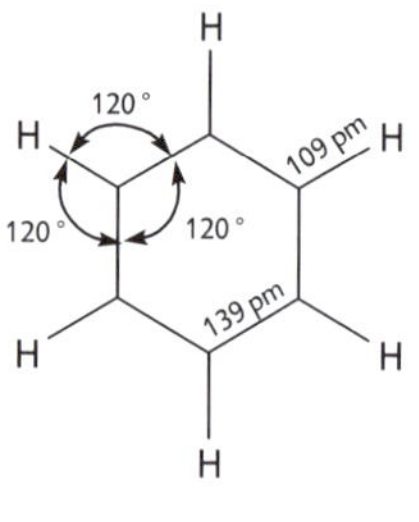

Pro Kohlenstoffatom verbleibt damit noch ein Elektron, das für eine weitere Atombindung genutzt werden könnte. Diese sechs Elektronen lassen sich im Benzolmolekül keinem der Ringkohlenstoffatome zuweisen, sondern liegen **gleichmäßig verteilt** über das Molekül vor. Man spricht von einem **delokalisierten π-Elektronensystem**, dessen Ladungsverteilung als „Ladungswolke" gezeichnet wird, die ober- und unterhalb der Ringebene liegt:

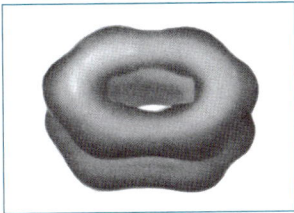

Abb. 14: Delokalisation der π-Elektronen; Ladungswolke ober- und unterhalb der Ringebene des Benzolmoleküls

1.4 Mesomerie und Mesomerieenergie

Zeichnerische Darstellung der Bindungsverhältnisse

Kann man die Elektronenverteilung in einem Molekül nicht durch eine einzige Strukturformel exakt darstellen, so hat man es mit dem Phänomen der **Mesomerie** zu tun. Die Elektronenverteilung im Molekül lässt sich dann nur durch Einsatz mehrerer **mesomerer Grenzformeln**, z. B. mit den so genannten Kekulé-Strukturen, angenähert umschreiben. Die in der Realität vorliegende Elektronenverteilung wird dadurch nicht korrekt wiedergegeben, da die Elektronen gleichmäßig über alle Bindungszentren **delokalisiert** sind. Mesomere Grenzformeln symbolisiert man durch geschweifte Klammern und Mesomeriepfeile, die man nicht mit den Pfeilen für chemische Gleichgewichte verwechseln darf.

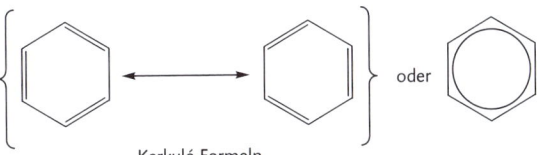

Kerkulé-Formeln

Die mesomeren Grenzformeln kommen in der Realität nicht vor. Benzol ist also **kein Gemisch** aus den beiden gezeigten Molekülformen. Vielmehr ist die Elektronenverteilung in allen Benzolmolekülen gleich und entspricht einem „Zwischenzustand" zwischen den zeichnerisch darstellbaren Grenzstrukturen. Für das Benzolmolekül ist daher auch das in der vorangegangenen Abbildung rechts gezeigte Symbol üblich, in dem die Elektronen nach einem Vorschlag von ROBINSON als Kreis in den Sechsring eingezeichnet werden.

Energetische Aspekte des mesomeren Zustandes

Wie bereits erwähnt, ist die Hydrierungsenergie des Benzolmoleküls geringer als man es bei Vorhandensein dreier Doppelbindungen erwarten würde. Die tatsächliche Bindungsituation stellt also einen **energieärmeren** und damit stabileren Zustand dar, als jede der beiden zuvor gezeigten Grenzstrukturen. Das Ausmaß dieser **Mesomeriestabilisierung** lässt sich abschätzen, indem man die für Benzol experimentell ermittelbare Hydrierungsenthalpie mit der für das hypothetische Cyclohexatrien theoretisch zu erwartenden Hydrierungsenthalpie vergleicht. Dazu geht man schrittweise vor, indem man die Zahl der Doppelbindungen erhöht.

- Bei der Hydrierung von **Cyclohexen** werden 120 kJ·mol^{-1} frei gesetzt:

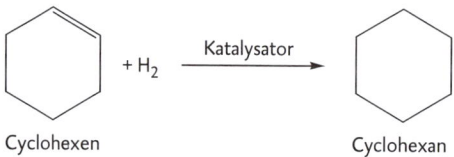

Cyclohexen   Cyclohexan

- Wenn man **1,3-Cyclohexadien** zu Cyclohexan hydriert, erwartet man dementsprechend einen Energiebetrag von 240 kJ·mol^{-1}. Tatsächlich misst man jedoch nur 232,1 kJ·mol^{-1}:

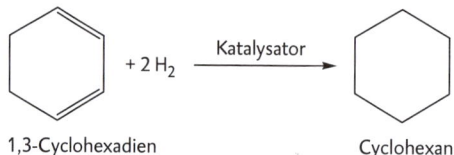

1,3-Cyclohexadien   Cyclohexan

- Hydriert man schließlich **Benzol** zu Cyclohexan, so beträgt die Hydrierungsenthalpie 209 kJ·mol^{-1}, nicht 360 kJ·mol^{-1} wie es für das hypothetische Cyclohexatrien zu erwarten wäre.

Das Benzolmolekül ist also um etwa 151 kJ·mol^{-1} energieärmer als ein hypothetisches Cyclohexatrien-Molekül. Dies ist mit der Delokalisation der Elektronen über die sechs Kohlenstoffatome des Ringes zu begründen. Der energetisch günstige Effekt einer Delokalisation von Elektronen zeigt sich bereits im 1,3-Cyclohexadien-Molekül, wenn auch – aufgrund der geringeren räumlichen Ausdehnung – weniger deutlich.

Die folgende Grafik fasst das Ergebnis der Hydrierungsreaktionen zusammen:

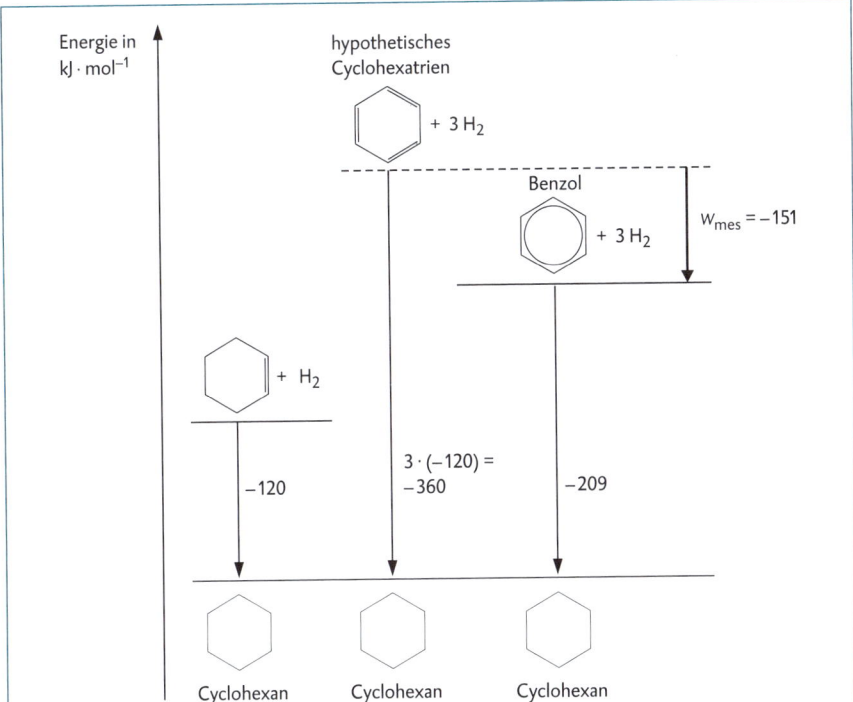

Abb. 15: Mesomerieenergie des Benzols

1.5 Die Hückel-Regel

Wie auf Seite 64 bereits erläutert, bezeichnete man in der organischen Chemie Stoffe pflanzlicher Herkunft früher als „aromatisch", wenn sie einen angenehmen Duft aufwiesen. Später erkannte man, dass in vielen dieser Stoffe „Abkömmlinge" des Benzolmoleküls vorliegen, und beschränkte die Bezeichnung daher auf Substanzen, die sich von Benzol ableiten und ihm in ihren chemischen Eigenschaften ähnlich sind.

Eine allgemein anwendbare Definition des **aromatischen Zustands** liefert die von HÜCKEL im Jahr 1931 aufgestellte Regel:

> **Aromatische** Verbindungen weisen **ebene**, zyklische Moleküle mit ringförmig geschlossenen Elektronenwolken aus **4n + 2 Elektronen** (n = 0, 1, 2, 3…) auf.

Ein erster Hinweis auf das Vorliegen eines delokalisierten π-Elektronensystems mit $4n+2$ Ringelektronen ist immer dann gegeben, wenn man Grenzformeln aufstellen kann, bei denen Einfachbindungen mit Doppelbindungen im Ringsystem abwechseln. Dann spricht man von einem **konjugierten System**. Ein von Benzol abgeleitetes Beispiel für ein ausgedehnteres konjugiertes System ist das Naphthalinmolekül. Dort sind zwei Benzolringe so miteinander verbunden, dass zwei Kohlenstoffatome beiden Ringen gleichzeitig angehören (siehe S. 86):

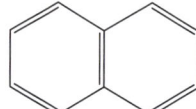

Naphthalin

Die Anzahl der Ringelektronen beträgt 10 und folgt damit der Hückel-Regel. Das über beide Ringe delokalisierte Elektronensystem ist durch zwei weitere mesomere Grenzstrukturen darstellbar:

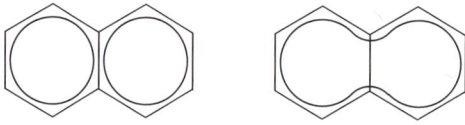

Hier darf man die Elektronen allerdings **nicht mit zwei Kreisen** symbolisieren, denn dies würde das Vorhandensein von 12 π-Elektronen suggerieren. Alternativ kann man aber die rechts gezeigte Darstellung verwenden:

1.6 Reaktionsverhalten von Benzol

Bei der Beschreibung der Bindungsverhältnisse wurde bereits festgehalten, dass das Reaktionsverhalten von Benzol nicht mit dem der reaktionsfähigen Alkene vergleichbar ist, die leicht Elektrophile wie Halogene an ihre Doppelbindungen addieren oder z. B. Kaliumpermanganat-Ionen reduzieren (Baeyer'sche Probe). Statt elektrophiler Additionsreaktionen laufen an aromatischen Verbindungen **elektrophile Substitutionsreaktionen** ab. Substitutionen sind charakteristische Reaktionen aromatischer Verbindungen und ein weiteres Kriterium für ihre „Aromatizität" (siehe S. 69).

Mechanismus der elektrophilen Substitution an Benzol: Halogenierung mit Chlor

Der Ablauf einer elektrophilen Substitution an Benzol kann anhand einer **Halogenierung**, z. B. mit Chlor, exemplarisch gezeigt werden. Um bei Raumtemperatur eine Substitutionsreaktion zu erreichen, müssen die elektrophilen Eigenschaften des Reaktionspartners durch den Einsatz eines **Katalysators** verbessert werden, da die Elektronendichte im aromatischen Ring für die notwendige Polarisierung und damit für die Bildung eines Elektrophils allein nicht ausreicht.

1. Im **ersten** Reaktionsschritt tritt der elektronenreiche Ring in lose Wechselwirkung mit dem Halogenmolekül. Eisen(III)-chlorid begünstigt die Bildung dieses Übergangszustandes, den man als **π-Komplex** bezeichnet:

   π-Komplex

2. Anschließend wird eine σ-Bindung zwischen dem positiv geladenen Chlorion und einem Kohlenstoffatom des Benzolrings gebildet, der stofflich fassbare, mesomeriestabilisierte **σ-Komplex** entsteht. Die heterolytische Spaltung des Chlormoleküls wird durch die Komplexbildung mit dem Katalysator erleichtert. Im Folgenden ist nur eine der drei möglichen mesomeren Grenzformeln gezeigt:

   σ-Komplex

   σ = Sigma

   Die Bildung der Einfachbindung im σ-Komplex erfolgt durch zwei Elektronen des delokalisierten Systems, wodurch der aromatische Zustand aufgehoben wird. Der σ-Komplex ist deshalb trotz der Mesomeriestabilisierung **energiereicher** als das Ausgangsmolekül Benzol. Dieser Reaktionsschritt erfordert daher viel Aktivierungsenergie und ist der langsamste, die **Geschwindigkeit** der Gesamtreaktion **bestimmende** Schritt.

3. Im letzten, schnellen Reaktionsschritt bildet sich ein weiterer Übergangszustand, indem unter heterolytischer Bindungsspaltung ein Proton vom Ring abgespalten wird. Die Reaktionsprodukte Chlorbenzol und Chlorwasserstoff entstehen. Außerdem wird der Katalysator zurückgebildet.

Dieser Reaktionsschritt ist begünstigt, da das **aromatische System** dabei wiederhergestellt wird.

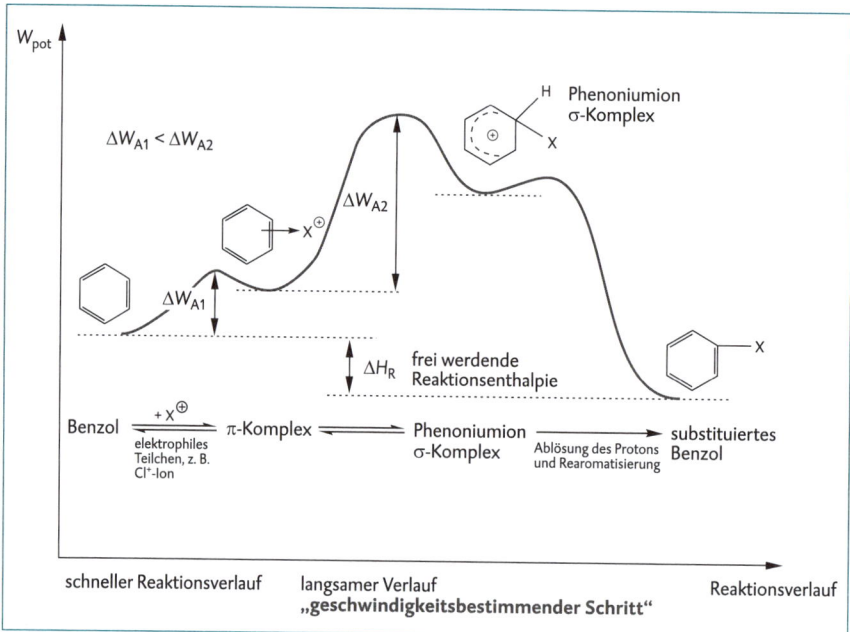

> Die Erhaltung des stabilen **aromatischen Zustands** ist bei Aromaten ein wichtiges Argument für die Bevorzugung von **Substitutionsreaktionen** gegenüber Additionen.

Diese Tendenz drückt auch der Verlauf eines Energiediagramms für die elektrophile Substitution am Benzolring aus:

Abb. 16: Energiediagramm für die elektrophile Substitution von Benzol

Zusammenfassung

1. **Benzol** gehört zu den giftigen und krebserregenden Gefahrstoffen. Benzol ist eine farblose, lichtbrechende Flüssigkeit, die mit stark **rußender** Flamme verbrennt, was einen Hinweis auf den ungesättigten Charakter gibt. Nachweisreaktionen auf **Doppelbindungen** mit Brom und mit Kaliumpermanganat in wässriger Soda-Lösung (Baeyer'sche Probe) verlaufen mit Benzol allerdings negativ. Alle Wasserstoffatome sind chemisch gleichwertig. Es gibt nur **ein Monosubstitutions-** sowie **drei Disubstitutionsprodukte** von Benzol. Das Benzolmolekül ist stabiler (energieärmer) als das hypothetische Cyclohexatrienmolekül.

2. In der Vergangenheit gab es verschiedene Vorschläge für eine Strukturformel, die den **Bindungszustand im Benzolmolekül** erklären sollte. Diese Formeln geben jedoch die gleichmäßige Bindungsverteilung nicht wieder. Zur zeichnerischen Darstellung wird heute noch die Formulierung von KEKULÉ verwendet. Er schlug ein **ebenes, gleichseitiges Sechseck** mit je drei sich abwechselnden Einfach- und Doppelbindungen vor. Die **Delokalisierung der π-Elektronen** wird durch mesomere Grenzformeln oder – nach einem Vorschlag von ROBINSON – durch einen Kreis im Zentrum des Sechsecks symbolisiert.

3. Verbindungen, die aus **ebenen, ringförmigen** Molekülen bestehen, bei denen eine **Delokalisierung** der Elektronen über die Ringstruktur möglich ist, werden **aromatisch** genannt. Die Anzahl der π-Elektronen beträgt nach der **Hückel-Regel** $4n + 2$. ($n = 0, 1, 2 \ldots$)

4. **Kondensierte aromatische Verbindungen** sind aus mehreren Ringen aufgebaut, wobei benachbarte Ringe jeweils zwei gemeinsame Kohlenstoffatome aufweisen. Vertreter sind z. B. Naphthalin und Anthracen.

5. Im Gegensatz zu den Alkenen, die bevorzugt Additionsreaktionen eingehen, laufen bei aromatischen Verbindungen bevorzugt **Substitutionsreaktionen** ab. Dabei wird ein Wasserstoffatom durch ein anderes Atom oder einen Rest ersetzt. Der aromatische Charakter des Ringsystems bleibt erhalten. Das das π-Elektronensystem angreifende, positiv geladene Teilchen fungiert als Elektrophil, anschließend wird ein Proton vom Benzolring abgespalten. Zur Bildung bestimmter elektrophiler Teilchen müssen **Katalysatoren** eingesetzt werden. Bei den Umsetzungen von Benzol mit Chlor oder Brom sind dies z. B. Aluminiumchlorid bzw. Eisenbromid.

6. Der **Mechanismus** der elektrophilen Substitution verläuft zunächst über einen Anlagerungskomplex (**π-Komplex**). Danach folgt die Bildung eines positiv geladenen Zwischenproduktes (**σ-Komplex**, z. B. Phenoniumion). Durch die Abspaltung eines Protons wird der **aromatische Zustand wieder hergestellt**. Die Reaktion des Protons mit der Base führt zur **Rückbildung des Katalysators**.

Aufgaben

54. Das farblose Benzol löst sich kaum in Wasser, dagegen sehr gut in Benzin. Die Flüssigkeit verbrennt mit stark rußender Flamme. Anders als z. B. das 1,3,5-Hexatrien reagiert Benzol nicht unter sofortiger Umsetzung mit Brom. Auch die Baeyer'sche Probe auf Doppelbindungen mit alkalischer Kaliumpermanganat-Lösung verläuft negativ.
Geben Sie mögliche Schlussfolgerungen aus diesen experimentellen Befunden an. Formulieren Sie für die Umsetzung von 1,3,5-Hexatrien mit Brom eine Reaktionsgleichung und geben Sie den Reaktionstyp an.

55. Begründen Sie, weshalb die folgenden Strukturen mit der Summenformel C_6H_6 die experimentellen Befunde, die sich anhand der Verbindung Benzol ermitteln lassen, nicht abbilden können.

$H_3C-C\equiv C-C\equiv C-CH_3$

56. Bei der Namensgebung für Benzol setzt sich mehr und mehr die Bezeichnung *Benzen* bzw. *Benzene* durch. Der Chemiker MITCHERLICH nannte die Substanz noch „Benzin", im Jahr 1834 gab ihr der Chemiker LIEBIG dann den Namen „Benzol". Diskutieren Sie diese Namen.
Mitcherlich gewann Benzol aus Benzoesäure. Machen Sie zu diesem Syntheseweg einen Vorschlag und formulieren Sie die Reaktionsgleichung.
Benzol lässt sich aus Ethin H_2C_2 bei Temperaturen zwischen 400 und 500 °C herstellen. Ein technisches Verfahren ist die katalytische Dehydrierung aus Hexan. Formulieren Sie für beide Vorgänge eine Reaktionsgleichung.

57. Außer KEKULÉ haben noch andere Forscher für Benzol Strukturformeln vorgeschlagen. DEWAR z. B. stellte 1867 die rechts gezeigte Formel auf.
Geben Sie für diese Formel zwei weitere mesomere Grenzstrukturen an. Erläutern Sie zwei experimentelle Sachverhalte, die darlegen, dass die von Dewar vorgeschlagene Struktur den Bindungszustand im Benzol nicht wiedergibt. Berücksichtigen Sie dabei auch die Mono- und Disubstitutionsprodukte. Welcher Reaktionstyp wäre beim Dewar-Benzol bei einer Umsetzung mit Brom bevorzugt zu erwarten?

58. Beschreiben Sie, welche Konsequenzen die Delokalisierung der Elektronen im Sechsring des Benzols im Hinblick auf die Kekulé-Formeln hat.

59. Die Hydrierungsenergie von Benzol beträgt etwa −208 kJ·mol⁻¹. Die entsprechende Energie für die Hydrierung einer Doppelbindung z. B. von Ethen hat den Wert −125,5 kJ·mol⁻¹. Die Energie für die Hydrierung einer isolierten Doppelbindung in einer zyklischen Verbindung, z. B. in Cyclohexen, beträgt etwa −120 kJ·mol⁻¹. Welche Schlüsse kann man aus diesen Daten bezüglich des energetischen Zustandes von Benzol ziehen?

60. Berechnen Sie mit den folgenden Daten die Mesomerieenergie von Benzol.
    - Bildungsenthalpie: $\Delta_f H^0(C_6H_6) = 83$ kJ·mol⁻¹
    - Sublimationsenergie von Graphit:
      $C(s) \longrightarrow C(g)$; $\Delta H_S = 717$ kJ·mol⁻¹
    - Dissoziationsenergie: $0{,}5\,H_2 \longrightarrow H$; $\Delta H_D = 218$ kJ·mol⁻¹
    - Bindungsenergien:
      C–H: 413 kJ·mol⁻¹
      C–C: 348 kJ·mol⁻¹
      C=C: 614 kJ·mol⁻¹

61. 0,1 mL Benzol werden mit einer Blutzuckerpipette auf den Boden eines Erlenmeyer-Kolbens gebracht, der mit Glaskugeln bedeckt ist. Der Erlenmeyer-Kolben ist mit einer Glasspritze verbunden (siehe Abb. 17). Durch Schütteln der Glaskugeln entsteht Reibungswärme, die ausreicht, um Benzol zu verdampfen. Bei $p = 730$ Torr ($= 0{,}973$ bar oder $0{,}973 \cdot 10^5$ Pa) und $\vartheta = 22\,°C$ beträgt das Volumen $V = 28$ mL. Die Dichte von Benzol beträgt $\rho = 0{,}879$ g·mL⁻¹. Der Reduktionsfaktor hat unter diesen Bedingungen den Wert 0,889.
    Berechnen Sie mit diesen Angaben die molare Masse M von Benzol.

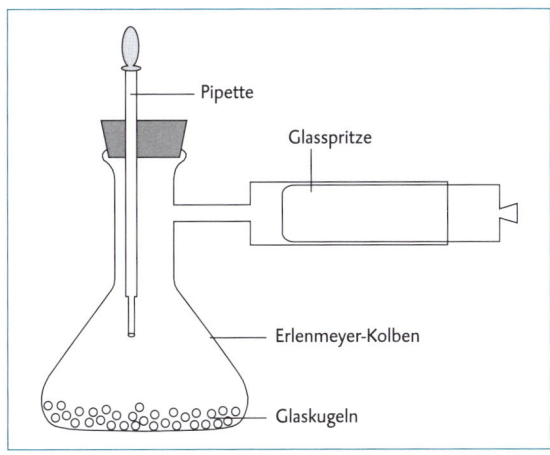

Abb. 17: Versuchsanordnung zur Verdampfung von Benzol

62. Geben Sie zwei ältere und drei neuere Definitionen der Begriffe „aromatisch" bzw. „Aromatizität" an.
Benutzen Sie dazu verschiedene Lehrbücher oder recherchieren Sie im Internet, z. B. durch Eingabe des Begriffes „Aromatizität" in eine Suchmaschine.

63. Wenden Sie die Hückel-Regel auf folgende Verbindungen an und prüfen Sie nach, ob es sich jeweils um eine aromatische Verbindung handelt.
Die Verbindungen sind Cyclobutadien, das nur bei tiefen Temperaturen kurzzeitig existent ist, 1,3-Cyclohexadien, Cyclooctatetraen, Naphthalin sowie Anthracen:

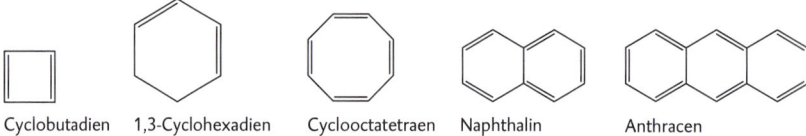

Cyclobutadien   1,3-Cyclohexadien   Cyclooctatetraen   Naphthalin   Anthracen

2 Weitere wichtige aromatische Verbindungen

Durch **Substitution von Wasserstoffatomen** am Benzolring gegen andere Atome oder Atomgruppen können gezielt **Derivate**[6] („Abkömmlinge") des Benzols gewonnen werden. Die Reaktionen verlaufen meist dem zuvor bereits besprochenen Mechanismus der elektrophilen Substitution entsprechend.

2.1 Nitrobenzol und Anilin

Das sehr giftige, nach Bittermandeln riechende **Nitrobenzol** wird aus Benzol und einem Gemisch aus konzentrierter Schwefelsäure und Salpetersäure, der so genannten „**Nitriersäure**", gewonnen. Als elektrophiles Teilchen fungiert das Nitroniumion (NO_2^+), das sich durch Abspaltung von Wasser aus einem protonierten Salpetersäuremolekül bildet:

$$HNO_3 + H_2SO_4 \longrightarrow H_2NO_3^+ + HSO_4^-$$
$$H_2NO_3^+ \longrightarrow H_2O + NO_2^+$$
$$H_2SO_4 + H_2O \longrightarrow H_3O^+ + HSO_4^-$$
$$\overline{HNO_3 + 2\,H_2SO_4 \longrightarrow H_3O^+ + NO_2^+ + 2\,HSO_4^-}$$

Das Nitroniumion greift den Benzolring elektrophil an, das Hydrogensulfat-Ion begünstigt die abschließende Abspaltung des Protons:

Nitobenzol kann reduziert werden, wobei Aminobenzol (**Anilin**) entsteht. Es ist Ausgangsprodukt bei der Herstellung von Farbstoffen, Arzneimitteln und Aminoplasten (siehe S. 116 und S. 129, Aufgabe 116).

---

[6] Derivate sind von einer Stammverbindung abgeleitete Verbindungen, die das gleiche strukturelle Grundgerüst aufweisen. Formal erhält man Derivate durch Substitution von Wasserstoffatomen.

2.2 Benzolsulfonsäure

Die **Sulfonierung** von Benzol zur Benzolsulfonsäure führt man mit konzentrierter oder mit „rauchender" **Schwefelsäure** („Oleum"[7]) durch. Letztere enthält überschüssiges Schwefeltrioxid (SO_3). Es entsteht z. B. durch Autoprotolyse von Schwefelsäure:

$$2\,H_2SO_4 \rightleftharpoons SO_3 + H_3O^+ + HSO_4^-$$

Mit seinem positiv polarisierten Schwefelatom kann das polar gebaute Schwefeltrioxidmolekül als elektrophiles Teilchen reagieren:

σ-Komplex

Auch HSO_3^+-Ionen werden als sulfonierend wirkende Reagenzien vermutet. Das HSO_3^+-Kation entsteht in konzentrierter Schwefelsäure durch Autoprotolyse

$$2\,H_2SO_4 \rightleftharpoons H_3SO_4^+ + HSO_4^- \rightleftharpoons HSO_4^- + HSO_3^+ + H_2O$$

in Oleum durch Reaktion von SO_3 und H_2SO_4:

$$SO_3 + H_2SO_4 \rightleftharpoons HSO_3^+ + HSO_4^-$$

Hier trägt das Schwefelatom eine echte positive Ladung und kann das Benzolmolekül damit elektrophil angreifen:

π-Komplex

σ-Komplex   Benzolsulfonsäure

Die Sulfonierung verläuft – im Gegensatz zur Nitrierung – **reversibel**.

---

[7] Oleum: ölartige Lösung von SO_3 in konzentrierter Schwefelsäure. Fälschlicherweise wird diese auch als „rauchende Schwefelsäure" bezeichnet. Tatsächlich bildet sich an ihrer Oberfläche ein *Nebel* durch Reaktion von SO_3 mit dem in der Luft enthaltenen Wasser.

2.3 Aromaten mit aliphatischen Seitenketten

Synthese durch FRIEDEL-CRAFTS-Alkylierung: Darstellung von Toluol

Unter katalytischer Wirkung von Aluminiumchlorid können **Alkylhalogenide** mit Aromaten zur Reaktion gebracht werden. Aus Chlormethan und Benzol entsteht auf diese Weise **Toluol**. Bei dieser so genannten „FRIEDEL-CRAFTS-**Alkylierung**" wird die polare C–Cl-Bindung im Alkylhalogenid durch den Katalysator weiter polarisiert, sodass das positivierte Kohlenstoffatom mit dem delokalisierten Elektronensystem des Benzolrings einen π-Komplex bilden kann. Die weiteren Reaktionsschritte folgen dem bei der Halogenierung besprochenen Prinzip:

σ-Komplex   Rückbildung des Katalysators   Toluol

Zweitsubstitution an Alkylbenzol: Halogenierung von Toluol

Auf dem Reaktionsweg der FRIEDEL-CRAFTS-Alkylierung lässt sich eine ganze Reihe von Alkylbenzolen synthetisch herstellen. Sie zeigen das chemische Verhalten von Aromaten und Alkanen **gleichzeitig**, da sie einen aromatischen Kern und eine aliphatische Seitenkette besitzen: Für den aromatischen Kern ist die **elektrophile** Substitution typisch, die **radikalische** Substitution ist für die aliphatische Seitenkette charakteristisch. Beide Reaktionen stehen in Konkurrenz zueinander, da in beiden Fällen Wasserstoffatome substituiert werden. Diese weisen jedoch am aromatischen Ring eine andere Reaktivität als in einer aliphatischen Seitenkette auf. In einer **Zweitsubstitution** kann man die Wasserstoffatome daher durch die Wahl der Reaktionsbedingungen **selektiv** gegen andere Atome oder Atomgruppe austauschen.

> In Alkylbenzolen beeinflussen sich der aromatische Ring und die aliphatische(n) Seitenette(n) gegenseitig im Hinblick auf ihre **Reaktivität**.

Eine Halogenierung von Alkanen bzw. Alkylresten verläuft als **radikalische Substitution**. Freie Halogenatome entstehen bei der homolytischen Spaltung von Halogenmolekülen, die durch hohe Temperaturen oder durch Bestrahlung mit UV-Licht bewirkt werden kann. Wendet man diese Reaktionsbedingungen auf die Halogenierung von Toluol an, so läuft folgende Reaktion ab:

Die Zweitsubstitution findet also unter diesen Bedingungen an der Seitenkette statt, sie folgt der **SSS-Regel**: **S**onnenlicht – **S**iedehitze – **S**eitenkette.

Für die **elektrophile Substitution** am Benzolring muss das Halogenmolekül heterolytisch gespalten werden, um ein elektrophiles Teilchen zu erhalten. Dazu ist ein Katalysator notwendig. Da diese Reaktion bei Zimmertemperatur und auch im Dunkeln durchgeführt werden kann, entstehen keine Radikale:

Die Zweitsubstitution findet also unter diesen Bedingungen am aromatischen Kern statt, sie folgt der **KKK-Regel**: **K**älte – **K**atalysator – **K**ern.

Man erkennt gleichzeitig, dass der bereits vorhandene Alkylsubstituent eine **dirigierende Wirkung auf den Ort** der Zweitsubstitution ausübt. Diese findet nicht in meta-Position statt. Weitere überwiegend in **ortho- und para-** Positionen dirigierende Erstsubstituenten sind z. B. die Hydroxyl- und die Aminogruppe sowie die Halogene.

Andere Erstsubstituenten wie z. B. die Sulfonsäuregruppe –SO₃H, die Nitrogruppe –NO₂, die Aldehydgruppe und die Carboxylgruppe (siehe S. 82 f.) dirigieren einen weiteren Substituenten dagegen bevorzugt in die meta-Position des aromatischen Ringsystems.

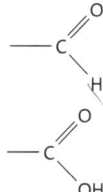

Dirigierende Wirkung des Erstsubstituenten

Erstsubstituenten können **induktive und mesomere Effekte** auf das Ringsystem ausüben, an das sie gebunden sind:
- Freie Elektronenpaare der Substituenten können in die Delokalisierung der π-Elektronen des Benzolrings oder anderer aromatischer Ringe einbezogen werden und dort die Elektronendichte erhöhen. Dies nennt man den positiven mesomeren Effekt (**+M-Effekt**).
- Dieser Effekt kann geschwächt werden, wenn der Substituent stark elektronegative Atome besitzt. Ladung aus dem Benzolkern abgezogen, die Elektronendichte wird vermindert. Der „Elektronensog" kann sich über mehrere Atome fortsetzen. Dieser induktive Effekt wird wegen der Verminderung der Elektronendichte als negativer induktiver Effekt (**–I-Effekt**) bezeichnet.
- Ein positiver induktiver Effekte (**+I-Effekt**) wird – in unterschiedlichem Umfang – etwa durch Alkylsubstituenten ausgeübt:

   ——CH₃ < ——CH₂——CH₃

- Beim negativen mesomeren Effekt (**–M-Effekt**) wird dem π-Elektronensystem negative Ladung entzogen. Dies geschieht z. B. durch Substituenten, die eine polarisierte Doppelbindung enthalten. Das dem Benzolgerüst benachbarte, positiv geladene Atom hat die Tendenz, dem π-Elektronensystem des Benzolkerns Elektronen zu entziehen. Elektronegative und positiv polarisierte Atome verstärken somit den mesomeren Effekt durch Induktion.

Beispiel 1 Die mesomeren Grenzformeln für **Anilin** im Grundzustand kann man wie folgt formulieren:

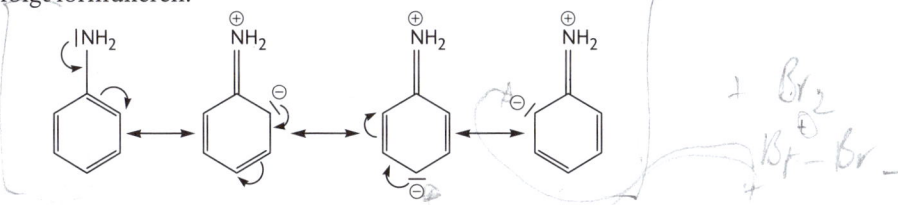

Erstsubstituent ist die Aminogruppe –NH₂ mit einem den –I-Effekt überwiegenden +M-Effekt. Die Elektronendichte ist daher in **ortho- und para**-Stellung erhöht, ein elektrophiles Teilchen greift bevorzugt dort an.

Beispiel 2   Die mesomeren Grenzformeln für **Nitrobenzol** im Grundzustand formuliert man wie folgt:

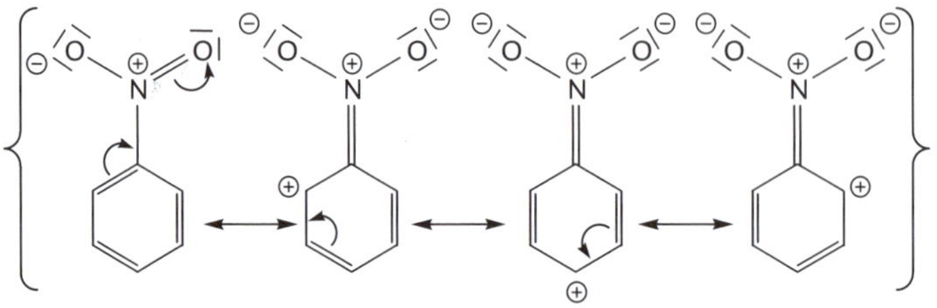

Erstsubstituent ist die Nitrogruppe –NO$_2$ mit ihrem parallel gerichtetem –M- und –I-Effekt. Die Elektronendichte ist in **meta-Stellung** erhöht, ein elektrophiles Teilchen greift bevorzugt dort an.

Mit ihren induktiven und mesomeren Effekten beeinflussen Erstsubstituenten nicht nur die Ladungsverteilung des aromatischen Ringsystems, an das sie gebunden sind. Auch auf die Stabilität der während einer Zweitsubstitution gebildeten, positiv geladenen Zwischenprodukte (**σ-Komplexe**) haben diese Effekte Einfluss: Je besser die Delokalisierung der positiven Ladung erfolgt, umso größer ist die Anzahl der formulierbaren mesomeren Grenzformeln und umso stabiler ist das gebildete Zwischenprodukt.

Beispiel 1   Bei Substitution in ortho- und para-Position eines Anilinmoleküls kann das freie Elektronenpaar der **Aminogruppe** in die Delokalisierung einbezogen werden, daher lassen sich je vier Grenzstrukturen formulieren:

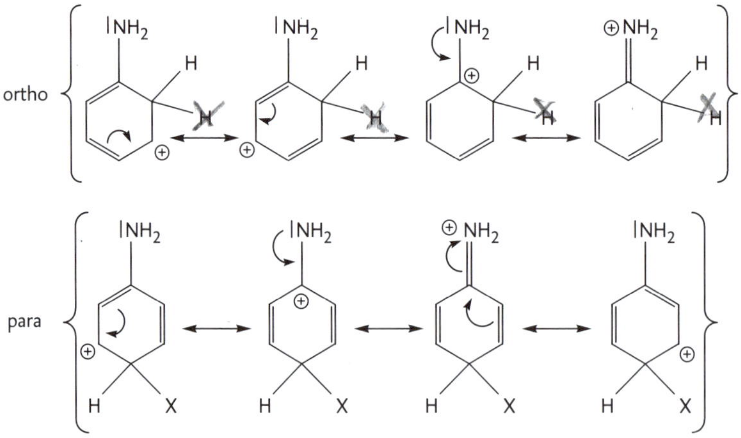

Bei Substitution in meta-Position könnte das freie Elektronenpaar der Aminogruppe nicht in die Mesomerie einbezogen werden, daher lassen sich nur drei Grenzstrukturen formulieren:

meta
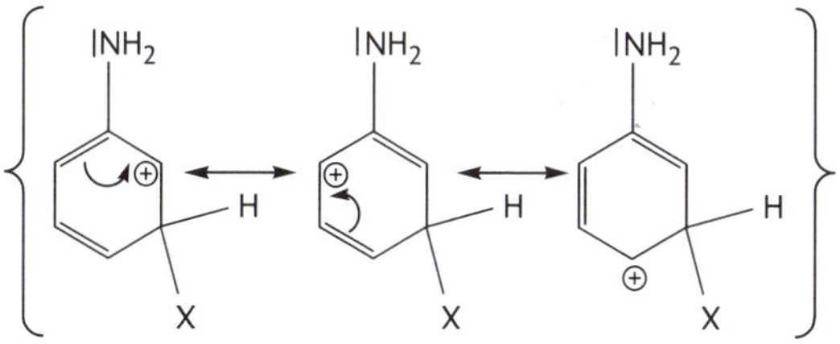

Beispiel 2 Die **Nitrogruppe** in Nitrobenzol mit ihrem –I- und –M-Effekt wirkt elektronenziehend. Von allen Ringpositionen wird negative Ladung abgezogen, am stärksten aber von dem Kohlenstoffatom, das der Nitrogruppe benachbart ist. Dieses bereits positiv polarisierte Kohlenstoffatom zeigt wenig Neigung, die positive Ladung des Ringkohlenstoffatoms zu übernehmen. Die Aktivierungsenergie zur Bildung der ortho- und para-Zwischenprodukte ist deshalb größer als für die Bildung der meta-Form. Dort ist die Ladungsverteilung günstiger.

ortho
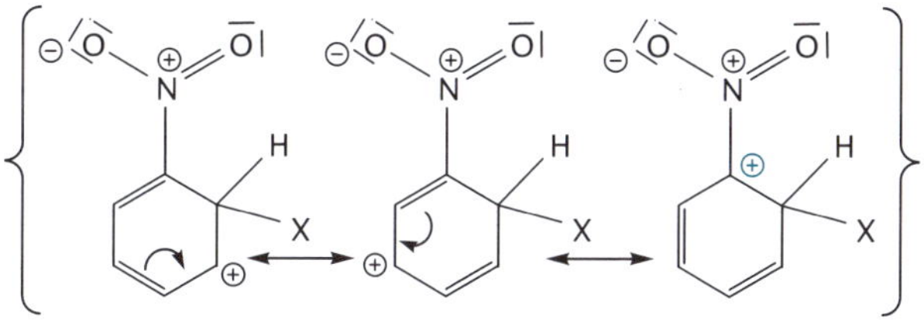

para
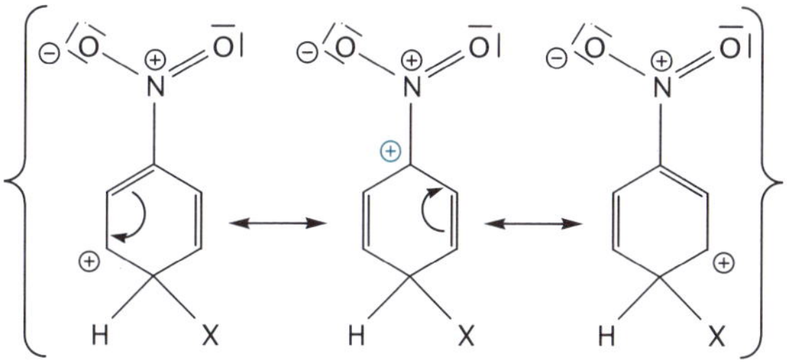

meta
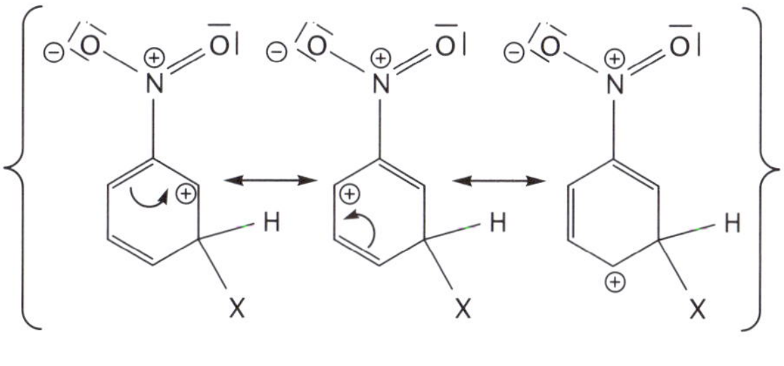

Die Oxidationsprodukte von Toluol: Weitere wichtige aromatische Verbindungen

Die Methylgruppe des Toluols kann oxidiert werden. Als Oxidationsmittel wird z. B. Ozon bzw. das bei seinem Zerfall entstehende, atomare Sauerstoffatom verwendet. Die Oxidation von Toluol mit Ozon verläuft über einen radikalischen Reaktionsmechanismus. Sauerstoffatome greifen die Methylgruppe des Toluols an und spalten Wasserstoffatome ab. Die höheren Oxidationsstufen erhält man auch mit alkalischer Kaliumpermanganat- oder saurer Kaliumdichromat-Lösung. Durch sukzessive Oxidation werden die folgenden Oxidationsstufen des Kohlenstoffatoms durchlaufen:

$$-\overset{-III}{C}H_3 \xrightarrow{Ox.} -\overset{-I}{C}H_2OH \xrightarrow{Ox.} -\overset{+I}{C}\!\!\begin{array}{c}O\\ \shortparallel\\ \,\\H\end{array} \xrightarrow{Ox.} -\overset{+III}{C}\!\!\begin{array}{c}O\\ \shortparallel\\ \,\\OH\end{array}$$

Damit sind weitere aromatische Stoffgruppen zugänglich, etwa

- aromatische Alkohole wie **Benzylalkohol**:

- aromatische Aldehyde wie **Benzaldehyd**:

- aromatische Carbonsäuren wie **Benzoesäure**:

Einführung einer ungesättigten Seitenkette: Die Synthese von Styrol

Anstelle eines Alkylhalogenids kann auch ein ungesättigtes aliphatisches Molekül wie etwa **Ethen** zur Alkylierung von Benzol eingesetzt werden. Konzentrierte Schwefelsäure dient dabei als Katalysator. Sie protoniert das Ethenmolekül, wodurch ein stark elektrophiles Carbeniumion entsteht. Dieses greift das delokalisierte π-Elektronensystem elektrophil an, wobei zunächst Ethylbenzol entsteht, das durch Dehydrierung an Zinkoxid in **Styrol** überführt wird. Styrol ist Ausgangsprodukt für die Herstellung von **Polystyrol**, eines Massenkunststoffes, der durch radikalische Polymerisation aus Styrol-Bausteinen hergestellt werden kann (siehe S. 105 und 110).

Reaktionsschema

Benzol + H₂C=CH₂ —[H₂SO₄]→ Ethylbenzol (C₆H₅–CH₂–CH₃)

Ethylbenzol —[ZnO]→ Styrol (C₆H₅–CH=CH₂) + H₂

Eigenschaften und Verwendung einiger Benzol-Derivate
- **Toluol** (Methylbenzol) ist eine farblose Flüssigkeit, die als Lösungsmittel für organische Stoffe verwendet wird.
- **Benzylalkohol** kommt in der Natur z. B. in Form seiner Ester in vielen Blütenölen vor. In der Industrie wird der Alkohol als Lösungsmittel und in der Pharmaindustrie zur Herstellung von Medikamenten verwendet.
- **Benzaldehyd** („Bittermandelöl") kommt in bitteren Mandeln vor. Verwendung findet der aromatische Aldehyd als Aromastoff und als Zwischenprodukt bei der Herstellung von Farbstoffen.
- **Benzoesäure** kommt in der Natur in freiem und in gebundenem Zustand in Früchten und in Harzen vor. Einige ihrer Salze werden zur Konservierung von Nahrungsmitteln und einige Ester als Aromastoffe, z. B. in der Parfümindustrie verwendet.
- **Styrol** („Ethenylbenzol") ist ein Grundstoff bei der Herstellung von Kunststoffen.

2.4 Mehrkernige Aromaten und Heteroaromaten

Nicht kondensierte Systeme
In mehrkernigen aromatischen Verbindungen sind mehrere aromatische Ringe miteinander verbunden. Wenn die Ringe keine gemeinsamen Kohlenstoffatome aufweisen, sondern über Einfach- oder Doppelbindungen miteinander verknüpft sind, spricht man von „nicht kondensierten" Systemen, wie etwa bei **Biphenyl** oder **Triphenylmethan**.

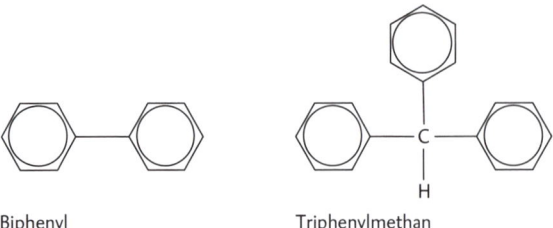

Biphenyl   Triphenylmethan

Kondensierte Systeme

Haben die Ringe gemeinsame Kohlenstoffatome, so bezeichnet man sie als **kondensierte** aromatische Verbindungen (siehe S. 88). Vertreter dieser Gruppe aromatischer Verbindungen sind Naphthalin, Anthracen und Phenantren:

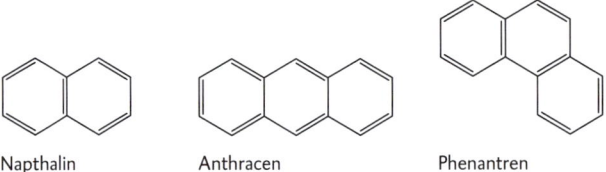

Napthalin   Anthracen   Phenantren

Kondensierte Aromaten sind häufig im **Steinkohleteer** enthalten und können auch daraus gewonnen werden.

Viele polyzyklische Aromaten sind wegen ihrer Giftigkeit und ihren **krebserregenden** Eigenschaften von großem Interesse. Das äußerst cancerogen wirkende „**Benzpyren**" z. B. entsteht bei der Verbrennung von organischem Material und ist in Zigarettenrauch und in gegrilltem Fleisch enthalten.

Benz[a]pyren („1,2-Benzpyren")

Heteroaromaten

Unter **Heterozyklen** versteht man Verbindungen, in deren Ringsystemen neben Kohlenstoff- auch andere Atome wie etwa Stickstoff-, Sauerstoff- oder Schwefelatome vorkommen. Auch heterozyklische Verbindungen können ein aromatisches Elektronensystem besitzen. Im **Pyridin** etwa ersetzt ein Stickstoffatom eine CH-Gruppe des Benzolrings. Das Stickstoffatom bildet je eine Einfachbindung zu den benachbarten Kohlenstoffatomen aus und trägt mit seinem fünften Elektron zum aromatischen System bei. Demnach lassen sich folgende mesomere Grenzstrukturen formulieren:

Freie Elektronenpaare des Heteroatoms können zum aromatischen Charakter beitragen, wie etwa in den Fünfringsystemen Furan, Pyrrol oder Thiophen:

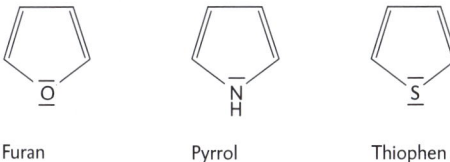

Furan　　　　　　Pyrrol　　　　　　Thiophen

Pyrrol ist ein weit verbreiteter Grundbaustein vieler Naturstoffe. Man findet ihn in der Hämgruppe des **Hämoglobins** ebenso wie in **Chlorophyllmolekülen**. Furan ist die namengebende Verbindung, von der sich die Bezeichnung „Furanose" für die Fünfringform vieler Zucker ableitet (siehe S. 9). Derivate des Thiophens kommen teilweise als Naturstoffe in Pilzen und höheren Pflanzen vor. Thiophen ist als Grundbaustein im Vitamin H (Biotin) enthalten.

Zusammenfassung

1. Bei der Bildung des Nitroniumions erfolgt die Umsetzung mit **Nitriersäure**, einem Gemisch aus Schwefelsäure und Salpetersäure. Als Monosubstitutionsprodukt entsteht **Nitrobenzol**. Die Reduktion der Nitrogruppe mit Zink und Salzsäure liefert Anilin **(Aminobenzol)**.

2. Als elektrophiles Teilchen bei der **Sulfonierung** fungiert z. B. das Schwefeltrioxid-Molekül, welches durch Autoprotolyse der Schwefelsäure gebildet wird. Das Monosubstitutionsprodukt ist **Benzolsulfonsäure**.

3. Mit Halogenalkanen, z. B. mit Chlor- und Bromalkanen, können mit entsprechenden Katalysatoren wie Aluminiumchlorid und Eisenbromid **Seitenketten** in das Benzolmolekül eingeführt werden. Mit Methylchlorid und Aluminiumchlorid kann z. B. **Methylbenzol** (Toluol) hergestellt werden.

4. In der Kälte und mit Katalysatoren findet die Substitution am Benzolkern statt **(KKK-Regel)**, bei Sonnenlicht und Siedehitze dagegen an der Seitenkette **(SSS-Regel)**.

5. Über den Verlauf weiterer Substitutionen entscheidet ein bereits vorhandener Substituent: **Induktions- und Mesomerie-Effekte** bestimmen die Position neu eintretender elektrophiler Teilchen. Hydroxyl-, Amino- und Alkylgruppen dirigieren bevorzugt in **ortho- und para-Stellung**, ebenso Halogenatome als Substituenten. Nitro-, Aldehyd-, Carboxyl- und die Sulfonsäuregruppen dirigieren bevorzugt in **meta-Position**.

6. Weitere wichtige Derivate des Benzols sind **Benzylalkohol, Benzaldehyd, Benzoesäure und Styrol**. Benzylalkohol, Benzaldehyd und Benzoesäure bilden eine Oxidationsreihe, in der jede nachfolgende Verbindung aus der vorhergehenden durch Oxidation gewonnen werden kann.

7. Sind mehrere Benzolringe in einer Verbindung enthalten, die über keine gemeinsamen Kohlenstoffatome verfügen, so spricht man von **nicht kondensierten aromatischen Verbindungen**. Phenylbenzol oder Biphenyl- und Triphenylmethan gehören in diese Reihe.

8. Bei den **kondensierten aromatischen Verbindungen** müssen der dritte und weitere Ringe nicht linear angeordnet sein. Dadurch entstehen höher kondensierte Systeme, von denen einige krebserregende Wirkungen haben. Vertreter solcher Ringsysteme sind Phenanthren und 1,2-Benz[a]pyren.

9. Pyrrol, Furan und Thiophen sind **heterozyklische Fünfring-Systeme**, bei denen ein Elektronenpaar in die Delokalisierung der π-Elektronen einbezogen ist. Die Heteroatome ersetzen jeweils eine CH$_2$-Gruppe im Ring. Im Pyrrol-Ring ist es ein Stickstoffatom, im Furan-Ring ein Sauerstoffatom und im Thiophen-Ring ein Schwefelatom. Ein Vertreter der **Sechsring-Heteroaromaten** ist das Pyridin-Molekül. Das Stickstoffatom als Heteroatom ersetzt im Benzolring eine CH-Gruppe und besitzt ein weiteres freies Elektronenpaar.

Aufgaben

64. Die drei Stoffe Cyclohexan, Cyclohexen und Benzol sollen mit Brom zur Reaktion gebracht werden.
Geben Sie die Reaktionsbedingungen an, unter denen die Umsetzungen mit Brom möglich sind. Formulieren Sie für die Reaktionen entsprechende Reaktionsgleichungen.

65. Erklären Sie anhand eines Energieprofils die Begriffe Übergangszustand, Zwischenzustand, Aktivierungsenergie und Reaktionswärme.

66. Folgende fünf aromatischen Verbindungen sind gegeben:

1: CH$_3$ – Phenyl
2: CH$_2$Cl – Phenyl
3: CH$_2$OH – Phenyl
4: CHO – Phenyl
5: COOH – Phenyl

Benennen Sie diese Verbindungen.

Verbindung 1 kann katalytisch aus Heptan durch Dehydrierung hergestellt werden. Formulieren Sie dazu eine Reaktionsgleichung.
Verbindung 2 soll aus Verbindung 1 hergestellt werden. Geben Sie dafür die Reaktionsbedingungen und den Reaktionstyp an.
Verbindung 3 lässt sich aus Verbindung 2 gewinnen. Machen Sie dazu einen Vorschlag.
Verbindung 4 lässt sich aus der Verbindung 3 und die **Verbindung 5** aus Substanz 4 bzw. aus der Ausgangsverbindung 1 jeweils durch eine Redoxreaktion gewinnen.
Formulieren Sie für die drei Redoxvorgänge je eine Reaktionsgleichung. Benutzen Sie dazu als Oxidationsmittel Sauerstoff. Begründen Sie auch den Reaktionstyp. Benutzen Sie für die Formulierung der Synthese der Substanz 5 aus der Verbindung 1 durch eine Redoxreaktion auch Kaliumpermanganat als Oxidationsmittel in saurer Lösung. Stellen Sie die Teilgleichungen und die Gesamtgleichung auf.

67. Ein Gemisch aus den folgenden zwei Substanzen soll durch Dünnschichtchromatografie an Kieselgel mit Benzol als Fließmittel getrennt werden.

Anisol   Benzoesäure

Erläutern Sie, welche Substanz den größeren R_f-Wert besitzt.
Machen Sie für die Synthese der Verbindung Anisol einen Vorschlag. Gehen Sie dabei von der rechts dargestellten, aromatischen Verbindung Phenol aus.

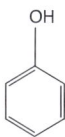

68. Aus dem Myroxylon-Baum, der in Mittelamerika heimisch ist, lässt sich eine zähe, nach Vanille riechende Flüssigkeit gewinnen, die u. a. Benzoesäurebenzylester enthält. Formulieren Sie eine Reaktionsgleichung für die Synthese dieses Esters aus den Ausgangsstoffen.

69. In Fischkonserven werden z. B. 4-Hydroxybenzoesäureester als Konservierungsstoffe eingesetzt. Sie sind wirksam gegen Bakterien und Schimmelpilze. Geben Sie für 4-Hydroxybenzoesäurepropylester (E 216) die Strukturformel an.

70. Das bekannte Schmerzmittel Aspirin® lässt sich aus ortho-Hydroxy-Benzoesäure (Salicylsäure) durch Esterbildung mit Essigsäure (im Labor mit Essigsäureanhydrid) und mit konzentrierter Schwefelsäure als Katalysator herstellen.
Formulieren Sie die Esterbildungsreaktion mit Essigsäure. Beschreiben Sie kurz einen Versuch, mit dessen Hilfe nachgeprüft werden kann, ob die Umsetzung vollständig war.

71. Die im Mittelmeerraum, im Orient und in Indien vorkommende strauchartige Pflanze *Ephedra* enthält in ihren Rutenzweigen eine als „Ephedrin" bezeichnete Substanz. Diese hat u. a. blutdrucksteigernde, bronchienerweiternde und anregende Wirkung. Die folgende Abbildung zeigt die Strukturformel der aromatischen Verbindung:

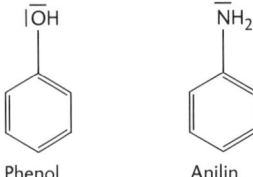

Kennzeichnen Sie die asymmetrischen Kohlenstoffatome und geben Sie drei weitere Isomere an. Teilen Sie diese dann in Enantiomere und Diastereomere ein. Geben Sie an, welche Gruppen sich in den Eigenschaften unterscheiden.

72. Kleine Mengen von Benzoesäure, Phenol und Anilin werden mit Wasser geschüttelt. Die Löslichkeiten sind nicht besonders gut.
Formulieren Sie entsprechende Protolysereaktionen. Machen Sie Vorschläge, wie die Löslichkeit jeweils verbessert werden könnte und untermauern Sie die Vorschläge mit entsprechenden Reaktionsgleichungen.

Phenol   Anilin

400 mL 0,2 molare Anilinlösung werden mit 200 mL 0,1 molare Salzsäure gemischt. Wie viel mol Anilin sind nach der Reaktion mit Salzsäure noch vorhanden? In welcher Konzentration liegt das Anilin jetzt vor?

73. Mit Benzol bzw. Derivaten des Benzols werden folgende Umsetzungen durchgeführt:
   a Benzylbromid mit Natronlauge
   b Phenol mit Brom und Aluminiumbromid als Katalysator
   c Benzol mit Ethylchlorid und Aluminiumchlorid als Katalysator
   d Benzol und Acetylchlorid (CH₃COCl) und Aluminiumchlorid als Katalysator
   e Aus Nitrobenzol soll Dinitrobenzol hergestellt werden.

   Formulieren Sie für a, c und d die Reaktionsgleichungen. Schreiben Sie für c auch den Mechanismus auf. Zeichnen Sie für d das elektrophile Teilchen. Stellen Sie für b und e die Strukturformeln der mit höherer Wahrscheinlichkeit entstehenden Produkte dar.

74. Anilin wird im Überschuss mit Brom umgesetzt. Geben Sie von dem Produkt die Strukturformel an und begründen Sie den Sachverhalt ohne Reaktionsgleichungen.
   Mit der folgenden Verbindung soll eine weitere elektrophile Substitution durchgeführt werden. Welches Produkt ist zu erwarten? Begründen Sie Ihre Antwort ohne Formeln.

   O₂N—⌬—CH₃

75. Geben Sie die Ausgangsstoffe und die Reaktionsbedingungen an, durch welche die folgenden Substituenten in den nachstehenden Verbindungen eingeführt werden können:

   Verbindung A (S: Substituent)

   Verbindung B

76. Phenol wird mit Nitriersäure umgesetzt. Geben Sie die Strukturformeln der Produkte an, die im wesentlichen bei dieser Nitrierung entstehen. Begründen Sie diesen Sachverhalt mit der Formulierung mesomerer Grenzformeln.

77. Erläutern Sie die Begriffe:
    a Additionsreaktion
    b elektrophiles Teilchen
    c elektrophile Substitution
    d FRIEDEL-CRAFTS-Katalysator
    e FRIEDEL-CRAFTS-Reaktion
    f Radikalische Substitutionsreaktion
    g ortho-, meta- und para-Position bei mehrfachen Substitutionen
    h Induktions- und Mesomerie-Effekte
    i SSS- und KKK-Regel

78. Die im Folgenden dargestellten chemischen Formeln zeigen Naturstoffe. **Reihe I** (A, B, C) enthält die Bilder von Duftstoff-Molekülen, die Insekten aussenden, um Spuren zu legen. **Reihe II** zeigt die Formeln einiger pflanzlicher aromatischer Stoffe. **D**: Zimtsäure aus Zimtöl; **E**: Anethol aus Anissamen; **F**: Vanillin aus Vanilleschoten; **G**: Kaffeesäure, Baustein der Chlorogensäure in der Kaffeebohne. Verbindung **H** kommt im Stoffwechsel von Pflanzen vor.

    Geben Sie in Reihe I für die Strukturen **B** und von **C** die zugrunde liegenden Ringsysteme an. Ordnen Sie den Derivaten mögliche Stoffklassen zu und geben Sie die Substituenten an. Geben Sie für die Strukturen **D**, **E** und **G** systematische Namen an. Reihen Sie diese Verbindungen in Stoffklassen ein und benennen Sie die in **D** und **F** markierten funktionellen Gruppen. Geben Sie für die Verbindung **H** die Bausteine an.

    Reihe I:

Reihe II:

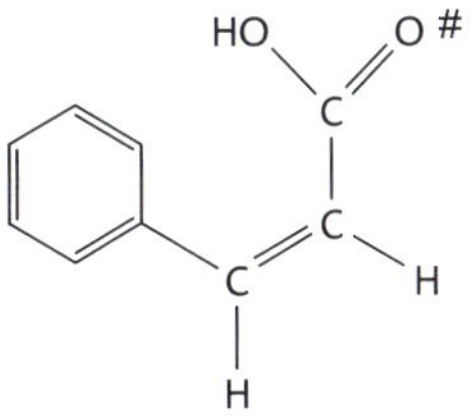

D: HO-C(=O#)-CH=CH-C₆H₅ (Zimtsäure-artig, mit H)

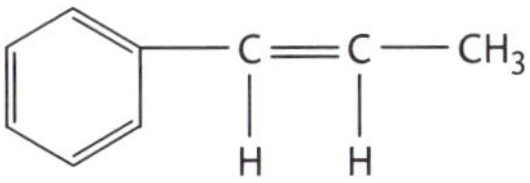

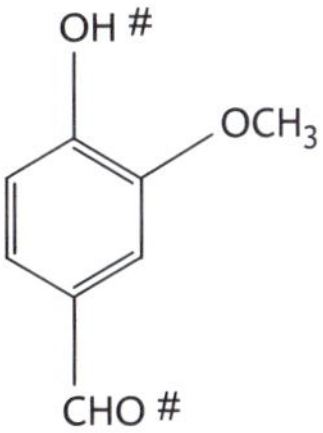

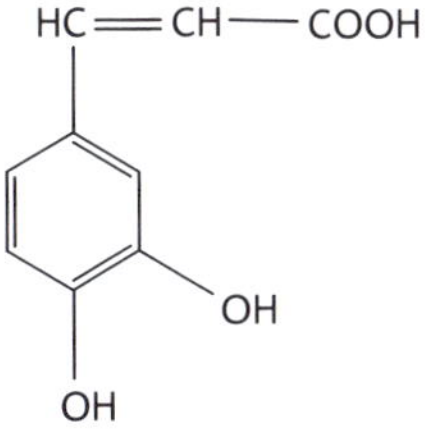

E: C₆H₅-CH=CH-CH₃

F: Benzolring mit OH#, OCH₃, CHO#

G: Benzolring mit CH=CH-COOH, OH, OH

H: HO-P(=O)(OH)-O-CH₂-[Ribose-Ring mit OH, OH]-N⁺(Pyridinring mit COOH)

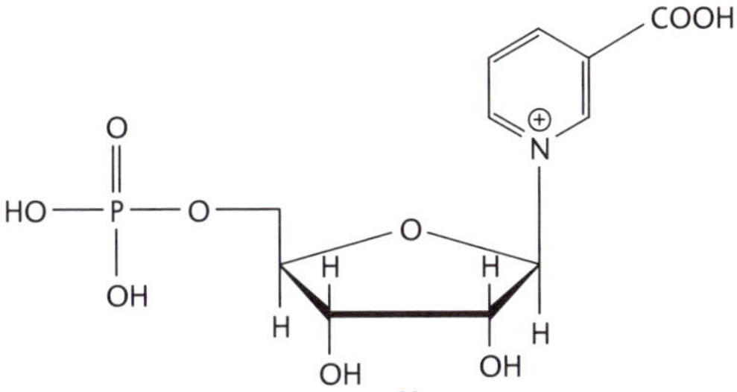

\# = Markierung für Substituenten

79. Benzol ist bei Zimmertemperatur flüssig. Naphthalin und Anthracen sind kristalline Substanzen. Begründen Sie dies und geben Sie von den festen Stoffen die Strukturformeln sowie jeweils einige mesomere Grenzstrukturen an.

80. Die Siedetemperatur von Benzol beträgt 80 °C, die von Pyridin 115 °C. Pyridin ist mit Wasser mischbar, Benzol dagegen nicht.
Erklären Sie die unterschiedlichen Eigenschaften. Geben Sie von Pyridin drei Formeln nach DEWAR an.

81. Pyrrol hat im Vergleich mit Furan eine um 100 °C höhere Siedetemperatur. Erklären Sie diesen Sachverhalt.
Technisch wird Pyrrol aus Furan und Ammoniak hergestellt. Formulieren Sie für diese Synthese eine Reaktionsgleichung.

82. Der basische Charakter ist bei Pyrrol kaum ausgeprägt. Pyridin dagegen verhält sich wie eine Base. Begründen Sie diesen Unterschied.

83. Durch Kombination eines Benzolringes mit einem heterozyklischen Fünf- oder Sechsring lassen sich Strukturformeln aufzeichnen, welche die Grundlage für viele Naturstoffmoleküle darstellen. Kombinieren Sie einen Benzol- mit einem Pyrrol- bzw. Furan-Ring, sowie einen Benzol mit einem Pyridin-Ring. Diese ergeben die Stammverbindungen Indol (Benzopyrrol), Cumaron (Benzofuran) und Chinolin. Geben Sie je eine Strukturformel an.

84. Aus Thiophen, Brom und einem Katalysator soll das im Folgenden rechts gezeigte Monosubstitutionsprodukt hergestellt werden:

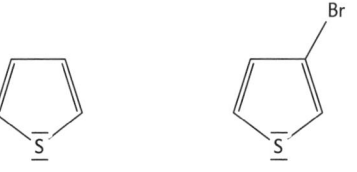

Thiophen   Monosubstitutionsprodukt

Formulieren Sie den Reaktionsmechanismus.
Geben Sie für den folgenden Übergangszustand zwei weitere mesomere Grenzformeln an:

Zeigen Sie mithilfe von mesomeren Grenzformeln, dass folgender Übergangszustand weniger stabil ist.

3 Gesundheitsgefährdung durch Chemikalien

Die Öffentlichkeit wird auf die Gefahren, die von bestimmten chemischen Substanzen ausgehen, häufig erst dann aufmerksam, wenn Meldungen über **Chemieunfälle** in den Schlagzeilen der Presse auftauchen. Beispiele aus den vergangenen Jahrzehnten sind der Unfall im italienischen SEVESO (1976) oder im indischen BHOPAL (1984). Viel wichtiger ist aber, sich beim **täglichen Umgang** mit gefährlichen Stoffen über die damit verbundenen Risiken bewusst zu werden.

3.1 Die toxikologische Forschung

Innerhalb der Chemie gibt es ein selbstständiges Arbeitsgebiet, das sich mit der Problematik gefährlicher, giftiger Stoffe auseinandersetzt: Aufgabe der **Toxikologie** ist es, die Wirkung chemischer Substanzen auf lebende Organismen zu erforschen. Um einen noch tolerierbaren Grenzwert angeben zu können, den die Konzentration einer bestimmten Verbindung nicht überschreiten darf, ist man auf die genaue Kenntnis ihrer Wirkungsweise angewiesen. Dazu werden Versuche mit Bakterien und Zellkulturen, aber auch mit Tieren durchgeführt. Das besondere Interesse der Toxikologie gilt Substanzen, die Missbildungen an Embryonen hervorrufen **(teratogene Wirkung)** oder das Erbgut verändern **(mutagene Wirkung)**.

- **Akut toxische Stoffe** können schon bei einmaliger Einwirkung zu einer dauerhaften Schädigung führen. Untersuchungen dazu werden häufig an Ratten durchgeführt. Die Giftstoffe können über den Magen-Darm-Trakt oder die Haut aufgenommen werden. Als Letaldosis (LD_{50}) ermittelt man die Stoffmenge, bei deren Einwirkung 50 % der Versuchstiere sterben.
- Chemische Stoffe können aber auch erst nach längerer Einwirkung zu Schädigungen führen. Allerdings ist es sehr schwierig, Voraussagen über diese **chronisch toxische** Wirkung zu machen. Eine Möglichkeit bieten die epidemiologischen Erhebungen. Dazu werden Krankheitsbilder statistisch ausgewertet. Man untersucht, welche Krankheitsbilder in einer bestimmten Umgebung, die mit einer chemischen Verbindung besonders hoch belastet ist, gehäuft auftreten. So wurden früher z. B. bei Mitarbeitern von Anilin-Farbstoffbetrieben auffallend häufig Krebserkrankungen gefunden. Daraus leitet man die krebserregende Wirkung vieler aromatischer Verbindungen ab.

3.2 Grenzwerte der WHO

Wie zuvor erwähnt, kann die Wirkung vieler Schadstoffe auf Lebewesen nur in kontrolliert durchgeführten Versuchen ermittelt und quantifiziert werden. Solche Versuchsreihen werden etwa von der Weltgesundheitsorganisation WHO in Auftrag gegeben und haben zunächst das Ziel, eine unbedenkliche Tagesdosis zu ermitteln. Anhand von Versuchen an zwei Säugetierarten ermittelt man die Dosis, die auch bei Langzeiteinwirkung nicht zu beobachtbaren Schädigungen führt (**N**o **O**bserves **E**ffect **L**evel = **NOEL**). Will man den NOEL-Wert auf den Menschen übertragen, führt man noch einen großzügig bemessenen Sicherheitsfaktor ein. So ergibt sich für den Menschen eine „höchstens duldbare Tagesdosis" (**A**cceptable **D**aily **I**ntake = **ADI**). Die ADI-Werte werden von der Weltgesundheitsorganisation veröffentlicht, haben aber nur empfehlenden Charakter.

3.3 Sicherheitsdatenblätter und Gefahrstoffverordnung

Der Umgang mit gefährlichen Stoffen wie Benzol wird durch ein **Sicherheitsdatenblatt** geregelt. Diese werden europaweit einheitlich erstellt. Auszüge aus diesem Datenblatt befinden sich bei Gefahrstoffen auch auf dem Etikett des Behälters. Bei Unfällen sind so schnelle Erste-Hilfe-Maßnahmen möglich.

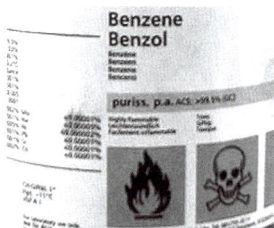

Abb. 18: Etikett auf einer Benzol-Flasche

In Deutschland regelt zusätzlich die **Gefahrstoffverordnung** den Umgang mit gefährlichen Stoffen. Sie enthält Vorschriften zur Verpackung, Lagerung und Kennzeichnung von Gefahrstoffen. Die Symbole und Hinweise der Verpackungsetiketten entstammen dieser Verordnung. Sie sollen helfen, Unfälle zu vermeiden. Die auf dem zuvor gezeigten Etikett eines Benzol-Behälters abgedruckten Symbole „giftig" und „leichtentzündlich" bezeichnen Gefahren, die beim Umgang mit Benzol bestehen. Sie sind mit einer Liste von **Gefahrenhinweisen (R-Sätze)** verbunden, die unbedingt beachtet werden müssen. **Sicherheitsratschläge (S-Sätze)** geben dem Benutzer Anweisungen für den praktischen Umgang mit den entsprechenden Stoffen. Die für den betreffenden Stoff gültigen R- und S-Sätze sind auf dem Verpackungsetikett vermerkt.

3.4 Die Maximale Arbeitsplatzkonzentration (MAK) und andere Grenzwerte

Mitarbeiter in Laboratorien und chemischen Industriebetrieben sind trotz strenger Sicherheitmaßnahmen an ihren Arbeitsplätzen häufig erhöhten Konzentrationen an gefährlichen Stoffen ausgesetzt. Gesundheitliche Beeinträchtigungen sind möglich. Grenzwerte minimieren diese Gefahr:

> Die **Maximale Arbeitsplatzkonzentration (MAK)** ist die höchstzulässige Konzentration eines gas-, dampf-, oder staubförmigen Stoffes am Arbeitsplatz, die nach derzeitigem Kenntnisstand auch bei langandauernder Einwirkung die Gesundheit nicht beeinträchtigt.

MAK-Werte werden von einer Expertenkommission der Deutschen Forschungsgesellschaft DFG jährlich überprüft und neu festgelegt. Die MAK-Werte dienen z. B. der Gewerbeaufsicht als verbindliche Prüfkriterien.

Verschiedene Stoffe werden über die Haut und Lunge aufgenommen. Hier kann dann aus der Konzentration des Stoffes am Arbeitsplatz nicht direkt auf die in den Körper aufgenommene Schadstoffmenge geschlossen werden. Zur Beurteilung dieser Menge wurde der BAT-Wert eingeführt:

> Der **Biologische Arbeitsstoff-Toleranz-Wert (BAT-Wert)** ist die beim Menschen höchstzulässige Menge eines Arbeitsstoffes bzw. seines Metaboliten, die nach dem derzeitigen Erkenntnisstand im Allgemeinen die Gesundheit des Menschen auch dann nicht beeinträchtigt, wenn sie durch Einflüsse am Arbeitsplatz regelmäßig erzielt wird.

Die Arbeitsstoffbelastung wird mit täglich 8 Stunden bei 40 Wochenstunden angenommen. Nach definierten Parametern werden z. B. Blut und Harn untersucht. Für eine Reihe gefährlicher Arbeitsstoffe, die krebserzeugend oder erbgutschädigend wirken können, gibt man so genannte „Technische Richtkonzentrationen" an:

> Die **Technische Richtkonzentration (TRK-Wert)** eines gefährlichen Stoffes ist die Konzentration als Gas, Dampf oder Schwebstoff in der Luft, die nach dem Stand der Technik erreicht werden kann. Die Werte dienen in der Praxis als Grundlage für eine messtechnische Überwachung und zur Einleitung von Arbeitsschutzmaßnahmen.

98 | Aromatische Verbindungen

Zusammenfassung

1. Die Giftigkeit eines Stoffes wird als **Toxizität** bezeichnet. Die **akute** Toxizität ist die unmittelbare Giftwirkung, z. B. nach dem Verschlucken. Die **chronische** Toxizität ist die Wirkung, die nach wiederholter Aufnahme und längerer Zeit eintritt.

2. Von Chemikalien können neben der Giftigkeit auch krebserzeugende **(cancerogene)**, erbgutschädigende **(mutagene)** und beim Embryo Missbildungen auslösende **(teratogene)** Wirkungen ausgehen.

3. Zur Charakterisierung und Gefahrenbezeichnung von Chemikalien werden Etiketten mit Symbolen benutzt. Benzol wird z. B. mit Totenkopf und Flamme, also einem Giftsymbol und dem Hinweis auf die leichte Entflammbarkeit gekennzeichnet. Eine weitere Charakterisierung der Chemikalien erfolgt durch **R- und S-Sätze**. Die R-Sätze bezeichnen **besondere Gefahren**, die S-Sätze enthalten **Empfehlungen** zur Vermeidung von Gefahren für die Gesundheit.

4. Der **MAK-Wert** (**M**aximale **A**rbeitsplatz**k**onzentration) gibt die höchstzulässige Konzentration eines Arbeitsstoffes am Arbeitsplatz an, welche die Gesundheit nicht beeinträchtigt.

5. Der **TRK-Wert** (**T**echnische **R**icht**k**onzentration) eines gefährlichen Stoffes ist die Konzentration, welche nach dem Stand der Technik erreicht werden kann. Die Werte dienen der Einleitung von Sicherheitsmaßnahmen und zur messtechnischen Überwachung. TRK-Werte werden nur für solche Stoffe festgelegt, für die MAK-Werte nicht bestimmt werden können.

6. Der **BAT-Wert** (**B**iologische **A**rbeitsstoff-**T**oleranz) ist die beim Menschen höchstzulässige Menge, welche die Gesundheit des Menschen am Arbeitsplatz nicht beeinträchtigt.

7. Der **ADI-Wert** (**a**cceptable **d**aily **i**ntake, „duldbare tägliche Aufnahme") gibt die Höchstmenge einer Substanz an, deren Einnahme keine erkennbaren Folgen hat.

8. Der **LD$_{50}$-Wert** („tödliche Dosis") gibt die mittlere tödliche Menge eines Stoffes an, bei der die Hälfte der Versuchstiere sterben.

Aufgaben

85. Zur Gefahrenbezeichnung und Charakterisierung der Chemikalie Benzol werden auf Etiketten u. a. ein Totenkopf und eine Flamme verwendet:

Abb. 19: Gefahrensymbole

Die Flammpunkttemperatur für Benzol wird mit –11 °C und die Zündtemperatur mit 555 °C angegeben. Die Explosionsgrenzen liegen im Bereich von 1,2 bis 8 %.

a Geben Sie die Bedeutung der Gefahrensymbole an.
b Informieren Sie sich im Internet über die Begriffe „Flammpunkttemperatur", „Zündtemperatur" und „Explosionsgrenzen" unter Eingabe der Begriffe in eine Suchmaschine oder unter www.seilnacht.com/versuche/expbrand.html, http://arbeitsschutz.nibis.de/seiten/rechtsquellen/KMK_groe/kmk_start.html (Erlass Sicherheit im Unterricht).
c Schätzen Sie durch Rechnung das Flüssigkeitsvolumen an Benzol ab, das nötig wäre, um in einer Blechdose von 1,4 L ein Gas-Luft-Gemisch mit einem Volumenanteil von 8 % (obere Expolsionsgrenze) zu bilden. Die Dichte des Benzols bei 25 °C ist 0,874 g · mL^{-1}. Das Volumen, welches ein mol eines Gases bei 25 °C und 1,013 bar (760 Torr) einnimmt, beträgt 24,459 L · mol^{-1}.

86. Für Benzol und Chlorbenzol werden folgende R- und S-Sätze (Bezeichnungen für besondere Gefahren, R; Sicherheitsratschläge, S) angegeben: Benzol: R 45-11-23/24/25, S 53-45; Chlorbenzol: R 10-20, S 24/25. Informieren Sie sich im Internet über diese Sätze und geben Sie diese an. (z. B. unter www-oc.chemie.uni-regensburg.de/OCP/methoden/kap0.pdf oder www.chemie.fu-berlin.de/chemistry/safety/r-saetze.html)

87. Belastungen und Grenzwerte von Schadstoffen werden in der Umweltchemie durch verschiedene Konzentrationsangaben angezeigt:

TRK-Werte Benzol			MAK-Werte Toluol	
	mL · m^{-3}	mg · m^{-3}	mL · m^{-3}	mg · m^{-3}
im Tankfeld/Mineralölindustrie	2,5	8	50	190
in den sonstigen Bereichen	1	3,2		

Tab. 5: TRK-Werte für Benzol und MAK-Werte für Toluol

a Weisen Sie durch Betrachtung der Einheiten nach, dass die Volumenangaben mL · m^{-3} den Angaben ppm (ein Teil aus einer Million Teilen) entsprechen.
b Begründen Sie durch Rechnungen, dass die Werte in mg · m^{-3} aus denjenigen mit den Einheiten mL · m^{-3} folgen. Berücksichtigen Sie eine Temperatur von 20 °C. Das Volumen eines idealen Gases ist dann 24,049 L.

88. Nennen Sie Gründe, weshalb für einige chemische Stoffe, die im Verdacht stehen, krebserzeugend und erbgutschädigend zu wirken, die Angaben von MAK-Werten wenig aussagekräftig sind.

Die toxikologisch duldbare Rückstands-Höchstmenge in mg · kg^{-1} ergibt sich für den Menschen aus dem ermittelten ADI-Wert, der Körpermasse und der täglichen Verzehrmenge des Lebensmittels:

$$\frac{\text{ADI-Wert} \cdot \text{Körpermasse}}{\text{Verzehrmenge}}$$

Berechnen Sie damit die duldbare Höchstmenge einer Substanz mit dem ADI-Wert 0,005 mg · kg^{-1} für einen Menschen mit der Körpermasse m = 70 kg, der täglich z. B. 400 g Salat verzehrt.

Erläutern Sie die Aussagen dieser Werte. Diskutieren Sie einige kritische Punkte, die sich aus der Berechnung der Höchstmengen ergeben.

89. Stoffe, die zu den polyzyklischen Kohlenwasserstoffen gehören, leiten sich z. B. von den folgenden Ringsystemen ab:

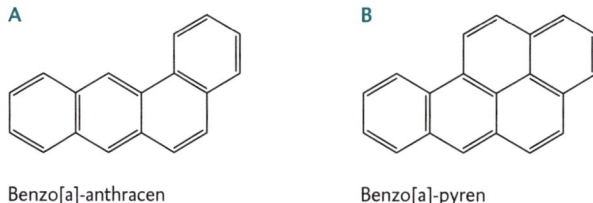

A Benzo[a]-anthracen

B Benzo[a]-pyren

Geben Sie für diese Verbindungen geeignete Lösungsmittel an. Wie ändert sich die Löslichkeit der Verbindung C gegenüber B?

C

Beschreiben Sie einige Faktoren, die das Umweltverhalten dieser Substanzen bestimmen. Gehen Sie dabei von der Zusammensetzung und dem Molekülbau aus. Informieren Sie sich im Internet mithilfe der Stichworte „polyzyklische Kohlenwasserstoffe" über Entstehung, Vorkommen und toxikologische Eigenschaften dieser Verbindungen.

90. Mitte Januar 2005 gab es in der Presse eine Diskussion über mit Dioxin belastete Eier von Hühnern aus Freilandhaltung. Die FRANKFURTER ALLGEMEINE ZEITUNG schrieb am 17. Januar 2005 dazu u. a.:

„Das Dioxin gibt es nicht: Zweihundertzehn chemische Verbindungen mit ähnlicher Struktur verbergen sich hinter dem Begriff. Davon sind 75 ‚echte' Dioxine und 135 mit dem Dioxin eng verwandte Furane. Dioxine gehören zu den giftigsten chlororganischen Verbindungen, können Krebs verursachen, schädigen das Immunsystem – und sind sehr langlebig. Sie entstehen bei vielen chemischen Prozessen als Nebenprodukte und lagern sich anschließend in den Boden ein. ‚Dioxine sind persistent und bauen sich nur schwer ab', sagt Claus BANNICK, Fachgebietsleiter für Bodenschutz vom Umweltbundesamt in Berlin. [...] Im Juli 1976 trat ein besonders giftiges Dioxin aus einem Reaktor eines Pflanzenschutzmittelherstellers im italienischen Seveso aus. Seveso war ein wichtiger Eckpunkt in der Diskussion über krebserregende Dioxine. [...]"

Die Stammverbindungen der Dioxine und Furane haben folgende Struktur:

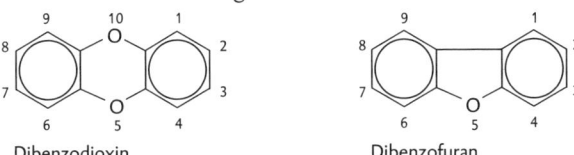

Dibenzodioxin   Dibenzofuran

a Begründen Sie, weshalb es von diesen Verbindungen, wie im Artikel erwähnt, so viele Isomere gibt. Geben Sie Bausteine an, aus denen die Grundkörper der Dibenzodioxine und die Dibenzofurane zusammengesetzt sind.

b Besetzt man die Positionen 2, 3, 7 und 8 mit Chloratomen, so erhält man das Molekül des so genannten „Seveso-Dioxins" (SD). Geben Sie davon eine Strukturformel an und benennen Sie die Verbindung.

c Nennen Sie einige Pfade, auf denen die Dioxine in den Organismus gelangen. Erläutern Sie, wo sie dort bevorzugt abgelagert werden.

d Die tödliche Dosis von SD wird mit $1\,\mu g \cdot kg^{-1}$ angegeben. Berechnen Sie die entsprechende Stoffmenge pro kg Körpergewicht.

e Die Dosis ohne Wirkung bei täglicher, lebenslanger Gabe an Ratten beträgt $0{,}001\,\mu g \cdot kg^{-1}$. Berechnen Sie die entsprechenden Dosisgrenzen für einen Menschen mit $m = 75$ kg Körpermasse unter Berücksichtigung der Sicherheitsfaktoren 100 und 1 000.

f Aus einer Anlage entweichen $500\,ng \cdot m^{-3}$ SD. Berechnen Sie die von einem Menschen täglich aufgenommene Menge, wenn die Verdünnung in der Luft um den Faktor 10^5 geschieht, etwa 50 % bei der Einatmung zurückgehalten werden und das gesamte Atemvolumen $15\,m^3$ Luft beträgt. Erläutern Sie die Begriffe „Emission" und „Imission".

Kunststoffe

Aus wiederverwertbaren Plastikflaschen gewinnt man eine Kunstfaser, aus der Stoffe der Polartec® Recycled Series hergestellt werden: Aus geschredderten PET-Flaschen erhält man ein Granulat. Aus diesem Basisprodukt wird ein Faden gesponnen, aus dem man verschiedene Endprodukte herstellt.

1 Die Geschichte der Kunststoffe

Bis zur Mitte des 19. Jahrhunderts standen dem Menschen zur Herstellung von Werkzeugen und Gebrauchsgegenständen nur Stoffe wie Holz, Tierhorn, Elfenbein, Wolle und Leinen zur Verfügung, die aus der Natur gewonnen wurden. Mit der aufkommenden Industriealisierung suchte man nach Ersatz für die bekannten Werkstoffe aus natürlichen Materialien. Die Chemiker versuchten zunächst, natürliche Faserstoffe wie Cellulose oder Proteine mithilfe chemischer Prozesse zu **modifizieren**. Aus Cellulose erzeugte man durch „Pergamentieren" **Vulkanfieber**, einen lederartigen Stoff, der als Dichtung in Maschinen eingesetzt werden konnte. Aus Cellulose bildete man außerdem Cellulosenitrat, das mit Campher vermischt **Celluloid** genannt wurde. Es dient als Ersatz für Elfenbein zur Herstellung von Billardkugeln und als Trägermaterial für fotografische Filme. Heute noch stellt man aus Celluloid Kämme, Brillengestelle und Tischtennisbälle her. Gegen Ende des 19. Jahrhunderts schließlich wurde die Textilfaser **Viskose** entwickelt. Dazu wird Cellulose in einem geeigneten Lösungsmittel gelöst und anschließend zu dünnen Fäden ausgezogen. Dünn ausgewalzt erhält man eine Folie zu Verpackungszwecken, das so genannte „Cellophan".

> Durch Umwandlung von Naturstoffen hergestellte organische Werkstoffe nenn man **halbsynthetische Kunststoffe**.

Ab 1910 wurde das **Bakelit** als Massenkunststoff produziert. Dem Chemiker BAEKELAND war es damit gelungen, einen **vollsynthetischen** Stoff aus Phenol und Formaldehyd zu synthetisieren, der zur Herstellung von Gehäusen für Geräte wie Telefone und als guter Stromisolator eingesetzt werden konnte. Die folgenden 30 Jahre der Kunststoffchemie waren durch intensive Grundlagenforschung gekennzeichnet. STAUDINGER zeigte unter anderem, dass Kunststoffe vorwiegend aus langen Kettenmolekülen bestehen. Er prägte für diese Moleküle den Begriff „**Makromoleküle**" oder „**Polymere**". Die Bausteine, aus denen Makromoleküle aufgebaut sind, bezeichnete er als „**Monomere**". Diese Monomere werden überwiegend aus Erdölbestandteilen gewonnen.

> Durch Polyreaktionen aus Monomeren hergestellte makromolekulare Werkstoffe nennt man **vollsynthetische Kunststoffe**.

2 Wichtige Syntheseverfahren

Bei der Synthese vollsynthetischer Kunststoffe geht man von niedermolekularen Bausteinen, den „Monomeren" aus, die kettenförmig oder netzartig gebaute Makromoleküle bilden. Dazu müssen die Monomere mindestens zwei funktionelle Gruppen oder eine reaktionsfähige Doppelbindung besitzen. Je nach den funktionellen Gruppen der Monomere erfolgt die Verknüpfung durch drei unterschiedliche Reaktionstypen:
- Polymerisation
- Polykondensation
- Polyaddition

2.1 Kunststoffsynthese durch Polymerisation

Monomere und Produkte der radikalischen Polymerisation

Zu den **Polymerisaten** zählen die Massenkunststoffe Polyethen (PE), Polypropen (PP), Polyvinylchlorid (PVC) und Polystyrol (PS) sowie Polytetrafluorethen (PTFE, „Teflon"), Polyacrylnitril (PAN) und Polymethylmethacrylat (PMMA, „Plexiglas").

Als Ausgangsstoffe für die **radikalische Polymerisation** sind kleine Moleküle typisch. Sie besitzen eine Doppelbindung als gemeinsames Kennzeichen:

Monomer	Polymer (Ausschnitt)
Ethen (H₂C=CH₂)	Polyethen (PE)
Vinylchlorid (H₂C=CHCl)	Polyvinylchlorid (PVC)

Tab. 6: Monomere und die aus ihnen gebildeten Polymere (Teil 1)

Monomer	Polymer (Ausschnitt)	
Acrylnitril (H₂C=CHCN)	Polyacrylnitril (PAN; „Dralon, Orlon")	
Tetrafluorethen (F₂C=CF₂)	Polytetrafluorethen („Teflon")	
Methacrylsäuremethylester	Polymethacrylsäuremethylester („Plexiglas")	

Tab. 6: Monomere und die aus ihnen gebildeten Polymere (Teil 2)

Ablauf der radikalischen Polymerisation

Bei einer radikalischen Polymerisation treten Radikale als Zwischenstufen auf. Durch Zugabe von **Radikalbildnern** (Initiatoren) kann die Reaktion gestartet werden. Radikalbildner sind Moleküle, die bei Energiezufuhr selbst leicht in Radikale zerfallen. Diese „Startradikale" greifen dann die Doppelbindungen zwischen den Kohlenstoffatomen der Monomere an. Dabei entstehen neue Radikale, die mit weiteren Monomeren in einer **Kettenreaktion** reagieren. Bekannte Radikalbildner sind Azodiisobuttersäurenitril und Dibenzoylperoxid:

$$H_3C-C(CN)(CH_3)-N=N-C(CN)(CH_3)-CH_3 \xrightarrow{\text{Licht, Wärme}} 2\ H_3C-\overset{CN}{\underset{CH_3}{C}}\bullet + N_2$$

Azodiisobuttersäurenitril → Isobuttersäurenitril-Radikale

$$Ph-C(=O)-O-O-C(=O)-Ph \xrightarrow{\text{Licht, Wärme}} 2\ Ph-C(=O)-O\bullet$$

Dibenzoylperoxid → Benzoyl-Radikale

(Im Folgenden werden die Starterradikale verkürzt mit R• bezeichnet.)

Der **Mechanismus** der radikalischen Polymerisation von Ethen zu Polyethen etwa lässt sich in folgende Teilschritte untergliedern:

1. **Startreaktion**. Durch Energiezufuhr werden Startradikale aus dem zugesetzten Radikalbildner frei gesetzt:

   R–R ⟶ 2 R•

2. **Kettenstart**. Das Starterradikal greift die Doppelbindung des Monomers an und veranlasst die homolytische Spaltung einer der beiden Bindungen. Gleichzeitig entsteht zwischen dem Starterradikal und dem ungepaarten Elektron eines der beiden Kohlenstoffatome eine neue Einfachbindung. Das zweite Kohlenstoffatom behält ein ungepaartes Elektron. Dadurch entsteht ein neues Radikal, das weitere Monomere angreifen kann:

   R• + CH₂=CH₂ ⟶ R—CH₂—CH₂•

   R—CH₂—CH₂• + CH₂=CH₂ ⟶ R—CH₂—CH₂—CH₂—CH₂•

3. **Kettenwachstum**. In vielen weiteren Reaktionsschritten reagiert das Kettenradikal mit weiteren Monomeren, sodass ein Makromolekülradikal entsteht. Die radikalische Stelle wird bei jedem Reaktionsschritt an das endständige Kohlenstoffatom „weitergereicht":

   R—CH₂—CH₂—CH₂—CH₂• + CH₂=CH₂ ⟶ R—CH₂—CH₂—CH₂—CH₂—CH₂—CH₂•

4. **Kettenabbruchreaktionen**. Ein Abbruch der Kettenreaktion kann auf verschiedenen Wegen erfolgen. Gemeinsam ist ihnen jedoch, dass die endständigen radikalischen Kohlenstoffatome der reagierenden Moleküle dadurch abgesättigt werden. Diese Radikale kommen damit für weiteres Kettenwachstum nicht mehr infrage. Im Folgenden sind drei verschiedene Varianten für Abbruchreaktionen gezeigt:

   Kettenradikal + Starterradikal:

   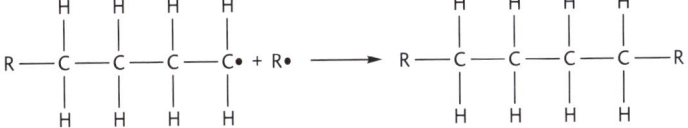

Kettenradikal + Kettenradikal:

$$2\ R-\underset{H}{\overset{H}{C}}-\underset{H}{\overset{H}{C}}-\underset{H}{\overset{H}{C}}-\underset{H}{\overset{H}{C}}\bullet \longrightarrow R-\underset{H}{\overset{H}{C}}-\underset{H}{\overset{H}{C}}-\underset{H}{\overset{H}{C}}-\underset{H}{\overset{H}{C}}-\underset{H}{\overset{H}{C}}-\underset{H}{\overset{H}{C}}-\underset{H}{\overset{H}{C}}-\underset{H}{\overset{H}{C}}-R$$

Disproportionierung:

$$2\ R-\underset{H}{\overset{H}{C}}-\underset{H}{\overset{H}{C}}-\underset{H}{\overset{H}{C}}-\underset{H}{\overset{H}{C}}\bullet \longrightarrow R-\underset{H}{\overset{H}{C}}-\underset{H}{\overset{H}{C}}-\underset{H}{\overset{H}{C}}-\underset{H}{\overset{H}{C}}-H + R-\underset{H}{\overset{H}{C}}-\underset{H}{\overset{H}{C}}-\overset{H}{C}=\overset{H}{C}$$

Da Abbruchreaktionen zufällig auftreten, entstehen bei der radikalischen Polymerisation Makromoleküle mit unterschiedlicher Kettenlänge, das Ergebnis der Polymerisation ist damit immer ein **Gemisch** aus verschieden langen Molekülen. Allerdings kann die Kettenlänge z. B. durch die Konzentration des Starters und durch die Wahl der Temperatur gesteuert werden: hohe Starterkonzentration und hohe Temperatur führen zur Bildung kurzer Ketten und umgekehrt.

Die **Bilanz** der radikalischen Polymerisation lässt sich wie folgt formulieren:

$$n\ \underset{H}{\overset{H}{C}}=\underset{H}{\overset{H}{C}} \longrightarrow \cdots-\left[\underset{H}{\overset{H}{C}}-\underset{H}{\overset{H}{C}}\right]_n-\cdots$$

Co- und Pfropfpolymerisation

Um bestimmte, gewünschte Eigenschaften von Werkstoffen zu erhalten, werden häufig <u>zwei oder mehrere Monomere gemeinsam polymerisiert</u>. Diesen Vorgang nennt man **Copolymerisation**. Die Monomere können wie folgt angeordnet sein:

- zufällige (statistische) Aufeinanderfolge der Monomere A und B: ABABBBAAB ... Für ein statistisches Copolymer aus Acrylnitril und Acrylsäurebutylester kann man z. B. folgenden Ausschnitt angeben:

$$---CH-CH_2-CH-CH_2-CH-CH_2-CH-CH_2-CH-CH_2---$$
$$\ \ \ \ \ \ \ |\ \ \ \ \ \ \ \ \ \ \ \ \ \ \ \ \ \ |\ \ \ \ \ \ \ \ \ \ \ \ \ \ \ \ \ \ |\ \ \ \ \ \ \ \ \ \ \ \ \ \ \ \ \ \ |\ \ \ \ \ \ \ \ \ \ \ \ \ \ \ \ \ \ |$$
$$\ \ \ \ \ \ \ CN\ \ \ \ \ \ \ \ \ \ \ \ CN\ \ \ \ \ \ \ \ \ \ \ \ CN\ \ \ \ \ \ \ \ \ \ C-OC_4H_9\ \ C-OC_4H_9$$
$$\ \|\|\ \ \ \ \ \ \ \ \ \ \ \ \ \ \ \ \|\|$$
$$\ O\ \ \ \ \ \ \ \ \ \ \ \ \ \ \ \ O$$

- abwechselnde (alternierende) Anordnung: ABABAB ...
- Anordnung in Blöcken: AAAABBBB ...

Eine weitere Methode, um Kunststoffe mit besonderen Eigenschaften herzustellen, ist die **Pfropfpolymerisation**. Darunter versteht man das Aufpfropfen von Polymerketten auf ein bereits vorhandenes Gerüstpolymer. Die Ansatzstellen dazu sind z. B. Doppelbindungen wie sie in ungesättigten Dicarbonsäuren oder in Polydienen vorliegen. Die anzuknüpfenden Moleküle können Monomere des Lösungsmittels sein, etwa Styrolmoleküle.

Beispiel Werden auf das Gerüstpolymer Polybutadien zusätzliche Polystyrol-Ketten aufgepfropft, so erhält man folgende Struktur:

Technische Durchführung von Polymerisationsreaktionen

Normalerweise wird die Polymerisation als **Substanz- oder Massenpolymerisation** durchgeführt, d. h. dem reinen Monomer wird der Radikalbildner einfach hinzugefügt. Dadurch entstehen gleichmäßige, reine Produkte. Der Kunststoff **Polystyrol** etwa wird auf diese Weise hergestellt. Da viele Polymerisationen stark exotherm verlaufen, muss immer ausreichend gekühlt werden. Dies gelingt aber nur bei langsam verlaufenden Reaktionen. Geschieht die Polymerisation sehr rasch, so müssen die Monomere mit einem Lösungsmittel verdünnt vorliegen. Das Polymerisat fällt dann als Feststoff aus der Lösung aus. Diese Synthesevariante bezeichnet man als **Fällungspolymerisation**. Bleibt das Polymerisat in Lösung, dann spricht man von **Lösungsmittelpolymerisation**.

Eigenschaften und Verwendung wichtiger Polymerisations-Kunststoffe

- **Polystyrol** (PS) ist ein im Alltag weit verbreiteter Kunststoff, der aus dem Monomer Styrol entsteht (siehe S. 84/197). Styrol-Dämpfe reizen die Augen und Atemwege und haben sich im Tierversuch als mutagen erwiesen. Bei der Polymerisation fällt das PS jedoch mit so großer Reinheit an, dass es sogar als Lebensmittelverpackung, z. B. bei Jogurtbechern, zugelassen ist. Außerdem werden viele **Gebrauchsartikel** wie Kleiderbügel, Wäscheklammern, Behälter, Lampenschirme, CD-Hüllen etc. aus PS gefertigt. Reines PS ist hart, spröde und glasklar. Es besitzt einen auffälligen Oberflächenglanz. Gegenüber Säuren und Laugen und Alkohol ist PS beständig, es wird jedoch von unpolaren Lösungsmitteln wie Benzol oder Nagellackentferner angegriffen. Die Dichte von PS ist etwas größer als $1 \cdot g \cdot cm^{-3}$. Eine Verarbeitungsmöglichkeit für diesen Kunststoff ist das Aufschäumen. Geschäumtes PS wird als EPS („expanded" PS) bezeichnet. Ein bekanntes EPS ist **Styropor®** der Firma BASF. Es wird aus Polystyrol-Perlen hergestellt, in die ein Treibmittel, ein Kohlenwasserstoff mit einem Siedepunkt zwischen 40 und 60 °C, eingearbeitet wird, welches bei Wärmezufuhr entweicht und den Werkstoff aufschäumt. EPS dient z. B. zur Wärmedämmung von Gebäuden.

- Nitrilgruppen (–CN) sind polar gebaut, deshalb wirken im **Polyacrylnitril** (PAN) starke zwischenmolekulare Kräfte. Als Reinstoff ist PAN daher hart und steif sowie beständig gegen die meisten Chemikalien und Lösungsmittel. Seine Schmelztemperatur liegt bei 317 °C und damit oberhalb seiner Zersetzungstemperatur. PAN wird in der **Bekleidungsindustrie** verwendet, um synthetische, wollähnliche **Fasern** zu erhalten. PAN-Fasern lassen sich aufgrund ihrer Temperatur- und Korrosionsbeständigkeit auch im Fahrzeugbau, als Hitzeschilde, in Sportgeräten und selbst für medizinische Implantate verwenden. In modernen Bekleidungsfasern ist PAN Bestandteil von **Copolymeren**, die ca. 85 % PAN enthalten. Übliche Handelsnamen sind Orlon®, Dralon® oder Dolan®. Fasern mit weniger als 85 % PAN-Gehalt, die zusätzlich PVC enthalten, sind zur Herstellung schwer entflammbarer Bekleidung geeignet.

- Im **Polyvinylchlorid** (PVC)-Makromolekül ist an jedes zweite Kohlenstoffatom ein Chloratom gebunden. Die C–Cl-Bindungen sind polar, weshalb zwischen den Makromolekülen relativ hohe Anziehungskräfte herrschen. Zudem ist das Chloratom relativ groß, die langen Polymerketten sind dadurch sperrig und lassen sich nicht besonders leicht gegeneinander verschieben. Dies hat Auswirkungen auf die Eigenschaften des Kunststoffs.

PVC ist im Reinzustand ein weißes Pulver, gepresst hat es spröde Eigenschaften. Das Polymerisat ist chemisch außerordentlich beständig: Salzlösungen, Laugen und Säuren greifen PVC nicht an. PVC ist schwer entflammbar und neigt kaum zu Spannungsrissbildung. Um es zu Werkstoffen mit bestimmten, erwünschten Eigenschaften verarbeiten zu können, versetzt man es mit so genannten „**Weichmachern**". Dies sind Stoffe, die nicht in die Polymerketten integriert werden, sondern sich zwischen die langen Kettenmoleküle einlagern und dort durch Dipol-Kräfte am Ort gehalten werden. Sie dürfen auch bei hohen Temperaturen nicht verdampfen, weil sich sonst die Eigenschaften des Produkts verändern würden. Duch Zugabe der Weichmacher kann das Einsatzspektrum für PVC wesentlich erweitert werden: In harter Form ist es z. B. für Rohre, Dachrinnen und Schalenkoffer, in weicher Form für Gartenschläuche und Fußbodenbeläge geeignet. Man kann PVC auch als eine Art „Paste" verarbeiten, etwa als Dichtmaterial für die Nähte an Regenbekleidung.

- **Polyacrylate** sind Polymere auf der Basis von Estern der Acrylsäure (Propensäure). Ein bekannter Vertreter ist der so genannte Polymethacrylsäuremethylester (PMMA), besser bekannt unter dem Namen **Plexiglas**®. PMMA ist durchscheinend wie Glas, jedoch aufgrund seiner Elastizität viel stabiler gegen mechanische Belastungen. Säuren und Laugen greifen es nicht an, in organischen Lösungsmitteln wie z. B. Benzol oder Benzin ist es aber löslich. Dank seiner Stabilität und seines vergleichsweise geringen Preises ist es ein häufig eingesetzter Werkstoff. Das Dach des Münchner Olympiastadions ist aus Plexiglasplatten gefertigt, auch für Brillengläser und Kontaktlinsen eignet es sich.

2.2 Kunststoffsynthese durch Polykondensation

Auswahl der Monomere und erhaltene Produkte

Bei der Polykondensation geht man von Monomeren aus, die mindestens zwei funktionelle Gruppen im Molekül besitzen. Es eignen sich z. B. Hydroxyl-, Carboxyl- und Aminogruppen. Zunächst erfolgt eine Verknüpfung zu Dimeren, aus denen durch weitere Kondensation die Makromoleküle entstehen. In jedem Reaktionsschritt spaltet sich ein kleines Molekül ab, z. B. Wasser. Nach diesem Reaktionstyp erhaltene Produkte nennt man **Polykondensate**.

> Die Polykondensation von **bifunktionellen** Monomeren führt zu **kettenförmigen** Makromolekülen. Aus **trifunktionellen** Monomeren bilden sich **dreidimensional vernetzte** Makromoleküle.

Polyester

Wenn eine Dicarbonsäure wie Butandisäure mit einem zweiwertigen Alkohol wie 1,2-Ethandiol (Glykol) reagiert, entsteht ein linearer Polyester. Dabei wird in jedem Reaktionsschritt der Kondensation ein Molekül Wasser abgespalten:

$$H-O-CH_2-CH_2-O-H \;+\; \underset{HO}{\overset{O}{\|}}C-(CH_2)_2-\underset{OH}{\overset{O}{\|}}C \longrightarrow$$

$$H-O-CH_2-CH_2-O-\overset{O}{\underset{\|}{C}}-(CH_2)_2-\underset{OH}{\overset{O}{\|}}C \;+\; H_2O$$

Setzt man statt Ethandiol einen **dreiwertigen** Alkohol wie Glycerin ein, so kann man **verzweigte** Polyester erhalten:

$$HO-\underset{H}{\overset{H}{C}}-\underset{H}{\overset{OH}{C}}-\underset{H}{\overset{H}{C}}-OH \;+\; 3\; \underset{HO}{\overset{O}{\|}}C-(CH_2)_2-\underset{OH}{\overset{O}{\|}}C \longrightarrow$$

$$HOOC-(CH_2)_2-\overset{O}{\underset{\|}{C}}-O-CH_2-\underset{\underset{\underset{\underset{COOH}{|}}{\underset{O=C}{|}}}{\underset{(CH_2)_2}{|}}}{\overset{H}{\underset{|}{C}}}-CH_2-O-\overset{O}{\underset{\|}{C}}-(CH_2)_2-COOH \;+\; 3\,H_2O$$

Einer der wichtigsten und mengenmäßig bedeutendsten Polyester ist das Polyethylenterephthalat (PET), aus dem Getränkeflaschen und Chemiefasern hergestellt werden. Seine Monomere sind die Terephthalsäure (1,4-Benzoldicarbonsäure) und Glykol (1,2-Dihydroxyethan, 1,2-Ethandiol):

$$n\; \underset{HO}{\overset{O}{\|}}C-\!\!\!\!\bigcirc\!\!\!\!-\underset{OH}{\overset{O}{\|}}C \;+\; n\,HO-CH_2-CH_2-OH \xrightarrow{-n\,H_2O}$$

Terephthalsäure   Glykol

$$\left[\overset{O}{\underset{\|}{C}}-\!\!\!\!\bigcirc\!\!\!\!-\overset{O}{\underset{\|}{C}}-O-CH_2-CH_2-O\right]_n$$

Polyethylenterephthalat

Anhand der Strukturformel kann man erkennen, dass im PET-Molekül polare Atomgruppen auftreten. Über **Dipol-Dipol**-Wechselwirkungen können relativ starke zwischenmolekulare Kräfte zu Nachbarmolekülen ausgebildet werden. Zudem ist das Molekül **linear**, es gibt keine Verzweigungen, damit sind alle Voraussetzungen für die Bildung kristalliner Bereiche und für die Anordnung in Form von **Fasern** gegeben. Als Textilfaser, etwa unter dem Handelsnamen Trevira®, hat PET günstige Eigenschaften. Es ist kaum dehnbar, sehr formbeständig, knitterfrei, reißfest, außerdem nimmt es wenig Wasser auf und ist deshalb für Sportbekleidung gut geeignet. PET-Textilien geben die aufgenommene Feuchtigkeit schneller wieder ab als z. B. Baumwollbekleidung.

Polyamide

Polykondensationsreaktionen, die zur Bildung von Polyamiden führen, erfolgen unter Wasserabspaltung und Ausbildung von **Amidbindungen**, die formal den Peptidbindungen der Proteine (siehe S. 39) entsprechen. Die wiederholte Ausbildung von Peptidbindungen führt dort zu natürlichen Makromolekülen, die Wolle, Haare, Seide und alle übrigen Eiweiße aufbauen.

Das erste **synthetische** Polyamid wurde 1938 als Kondensationsprodukt von Adipinsäure (1,6-Hexandisäure) und Hexamethylendiamin (1,6-Diaminohexan) hergestellt. Das so erhaltene Produkt nennt man **Nylon-6,6**, weil es aus einem Diamin mit sechs Kohlenstoffatomen und einer Dicarbonsäure mit ebenfalls sechs Kohlenstoffatomen entstanden ist. Diese Synthese ist auch im Laborversuch in einer so genannten „Grenzflächenkondensation" leicht durchzuführen. Dazu wird das Diamin in einem Becherglas in Wasser oder verdünnter Natronlauge gelöst. Die Disäure wird in Heptan gelöst und über die wässrige Phase geschichtet. An der Grenzfläche entsteht das Polyamid, das in Form eines Fadens herausgezogen werden kann.

Ein weiteres wichtiges Polyamid ist **Perlon**. Im Unterschied zum Nylon entsteht es jedoch aus einem einzigen bifunktionellen Monomer, dem ε-Caprolactam, einem ringförmigen Molekül mit einer intramolekularen Amidbindung.

Diese wird vor der eigentlichen Polykondensation durch Zugabe von Wasser hydrolysiert. Das während der Polykondensation entstehende Wasser kann zur Hydrolyse weiterer Ringmoleküle genutzt werden:

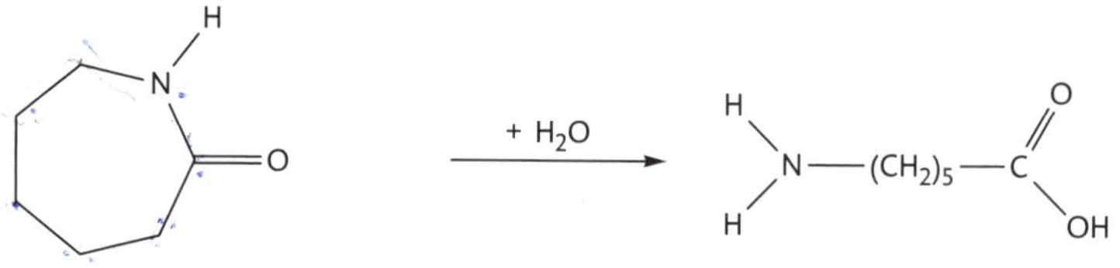

ε-Caprolactam → (+ H$_2$O) → 6-Aminohexansäure (ε-Aminocapronsäure)

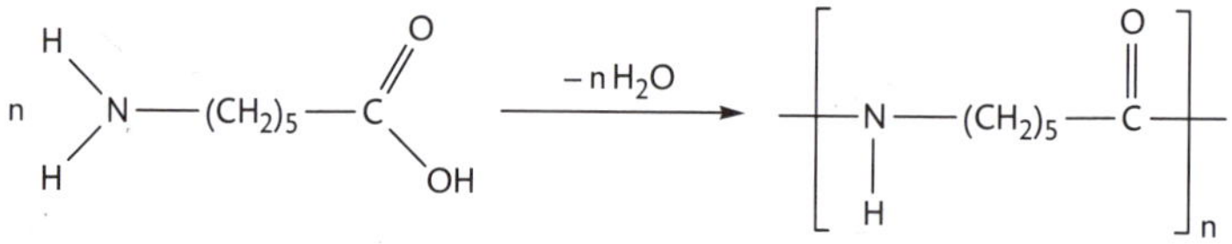

$$n \, H_2N-(CH_2)_5-COOH \xrightarrow{-n\,H_2O} {\left[-N H-(CH_2)_5-CO-\right]}_n$$

Die Amidbindungen sind polar gebaut, weshalb sich zwischen den kettenförmigen Makromolekülen **zwischenmolekulare Kräfte** (Wasserstoffbrückenbindungen) ausbilden:

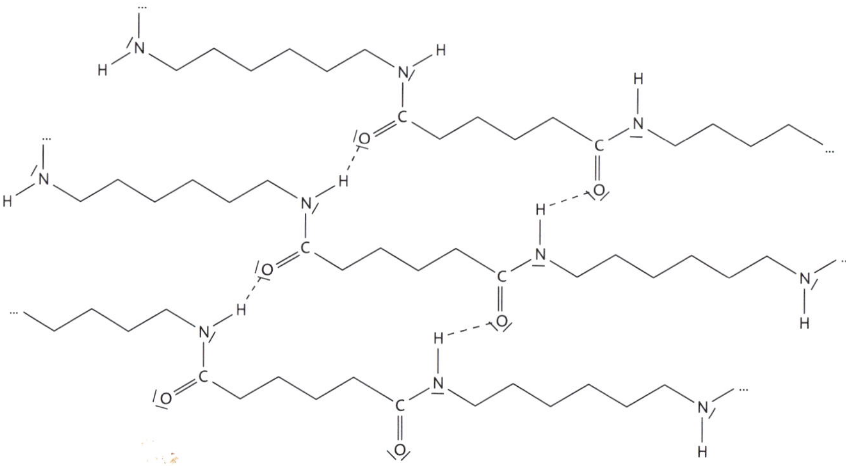

Auch Polyamide sind zur Herstellung stabiler **synthetischer Fasern**, etwa für Kleidungsstücke, geeignet. Sie sind gut färbbar, leichter als Seide, elastisch, knitterfrei und reißfest, sowie motten- und fäulnisresistent. Das Paradebeispiel für ein Kleidungsstück aus dieser synthetischen Faser ist die „Nylonstrumpfhose", die bereits im Jahr 1944 auf den Markt kam.

Phenoplaste

Die ersten gebrauchsfähigen vollsynthetischen Kunststoffe gehören zur Gruppe der Phenoplaste, die nach Ihrem Entdecker Baekeland auch **Bakelite** genannt werden. Phenoplaste entstehen durch Polykondensation von Hydroxybenzolen wie Phenol oder 1,3-Dihydroxybenzol (Resorcin) mit Formaldehyd (Methanal).

1. Im ersten Schritt reagiert Phenol in elektrophiler Substitutionsreaktion an den Positionen 2 oder 4 seines Benzolrings mit einem Methanal-Molekül:

2. Das substituierte Phenol reagiert in einer Kondensationsreaktion mit einem weiteren Phenolmolekül:

3. Unter weiterer Wasserabspaltung bildet sich ein dreidimensionales Makromolekül, in dem die Phenolmoleküle über CH_2-Gruppen vernetzt sind, ein **Duroplast** (siehe S. 135):

Bakelit wurde früher häufig zur Herstellung von Steckdosen und Radio-, Telefon- sowie Kameragehäusen verwendet. Eine modernere Anwendung ist die Beschichtung von Holz bei der Herstellung so genannter „Schleiflack"-Möbel. Auch für Pressspanplatten werden Phenol-Formaldehyd-Kondensate verwendet. Die Sägespäne werden dazu mit dem Kunststoff vermischt und gepresst.

Aminoplaste

Ähnliche Reaktionen wie zuvor für die Phenoplaste besprochen, laufen auch bei der Bildung der Aminoplaste ab. Dies soll anhand der Additions- und Kondensationsreaktionen gezeigt werden, die zur Synthese der Harnstoff-Formaldehyd-Harze führen:

Beispiel Zur Synthese der Harnstoff-Formaldehyd-Harze werden folgende **Ausgangsverbindungen** eingesetzt:

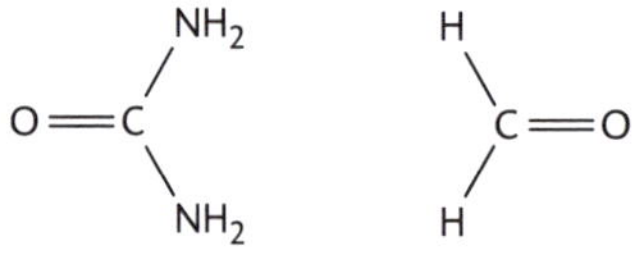

Harnstoff   Formaldehyd (Methanal)

Die Verknüpfungsreaktionen (**Polyadditionen**; siehe S. 117) kann man in ihrer Bilanz wie folgt formulieren:

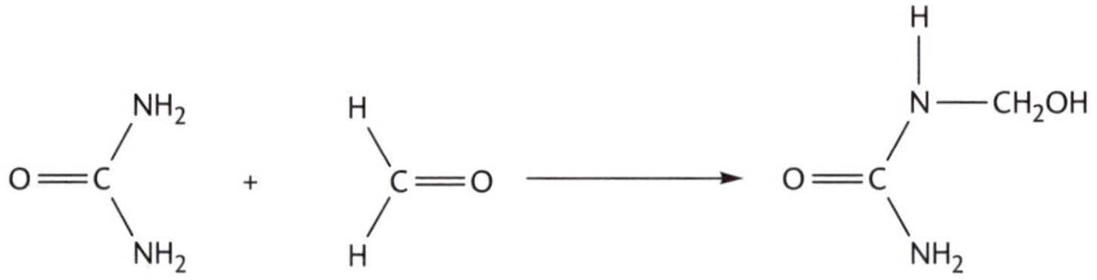

Monomethylolharnstoff

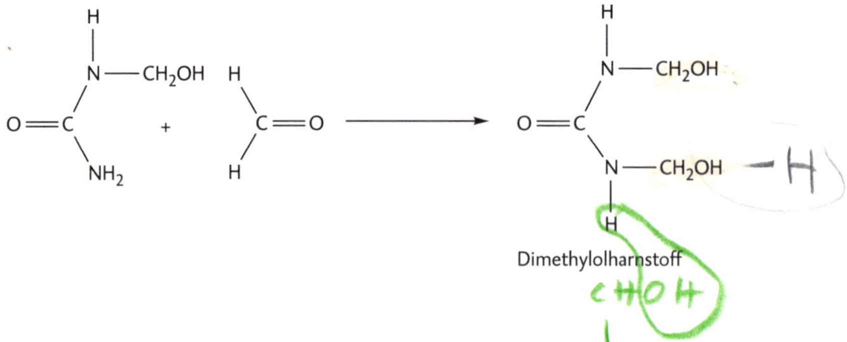

Dimethylolharnstoff

Kondensationen schließlich führen zu **Vernetzungen** und zur Bildung eines duroplastischen Kunststoffs (siehe S. 135):

```
          |
          |
---—CH₂—N—CH₂—N—CH₂—---
              |
              C=O
              |
---—CH₂—N—CH₂—N—CH₂—---
          |
          C=O
          |
---—CH₂—N—CH₂—N—CH₂—---
              |
              C=O
              |
---—CH₂—N—CH₂—N—CH₂—---
          |
          |
```

2.3 Kunststoffsynthese durch Polyaddition

Die Verknüpfung von Monomeren zu Makromolekülen kann auch über Endgruppen erfolgen, die **Additionsreaktionen** eingehen. Additionsreaktionen erfolgen ohne Austritt von Wasser- oder anderen kleineren Molekülen. In jedem Reaktionsschritt wandert aber ein Proton.

Polyurethane

Zu den wichtigsten Kunststoffen, die durch eine Polyadditionsreaktion hergestellt werden, gehören die **Polyurethane**. Sie entstehen duch Addition von Alkanolen an Isocyanate (–N=C=O). Setzt man bi- oder trifunktionelle Edukte ein, so bilden sich lineare bzw. dreidimensional vernetzte Makromoleküle:

$$n\,H\!-\!\!\left[O\!-\!CH_2\!-\!CH_2\right]_m\!\!-\!OH \;+\; n\,O\!=\!C\!=\!N\!-\!C_6H_3(CH_3)\!-\!N\!=\!C\!=\!O$$

Polyethylenglykol   2,6-Toluoldiisocyanat

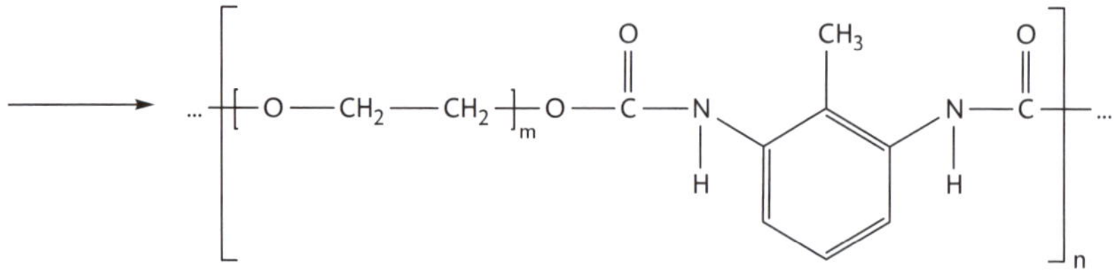

Polyurethan (Ausschnitt)

Die Reaktion zwischen dem Alkanol und dem Isocyanat erfolgt über einen **zyklischen Zwischenzustand**, indem sich das nucleophile Sauerstoffatom des Alkanols an das positiv polarisierte Kohlenstoffatom der Isocyanat-Gruppe anlagert. Gleichzeitig wird der Wasserstoff aus der Hydroxylgruppe als Proton auf das Stickstoffatom der Isocyanatgruppe übertragen:

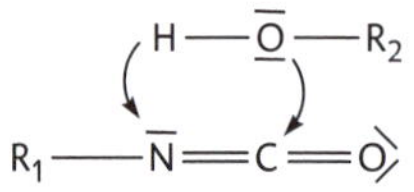

Gibt man bei der Synthese eines Polyurethans Wasser hinzu, so reagieren die Isocyanatgruppen in einer Nebenreaktion zu Aminogruppen und Kohlenstoffdioxid:

$$R_1-N=C=O + H_2O \longrightarrow R_1-NH_2 + CO_2$$

Der gebildete Kunststoff wird durch das entweichende Gas **aufgeschäumt**. Je nach Wahl der Reaktionsbedingungen und der Monomere entstehen weiche Schäume, etwa für Matrazen und Polstermöbel, harte Schäume für Isoliermaterial oder hochelastische Schäume, z. B. für Badeschwämme und Schuhsohlen. Polyurethane besitzen auch deshalb ein so großes Anwendungsspektrum, da sie in voll ausgehärtetem Zustand **physiologisch unbedenklich** sind. Man findet sie daher nicht nur in Autokarosserieteilen, als Fensterprofile und als Gehäuse bei Radio- und Fernsehgeräten, sondern auch in Winterbekleidung oder gar in künstlichen **Herzklappen**. Im Skisport haben Polyurethane vor einigen Jahrzehnten eine wahre „Revolution" ausgelöst und Ski aus Holz vom Markt verdrängt.

Zusammenfassung

1. Bei der Synthese von Kunststoffen verknüpft man kleine Moleküle (**Monomere**) zu großen **Makromolekülen** oder **Polymeren**.

2. Je nach Art der Monomere kann die Verknüpfung durch **Polymerisation**, **Polykondensation** und **Polyaddition** erfolgen.

3. Moleküle mit Mehrfachbindungen werden bei der Polymerisation verknüpft. Sind die Auslöser für die Reaktion Radikale, so spricht man von Radikalketten-Polymerisation oder von **radikalischer Polymerisation**. Die Radikale entkoppeln z. B. die Doppelbindungen und über Atombindungen werden mit weiteren Monomeren bzw. anderen Radikalketten neue Bindungen geknüpft. Bei der **Copolymerisation** werden unterschiedliche Monomere verknüpft, um verschiedene Eigenschaften zu erhalten.

4. Bei der **Polykondensation**, auch als „Kondensationspolymerisation" bezeichnet, reagieren gleiche oder verschiedene Monomere, die aber mindestens zwei unterschiedliche funktionelle Gruppen im Molekül haben, unter Abspaltung niedermolekularer Produkte (z. B. Wasser oder Chlorwasserstoff) miteinander.
Polyester werden gebildet, wenn Dicarbonsäuren und Diole oder gleiche Moleküle mit Hydroxyl- und Carboxylgruppen unter Abspaltung von Wasser miteinander reagieren. Räumliche Vernetzungen entstehen bei trifunktionellen Gruppen z. B. mit Glycerin als Alkoholkomponente. Bei Verwendung ungesättigter Carbonsäuren können z. B. Polymerketten aus Styrol aufgepfropft werden. Man spricht dann von **Pfropfpolymerisation**. **Polyamide** entstehen durch Polykondensation von Dicarbonsäuren und Diaminen oder durch Polykondensation von Aminosäuren. In Experimenten werden Säurechloride wegen ihrer höheren Reaktionsfähigkeit eingesetzt. Kondensationsprodukt ist dann Chlorwasserstoff.

5. Die **Polyaddition**, auch als „Additionspolymerisation" bezeichnet, geschieht ohne Abspaltung von niedermolekularen Produkten. Auch hier reagieren verschiedene Moleküle mit mindestens zwei funktionellen Gruppen miteinander. Lineare **Polyurethane** entstehen durch Reaktion von Diisocyanaten mit Diolen. Für räumliche Vernetzungen werden trifunktionelle Gruppen verwendet. Bei der Kopplung der Bausteine wandern Wasserstoffatome der Hydroxylgruppen zu den Stickstoffatomen der Isocyanatgruppen. Die Sauerstoffatome der Hydroxylgruppen werden an die Kohlenstoffatome der Carbonylgruppen gebunden.

6. Methanal und Phenol sind die Ausgangsstoffe für die Herstellung von **Phenolharzen**. Methanal reagiert mit Phenol (elektrophile Substitutionsreaktion) in ortho- und para-Position. Die weiteren Reaktionen laufen als Kondensationsreaktionen ab. Die Produkte im ausgehärteten Zustand sind **Duroplaste**. Additions- und Kondensationsreaktionen laufen bei der Bildung der **Aminoplaste** ab. Ausgangsstoffe sind z. B. Harnstoff oder Anilin und Methanal. Im ausgehärteten Zustand weisen die Produkte auch hier duroplastische Eigenschaften auf.

Kunststoffe

Aufgaben

91. Stücke von Plexiglas, Polymethylmethacrylat und Polystyrol werden jeweils in einem Kolben mit aufgesetztem gewinkeltem Glasrohr erhitzt. Die Glasrohre münden in mit Wasser gekühlten Erlenmeyer-Kolben. Die aufgefangenen Destillate werden mit Bromwasser oder mit Baeyer-Reagenz versetzt. In beiden Fällen sind die Ergebnisse der Nachweisreaktionen positiv. Deuten Sie die experimentellen Ergebnisse. Geben Sie für beide Polymere einen Ausschnitt an und formulieren Sie für die „Umwandlung" der Kunststoffe je eine Reaktionsgleichung.

92. Folien aus Polyvinylidenchlorid verwendet man zur Aufbewahrung von Lebensmitteln. Die Herstellung des Ausgangsstoffes Vinylidenchlorid kann stufenweise erfolgen:
- a Ethen wird mit Chlor zu 1,2-Dichlorethan umgesetzt.
- b Die Abspaltung von Chlorwasserstoff liefert Vinylchlorid.
- c Vinylchlorid wird mit Chlor zu 1,1,2-Trichlorethan zur Reaktion gebracht.
- d Die Abspaltung von Chlorwasserstoff aus 1,1,2-Trichlorethan bei 400 °C ergibt 1,1-Dichlorethen oder Vinylidenchlorid.

Formulieren Sie für die einzelnen Reaktionsstufen je eine Reaktionsgleichung. Zeichnen Sie von der Makromolekülkette des Polyvinylidenchlorids einen Ausschnitt mit drei Einheiten. Begründen Sie, weshalb Folien dieses Kunststoffes stärker aneinander haften als Folien von Polyethen.

93. Eine aus Polyacrylsäure hergestellte Folie in ein Bad mit verdünnter Salzsäure gehängt. Die Folie zieht sich zusammen. Ersetzt man die Säure durch verdünnte Lauge, so ist eine Ausdehnung der Folie zu beobachten. Beim Wechsel zum sauren Bad zieht sich die Folie wieder zusammen.
- a Geben Sie einen Ausschnitt aus der Makromolekülkette des Kunststoffs Polyacrylsäure an.
- b Bei der Herstellung der Folien mischt man Polyacrylsäure mit Polyvinylalkohol. Geben Sie auch von diesem Kunststoff für ein Makromolekül einen Formelausschnitt an.
- c Geben Sie für die Kontraktion (Zusammenziehen) und die Dilatation (Ausdehnung) im Säure- bzw. Laugebad eine Erklärung. Welche Energieumwandlungen finden bei diesen Vorgängen statt?
- d In welchem Bad könnte die Zähigkeit (Viskosität) am größten sein?

94. Acrylsäure (Propensäure) wird technisch durch katalytische Oxidation von Propen mit Luftsauerstoff hergestellt. Aus Acrylsäureethylester und Ethen lässt sich ein Kunststoff herstellen, der zu Matten, Schläuchen und Folien weiterverarbeitet wird. Formulieren Sie für die katalytische Oxidation eine Reaktionsgleichung und geben Sie einen Ausschnitt aus der Copolymerkette mit vier Bausteinen an.

95. In Polymeren können die Seitengruppen z. B. die Methylgruppen im Polypropen regelmäßig räumlich (isotaktisch), abwechselnd nach einem Schema (syndiotaktisch) oder unregelmäßig (ataktisch) angeordnet sein. Stellen Sie diese Anordnungen in Formeln mit jeweils vier Bausteinen dar. Isotaktisches Polypropen hat einen Erweichungsbereich um 165 °C und hohe mechanische Festigkeit, ataktisches Polypropen einen Erweichungsbereich bei etwa 128 °C und geringere Festigkeit. Erklären Sie diese Unterschiede.

96. Bei der Radikalketten-Polymerisation können Verzweigungen auftreten. Zeigen Sie dies mittels Polyethenketten-Ausschnitten.

97. Für die Synthese von Kunststoffen sind folgende Ausgangsstoffe gegeben:

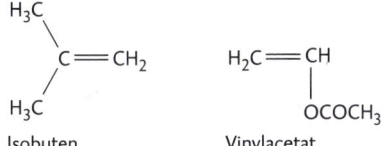

Isobuten   Vinylacetat

Geben Sie je einen Strukturformelausschnitt mit drei Einheiten aus den Makromolekülketten von Polyisobuten und von Polyvinylacetat an. Formulieren Sie für letzteren einen radikalischen Mechanismus mit Abbruchreaktion.
Kombinieren Sie Isobuten mit Styrol zu einem Copolymer und zeichnen Sie einen Ausschnitt aus der Kette mit vier Einheiten in wechselnder Reihenfolge. Welche allgemeinen Eigenschaften zeigen diese Kunststoffe bei Temperaturerhöhung?

98. Die folgenden Formeln stellen Ausschnitte aus Polymerketten von Kunststoffen dar, die durch Polymerisation, Copolymerisation und Pfropf-Copolymerisation entstanden sind:

Geben Sie jeweils die Monomeren an.
Kunststoff **a** hat eine geringe Dichte, er ist wärmebeständig und hat etwa dieselbe Längenausdehnung wie Wasser. Beschreiben Sie Anwendungen dieses Kunststoffs.

99. Bei der Herstellung von Styrol entsteht als Nebenprodukt 1,4-Divinylbenzol. Geben Sie von diesem Nebenprodukt die Strukturformel an. Begründen Sie unter Verwendung von Formelausschnitten, weshalb dieses Produkt vor der Polymerisation des Styrols evtl. abgetrennt werden muss.

100. Geben Sie von 1,4-Polybutadien die cis- und trans-Formen an. Zeichnen Sie von 1,2-Polybutadien einen Ausschnitt. Verwenden Sie jeweils drei Einheiten. Zeigen Sie schematisch die Vernetzung mit Schwefel („Vulkanisation") mittels eines Ausschnittes aus der Polymerkette von Poly-2-Methylbutadien (Polyisopren). Verwenden Sie gerade Ketten.

101. Behandelt man Cellulose, die aus Papiermasse oder Baumwolle gewonnen wurde, mit Essigsäure in Gegenwart von Schwefelsäure, so entsteht **Celluloseacetat**, ein Polymer, das zu einer Reihe von Produkten verarbeitet wird, z. B. zu Fasern („Acetatseide") oder Folien („Cellophan"). Im Mittel werden pro Glucoseeinheit zwei Acetatgruppen eingeführt.

Die Umsetzung von Cellulose mit Salpetersäure und Schwefelsäure liefert **Cellulosenitrat**. Je nach Reaktionsbedingungen ergeben sich unterschiedliche Eigenschaften. Bei Veresterung von durchschnittlich zwei Hydroxylgruppen ist das Produkt zwar noch entflammbar, aber nicht mehr explosiv. Eine teigartige Mischung aus Cellulosenitrat und Campher, einem wachsartigen Feststoff, kommt als „Celluloid" in den Handel. Geben Sie von Celluloseacetat und von Cellulosenitrat je einen Ausschnitt mit zwei Bausteinen an. Bilden Sie Hypothesen über die Funktion des Camphers. Welche Funktion kommt jeweils der Schwefelsäure zu?

102. Milchsäure kann aus Glucose durch biotechnologische Verfahren (Gärung durch Bakterien) hergestellt werden. Bei einem chemischen Synthesepfad lässt sich diese z. B. aus Propansäure und dem Zwischenprodukt 2-Chlorpropansäure gewinnen. Milchsäure ist dann die Basis für die Synthese von Polymilchsäure.
    a Formulieren Sie eine Reaktionsgleichung für die Bildung von Milchsäure aus Glucose.
    b Geben Sie für die chemische Synthese die Formeln des Ausgangsstoffes, des Zwischenproduktes sowie der weiteren Reaktionspartner an. Nennen Sie auch die Reaktionsbedingungen.
    c Zeichnen Sie von der Polymerkette der Polymilchsäure einen Ausschnitt mit drei Einheiten oder eine allgemeine Darstellung.

103. Das Monomer Milchsäure kommt in zwei Isomeren vor. Diese können zu verschiedenen Polymeren kombiniert werden, die sich z. B. in der Zeitspanne bis zum vollständigen biologischen Abbau unterscheiden. Das Spektrum kann noch durch Copolymer-Bildung z. B. mit Glykolsäure (Hydroxyessigsäure) erweitert werden. Glykolsäure entsteht z. B. durch stufenweise Oxidation von 1,2-Ethandiol. Stellen Sie die beiden Isomere der Milchsäure durch Formeln dar. Formulieren Sie die stufenweise Oxidation mit Luftsauerstoff von 1,2-Ethandiol zu Glykolsäure.
Zeichnen Sie einen Ausschnitt aus der Makromolekülkette des Copolymeren mit vier Einheiten in wechselnder Reihenfolge.

104. Das Knallgasbakterium *Ralstonia eutropha* kann, ähnlich wie Pflanzen, Kohlenstoffdioxid verwerten. Als Speicherstoff produziert es dabei Poly-3-hydroxybuttersäure (PHB) eine biologisch abbaubare Verbindung. PHB ist synthetischen Kunststoffen wie Polypropylen oder Polyethylen sehr ähnlich. Eine Shampooflasche aus PHB unterscheidet sich, abgesehen von einem gelblichen Schimmer, kaum von einer herkömmlichen Plas-

tikflasche. Synthetische Kunststoffe sind biologisch meist nicht abbaubar. Außerdem sind sie begrenzt, da sie aus fossilen Rohstoffen wie Erdöl oder Erdgas gebildet werden. PHB ist nahezu unerschöpflich und wird innerhalb der normalen Kompostierzeit von 16 Wochen vollständig abgebaut. Die Synthese von PHB läuft über Enzyme, die u. a. auch die gummiartige Poly-3-hydroxyoctansäure herstellen (nach: *Münsters Universitätszeitung*, Dezember 2004).

Durch Copolymerisation mit anderen aliphatischen Polyestern lassen sich Polymere mit spezifischen Werkstoffeigenschaften synthetisieren. Ein solcher Polyester besteht z. B. aus Poly-3-hydroxybuttersäure und Poly-3-hydroxypentansäure (Poly-3-hydroxyvaleriansäure, PHV).

a Geben Sie von PHB das Monomere und einen Ausschnitt aus der Makromolekülkette mit drei Einheiten an. Zeichnen Sie von dem Kunststoff Poly-3-hydroxyoctansäure ebenfalls einen Ausschnitt mit drei Einheiten.

b Geben Sie von der Copolymer-Kette einen Ausschnitt mit je zwei Monomeren an. Beschreiben Sie, wovon die Eigenschaften der so gebildeten Copolymere abhängen.

c Vergleichen Sie die Polymere PHB und PHV mit den genannten Kunststoffen PP und PE bezüglich der Verfahren zur Synthese und Rückgewinnung („Recycling").

105. Forscher der BASF haben die weltweit erste Lebensmittelfolie entwickelt, mit der man auch düngen kann. Die besteht aus dem biologisch vollständig abbaubaren Kunststoff Ecoflex®. Folien und Verpackungen aus Ecoflex verrotten gemeinsam mit dem Biomüll. In der Kompostieranlage zersetzen Mikroorganismen den Plastikabfall. Es muss aber auch gar nicht immer der Umweg über den Biomüll sein. In der Landwirtschaft werden Kunststofffolien häufig über ganze Felder gezogen, um zum Beispiel zarte Salatpflänzchen vor Frost zu bewahren. Nach der Ernte muss der Bauer dann die schützende Hülle mit großem Aufwand wieder einsammeln. Dank Ecoflex bekommen solche Agrarfolien eine ganz neue Produktqualität: Sie werden einfach untergepflügt, zersetzen sich im Boden und düngen dabei den Acker. (nach: *„Wissenschaft populär"*, Infoservice der BASF, Februar 2001)

Der folgende Formelausschnitt zeigt den Aufbau der Makromoleküle, aus denen der Kunststoff Ecoflex besteht:

$$-\overset{O}{\underset{\|}{C}}-(CH_2)_4-\overset{O}{\underset{\|}{C}}-O-(CH_2)_4-O-\overset{O}{\underset{\|}{C}}-\!\!\!\!\bigcirc\!\!\!\!-\overset{O}{\underset{\|}{C}}-O-(CH_2)_4-O-\overset{O}{\underset{\|}{C}}-(CH_2)_4-\overset{O}{\underset{\|}{C}}-$$

Geben Sie die Strukturformeln der Monomere und die Stoffklassen zu denen sie gehören an. Erläutern Sie die gute Abbaubarkeit des Kunststoffes und geben Sie mögliche Abbauprodukte an.

106. Aus dem Kunststoff mit dem Handelsnamen Makrolon® werden z. B. CDs hergestellt. Die Formeln der Ausgangsverbindungen sind im Folgenden dargestellt:

[Strukturformeln: Phosgen (Cl-CO-Cl) und Bisphenol A (HO-C₆H₄-C(CH₃)₂-C₆H₄-OH)]

Zeichnen Sie einen Ausschnitt aus dem Polyester mit vier Einheiten.

107. Ungesättigte Polyester sind meist Polymere aus ungesättigten Disäuren und Diolen. Sie werden z. B. in Styrol gelöst und mit verstärkenden Stoffen wie Glasfasern versetzt. Durch vernetzende Pfropfpolymerisation entstehen dann harzartige Kunststoffe.
Geben Sie von einem Polyester, entstanden aus Maleinsäure und 1,4-Butandiol im Verhältnis 1 : 1, einen Ausschnitt mit vier Bausteinen an. Begründen Sie die Vernetzung. Benutzen Sie dazu auch ein Formelbild.

108. Maleinsäure-, Phthalsäure- und 1,2-Propylenglykol-Moleküle lassen sich zu einem ungesättigten Polymer verknüpfen. Löst man dieses in Styrol und fügt ein Peroxid hinzu, so kann die Mischung zur Verstärkung von Glasfasergeweben verwendet werden.
Zeichnen Sie zunächst einen Ausschnitt für die Verknüpfung der Maleinsäure und der Phthalsäure mit 1,2-Propylenglykol. Benutzen Sie das Bausteinverhältnis 1 : 2 : 3 (Phthalsäure : Maleinsäure : 1,2-Propylenglykol-Baustein). Geben Sie dann für die Vernetzung beider Ketten einen Ausschnitt an. Geben Sie zwei Stoffe und deren Formeln an, mit denen sich allgemein duroplastische Polyester herstellen lassen.

109. In einem Experiment werden zwei jeweils senkrecht mit Stativen eingespannte Reagenzgläser (siehe Abb. 20) RG 1 und RG 2 folgendermaßen beschickt und von unten erhitzt:
    - **RG 1** enthält einige Spatel einer Mischung aus Sorbit und Citronensäure.
    - **RG 2** enthält eine Mischung aus Phthalsäureanhydrid und Sorbit.

Ein Filterpapierstück nimmt jeweils das freigesetzte Wasser auf. In RG 1 bildet sich ein gelber, in RG 2 ein heller Kunststoff.

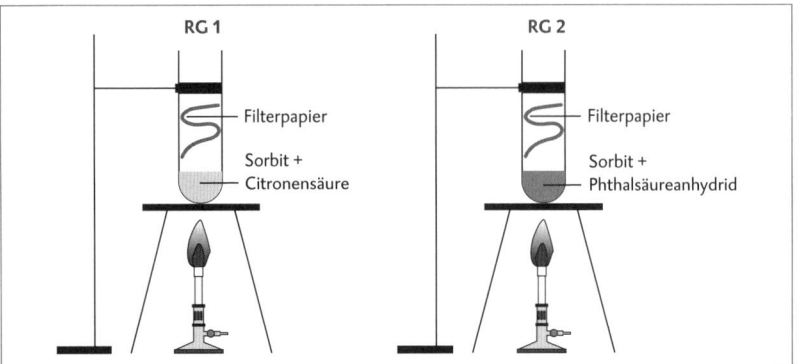

Abb. 20: Versuchsansätze in RG 1 und RG 2

Sorbit ist ein sechswertiger Alkohol, der durch katalytische Hydrierung von Glucose am Kohlenstoffatom Nr. 1 entsteht. Formulieren Sie für diese Reaktionen eine Reaktionsgleichung. Deuten Sie das Versuchsergebnis und untermauern Sie Ihre Aussagen durch entsprechende Formelbilder. Benutzen Sie dazu die folgenden Formeln:

Phthalsäure   Citronensäure

110. Phthalsäure entsteht aus Naphthalin durch katalytische Oxidation. Weitere Produkte sind Kohlenstoffdioxid und Wasser. Formulieren Sie für diese Synthese eine Reaktionsgleichung. Aus Phthalsäure und Glycerin entsteht ein harzartiger Kunststoff mit dem Handelsnamen Glyptal®. Begründen Sie dies und zeichnen Sie den entsprechenden Ausschnitt.

Phthalsäure

111. In einem großen Reagenzglas vermischt man Ricinusöl und Adipinsäure. Nach dem Erhitzen erhält man nach einiger Zeit eine zähe Masse, die sich schließlich verfestigt. Ricinusöl besteht überwiegend aus Triglyceriden, also aus Estern des dreiwertigen Alkohols Glycerin und der Ricinolsäure:

$$CH_3 - (CH_2)_5 - \overset{OH}{\underset{|}{CH}} - CH_2 - \overset{10}{CH} = \overset{9}{CH} - (CH_2)_7 - COOH$$

Ricinolsäure

Formulieren Sie für die Bildung des Triglycerid-Moleküls eine Reaktionsgleichung. Erklären Sie das experimentelle Ergebnis.

112. Aus Pentosen, die sich aus Kleie und Haferstreu gewinnen lassen, können in mehrstufigen Verfahren, die zur Herstellung von Kunststoffen wichtigen Ausgangsstoffe Hexamethylendiamin und Adipinsäure synthetisiert werden.

Schritt 1:

HOHC——CHOH
| |
CH_2 CH—CHO → Furfural (mit CHO) → Furan → Tetrahydrofuran
| |
OH   HO
Pentose

Schritt 2: Aus Tetrahydrofuran lässt sich 1,4-Dichlorbutan herstellen. Dieses Produkt wird dann mit KCN zu Adipinsäuredinitril, $NC-CH_2-CH_2-CH_2-CH_2-CN$, umgesetzt.

Schritt 3: Durch katalytische Hydrierung entsteht aus Adipinsäuredinitril Hexamethylendiamin; durch Reaktion mit Wasser und Abspaltung von Ammoniak entsteht aus Adipinsäuredinitril die Adipinsäure.

Geben Sie im Verfahrensschritt 1 die weiteren Stoffe an, die bei den Reaktionen von Pentose zu Furfural und von Furfural zu Furan entstehen. Nennen Sie für die Gewinnung von Tetrahydrofuran aus Furan den Reaktionstyp. Zeichnen Sie die Strukturformel für 1,4-Dichlorbutan und geben Sie für die Umsetzung zu Adipinsäuredinitril das weitere Reaktionsprodukt an. Formulieren Sie für Verfahrensschritt 3 die Reaktionsgleichung.

113. Bei den Polyamiden lassen sich zwei Verbindungsklassen unterscheiden:
    a Polyamide vom Aminosäure-Typ
    b Polyamide vom Diamin-Dicarbonsäure-Typ

Geben Sie für Typ **a** einen Ausschnitt mit drei Einheiten an. Benutzen Sie dafür die Aminosäure *11-Amino-Undecansäure*. Zeichnen Sie für Typ **b** einen Ausschnitt mit vier Einheiten in wechselnder Reihenfolge. Verwenden Sie dazu *Decandisäure* und *1,6-Hexamethylendiamin*. Erläutern Sie einige Eigenschaften solcher Kunststoffe.

114. Die folgenden Formelausschnitte zeigen Makromolekülketten verschiedener Polyamide. Für die Stoffe **B** und **C** sind außerdem die Zersetzungstemperaturen angegeben:

Kunststoffe

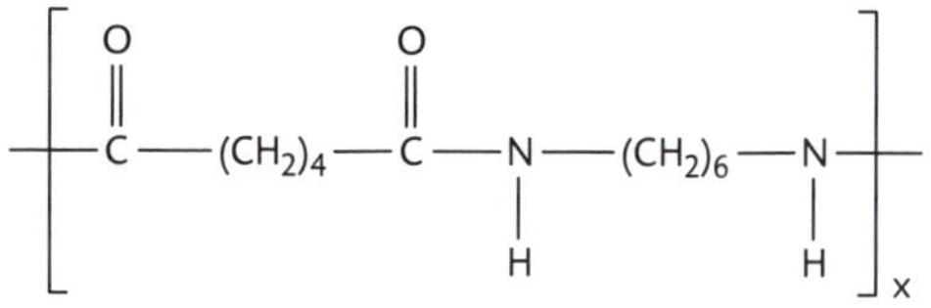

$$A \quad \left[-C(=O)-(CH_2)_4-C(=O)-N(H)-(CH_2)_6-N(H)- \right]_x$$

$$B \quad \left[-C(=O)-C_6H_4-C(=O)-N(H)-(CH_2)_6-N(H)- \right]_x$$

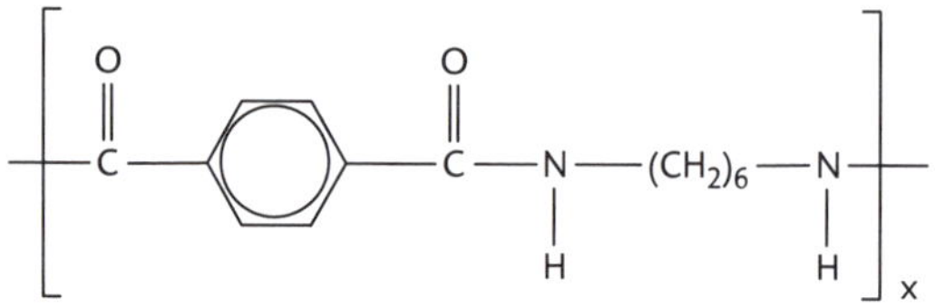

Zersetzungstemperatur 370 °C

$$C \quad \left[-C(=O)-C_6H_4-C(=O)-N(H)-C_6H_4-N(H)- \right]_x$$

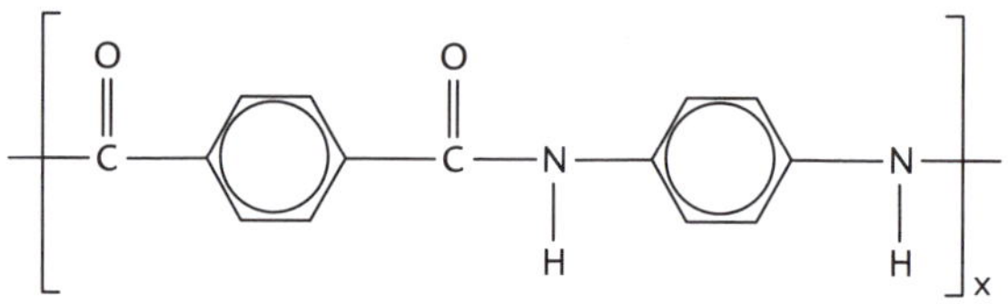

Zersetzungstemperatur 500 °C

Hitzebeständige Fasern, die in der Raumfahrt oder im Flugzeugbau Verwendung finden, sind z. B. aus den folgenden Monomeren aufgebaut:

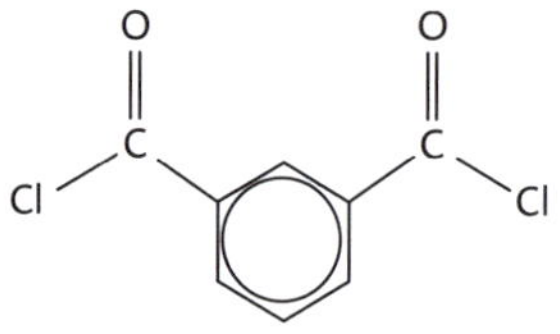

Isophthalsäuredichlorid 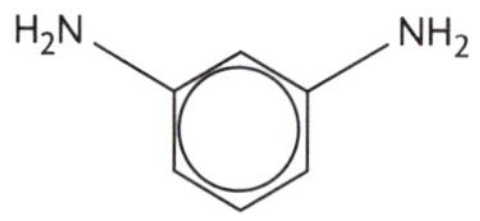   m-Phenylendiamin

a Geben Sie für die Formelausschnitte A, B und C die Formeln und die systematischen Bezeichnungen der Monomere an.
b Begründen Sie, weshalb bei C im Vergleich zu B die Zersetzungstemperatur zunimmt.
c Geben Sie für das Polyamid, das aus Isophthalsäuredichlorid und m-Phenylendiamin aufgebaut ist einen Formelausschnitt an. Durch welches Verfahren könnte diese Faser synthetisiert werden?

115. Endgruppen von Polyamid-Fasermolekülen können mit Farbstoffmolekülen reagieren. Die Fasern werden so angefärbt. Durch Veränderung der Endgruppen ist die Aufnahme von Farbstoff variierbar. Man erhält dadurch auch unterschiedliche Farbeffekte.

a Zeigen Sie schematisch unter Verwendung der folgenden Symbole, wie das Farbstoffmolekül an die Faser gebunden wird. Nennen Sie auch den chemischen Vorgang und die Kräfte, die den Zusammenhalt bewirken.

Symbol für den Farbstoff: [F]——H

Symbol für die Faser: (Pf)——NH$_2$

b Die nachstehenden Formeln weisen veränderte Aminogruppen auf:

A HO—[C(=O)—(CH$_2$)$_5$—N(H)—]$_{n-1}$ C(=O)—(CH$_2$)$_5$—N(H)—C(=O)—CH$_3$

B H—[N(H)—(CH$_2$)$_5$—C(=O)—]$_{n-1}$ N(H)—(CH$_2$)$_5$—C(=O)—N(H)—(CH$_2$)$_x$—NH$_2$

Mit welchen Stoffen bzw. Stoffklassen kann die Änderung der Aminogruppe bei der Verbindung A bzw. B erreicht werden? Geben Sie diese mit Formeln an. Nach welchen Reaktionen laufen die Umsetzungen ab? Welche Wirkung hat bei A die Acetylgruppe auf den basischen Charakter der Aminogruppe? Begründen Sie dies.

116. Anilin und Methanal sind die Bausteine eines Aminoplasts.

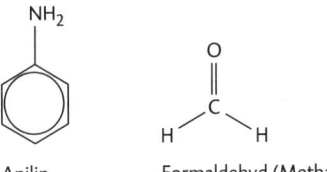

Anilin   Formaldehyd (Methanal)

Formulieren Sie, entsprechend den Verknüpfungen bei der Bildung der Phenol-Formaldehyd- und Harnstoff-Formaldehyd-Harze, die Additions- und Kondensationsreaktionen. Geben Sie dann einen Ausschnitt aus der vernetzten Struktur an.

117. Polyurethane auf der Basis von Polyestern (Poly-Esterurethane) werden zunehmend als Form-Werkstoffe (Matrix-Werkstoffe) für die Einlagerung von Stärke oder von Fasern eingesetzt. Damit lassen sich abbaubare Füllstoffe produzieren.

Stellen Sie einen Ausschnitt eines Poly-Esterurethans mit vier Bausteinen dar. Benutzen Sie auch eine allgemeine Formulierung. Verwenden Sie dazu Hexamethylendiisocyanat, 1,4-Butandisäure und Ethandiol als Monomere. Begründen Sie die Abbaubarkeit dieser Kunststoffe.

118. Die folgende Abbildung zeigt einen Ausschnitt mit zwei Komponenten aus einem Makromolekül der Kunstfaser Elastan®:

...—O—CH$_2$—CH$_2$—O—(CH$_2$—CH$_2$—O)$_x$—CH$_2$—CH$_2$—O—C(=O)—N(H)—⌬—CH$_2$—⌬—N(H)—C(=O)—...

Die Dehnfähigkeit von Elastan liegt bei 500–700 % der Ausgangslänge. Nach dem Dehnen kehrt die Faser weitgehend in den ursprünglichen Zustand zurück.
Geben Sie die Komponenten an, die dieser Ausschnitt zeigt. Nennen Sie die Monomere dieser Komponenten. Begründen Sie die hohe Dehnbarkeit und nennen Sie für Elastan einige Verwendungen im Textilbereich.

119. Zahlreiche Experimente zur Demonstration der Synthese von Polyurethanen verwenden Naturstoffe (nach: www.dc2.uni-bielefeld.de/dc2/nachwroh/nrv_05.htm; auch 05b, 05c und 06.htm)
   a   Proben von Lignin und Diphenylmethan-4,4-diisocyanat werden in einem Becherglas unter Rühren erwärmt. Das Polymer Lignin verleiht Pflanzen ihre Festigkeit, es enthält im Makromolekül Hydroxylgruppen, die an aromatische Ringsysteme gebunden sind.
   b   Stärke wird in einem Quellmittel aufgeschlämmt und mit dem unter a verwendeten Diisocyanat vermischt und erwärmt.
   c   Eine Probe von Huminsäuren wird in einem Lösungsmittel gelöst und mit Toluol-2,4-diisocyanat versetzt und erhitzt. (Huminsäuren sind Polymere, die Hydroxylgruppen enthalten, die an aromatische Ringsysteme wie Benzol und Naphthalin gebunden sind.)
   d   Ricinusöl und Diphenylmethan-4,4-diisocyanat werden erhitzt.

In allen Fällen bilden sich hochvernetzte, harzartige Verbindungen (Duroplaste).
Deuten Sie die Ergebnisse. Geben Sie von den Diisocyanaten eine Strukturformel an. Skizzieren Sie mit einem Ausschnitt aus zwei Bausteinen die Vernetzung für d, orientieren Sie sich dabei auch an Aufgabe 11, S. 126.

120. Lineare polymere Ketten mit Hydroxylgruppen können weitervernetzt werden. Erklären Sie diesen Sachverhalt und formulieren Sie dazu entsprechende Ausschnitte.

Langkettige Moleküle mit Isocyanatgruppen an beiden Enden können durch **a** Diole und **b** Diamine verlängert werden. Gleichzeitig können mit weiteren Diisocyanatmolekülen durch Addition Vernetzungen entstehen. Auch mit **c** Wasser können sich unter Abspaltung von Kohlenstoffdioxid Vernetzungen bilden.

Zeigen Sie diese Sachverhalte durch Formulierungen entsprechender Ausschnitte. Benutzen Sie dazu folgende allgemeine Formeln:

O═C═N—R'—N═C═O   HO—R—OH H_2N—R'—NH_2
Diisocyanat   Diol   Diamin

121. Die folgenden Formeln zeigen Ausschnitte aus Polymerketten:

a - - —O—$(CH_2)_2$—O—C(═O)—⟨C₆H₄⟩—C(═O)—O—$(CH_2)_2$—O— - - -

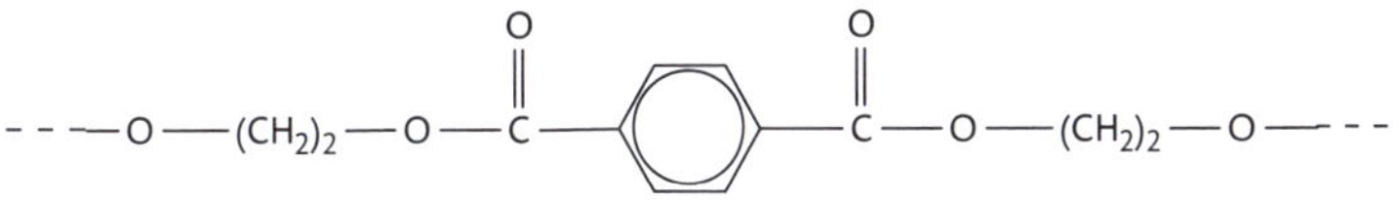

b - - —CF(Cl)—CF₂—CF(Cl)—CF₂—CF(Cl)—CF₂— - -

c - - —CH_2—C(CH₃)═CH—CH_2—CH(C₆H₅)—CH_2—CH_2—C(CH₃)═CH—CH_2—CH(C₆H₅)—CH_2—

d - - —CH_2—C(Cl)═CH—CH_2—CH_2—C(Cl)═CH—CH_2— - - -

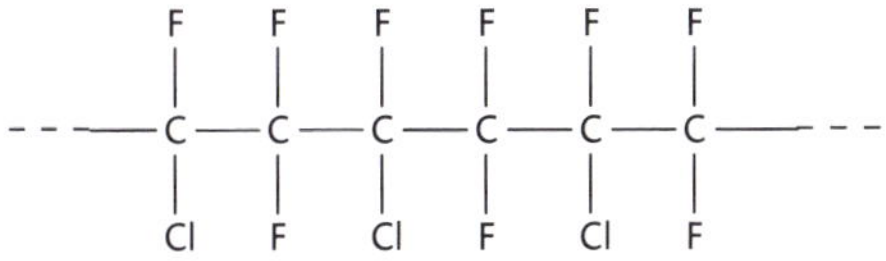

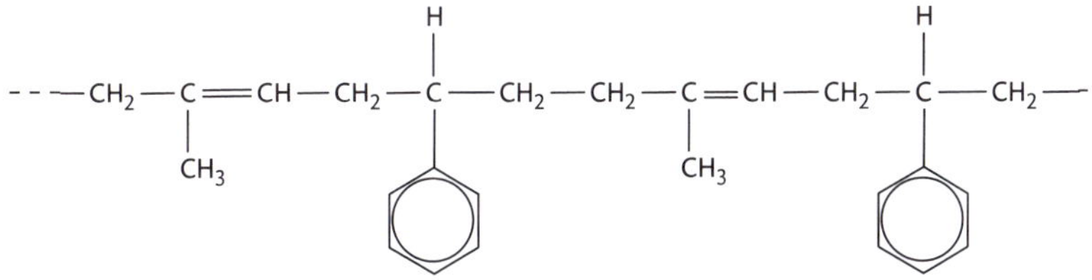

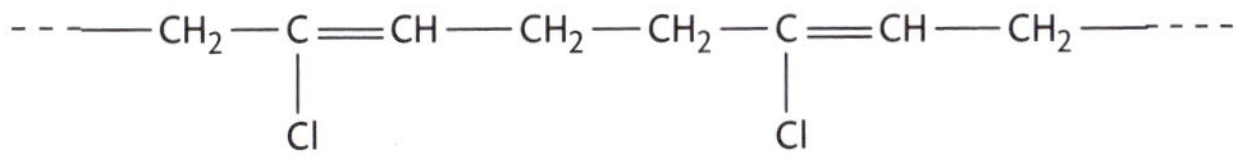

Geben Sie von den Monomeren die Strukturformeln und die Namen an. Formulieren Sie für **b** einen radikalischen Mechanismus.

122. Zur Herstellung von Kunststoffen stehen folgende Monomere zur Verfügung:

$$H_2C=C\begin{smallmatrix}H\\\\Cl\end{smallmatrix} \quad O=C\begin{smallmatrix}H\\\\H\end{smallmatrix} \quad \underset{3}{C_6H_5-OH} \quad \underset{4}{C_6H_5-CH=CH_2} \quad O=C\begin{smallmatrix}NH_2\\\\NH_2\end{smallmatrix}$$

1   2   3   4   5

Beschreiben Sie, welche Einheiten Sie zur Herstellung von a Thermoplasten und b Duroplasten verwenden würden. Begründen Sie und geben Sie auch die Reaktionstypen an.

123. Aus den folgenden Verbindungen können Kunststoffe hergestellt werden:

a   1,3-Benzoldicarbonsäure und 2,2-Di(4-hydroxyphenyl)-propan

$$HO-C_6H_4-C(CH_3)_2-C_6H_4-OH$$

b   2-Chlorbutadien

c   1,2-Ethandiol und $O=C=N-C_6H_3(CH_3)-N=C=O$

Geben Sie aus den Makromolekülketten einen Ausschnitt für a und c mit jeweils vier Einheiten an. Nennen Sie die Reaktionstypen, nach denen die Synthesen verlaufen und die Kunststoff-Klasse zu denen die Polymere gehören. Kunststoff a ist hochtemperaturbeständig. Begründen Sie dies. Zeigen Sie für b, dass Ketten von Poly-2-chlorbutadien mit Zinkoxid vernetzt werden können.

124. Elektrisch leitende Kunststoffe können z. B. aus Pyrrol, Benzol und Ethin (C_2H_2) hergestellt werden. Bei Polyethin liegt eine Polymerisation vor; die Monomere Pyrrol und Benzol kuppeln unter Abspaltung von Wasserstoff aneinander.
Geben Sie für die Monomere die Strukturformeln an. Zeichnen Sie jeweils einen Ausschnitt aus den Polymerketten mit vier Einheiten.

3 Der Zusammenhang zwischen den Eigenschaften und der Struktur von Kunstoffen

In den vorangegangenen Abschnitten wurden die Kunststoffe nach den **Polyreaktionen** eingeteilt, die bei ihrer Synthese ablaufen. Für den alltäglichen Einsatz ist es aber wichtig zu wissen, welche **Gebrauchseigenschaften** die einzelnen Werkstoffe besitzen. Es gibt Kunststoffe, die beim Erwärmen plastisch verformbar sind und schließlich schmelzen. Andere zersetzen sich, ohne vorher weich geworden zu sein. Manche synthetisch hergestellen Materialien sind bei Zimmertemperatur elastisch, d. h. sie kehren nach mechanischer Beanspruchung wieder in ihren Ausgangszustand zurück, andere dagegen sind hart und spröde. Anhand ihrer physikalischen Eigenschaften lassen sich drei Gruppen von Kunststoffen unterteilen, die **Thermoplaste**, **Duroplaste** und **Elastomere**.

3.1 Eigenschaften und Struktur der thermoplastischen Kunststoffe

Thermoplastische Kunststoffe werden beim Erwärmen weich und gehen in den flüssigen Zustand über. Weich oder geschmolzen lassen sie sich leicht verformen und erstarren dann beim Abkühlen in ihrer neuen Form.

Diese physikalischen Eigenschaften lassen sich über den molekularen Aufbau der Thermoplaste erklären: Sie bestehen aus **linearen** oder nur wenig verzweigten Makromolekülen, die **nicht** miteinander **vernetzt** sind. Diese kettenförmigen Moleküle bilden ungeordnete „Molekülknäuel". Polymere mit **amorpher** Struktur sind glasartig, spröde und transparent. Allerdings können sich auch geordnete, **kristalline** Bereiche ausbilden, in denen die Moleküle parallel zueinander liegen. Die Höhe des Anteils an kristallinen Bereichen ist abhängig von der Gestalt der Makromoleküle sowie von der Art und der Stärke der zwischenmolekularen Kräfte.

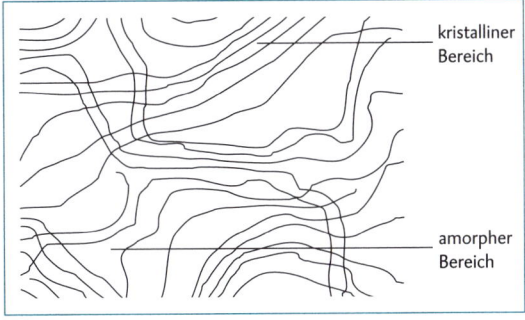

Abb. 21: Amorphe und kristalline Bereiche in einem thermoplastischen Kunststoff

Da ihre Molekülketten unterschiedlich lang sind (siehe S. 108), besitzen thermoplastische Kunststoffe keinen definierten Schmelzpunkt, sondern einen **Schmelzbereich**. Sie verhalten sich also wie ein Stoffgemisch. Zwischen den kettenförmigen Makromolekülen herrschen VAN-DER-WAALS-Kräfte oder Wasserstoffbrückenbindungen, die sich bei zunehmender Erwärmung leicht lösen und eine Verschiebung der Makromoleküle gegeneinander erlauben. Thermoplastische Werkstoffe mit überwiegend kristalliner Struktur haben höhere Schmelztemperaturbereiche als überwiegend amorphe.

> Die Eigenschaften eines Kunststoffes werden durch die **Molekülstruktur**, den **Kristallisationsgrad**, die **Kettenlänge** der Makromoleküle und deren **Molekülmasse** bestimmt.

Beispiel

Niedermolekulares Polyethen mit einer durchschnittlichen Molekülmasse unter 10 000 u ist wachsartig weich. Haushaltsgegenstände, die aus Polyethen bestehen, enthalten Makromoleküle mit einer durchschnittlichen Molekülmasse bis 30 000 u. Die Oberfläche von künstlichen Gelenken besteht aus ultrahochmolekularem Polyethen mit einer Molekülmasse über 10^6 u. Das Material besitzt hohe Festigkeit, gute Gleiteigenschaften und stoßdämpfende Wirkung.

Die folgende Grafik fasst das Verhalten **thermoplastischer Kunststoffe** beim Erwärmen zusammen:

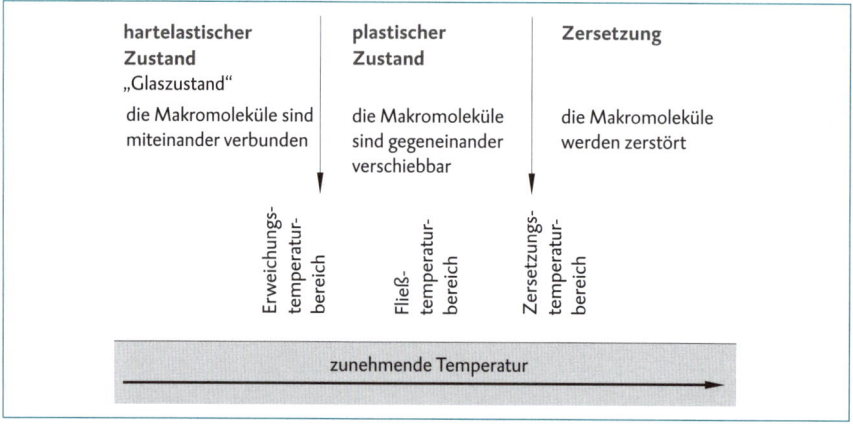

Abb. 22: Verhalten thermoplastischer Kunststoffe beim Erwärmen

Zu den thermoplastischen Kunststoffen gehören u. a. die zuvor bereits genannten Polymere PE, PS, PAN und PVC, ferner lineare Polyester, lineare Polyamide und lineare Polyurethane.

3.2 Eigenschaften und Struktur duroplastischer Kunststoffe

Im Gegensatz zu Thermoplasten werden **duroplastische Kunststoffe** wie Pheno- und Aminoplaste beim Erwärmen nicht weich oder zähflüssig. Sie lassen sich deshalb auch nicht in der Wärme verformen. Dieses Verhalten der Duroplaste beruht auf ihrer netzartigen Struktur. Die Monomere bilden hier durch echte Atombindungen dreidimensionale, eng miteinander **verknüpfte Makromoleküle**, die diesen Werkstoffen ihre hohe Festigkeit und Wärmebeständigkeit verleihen.

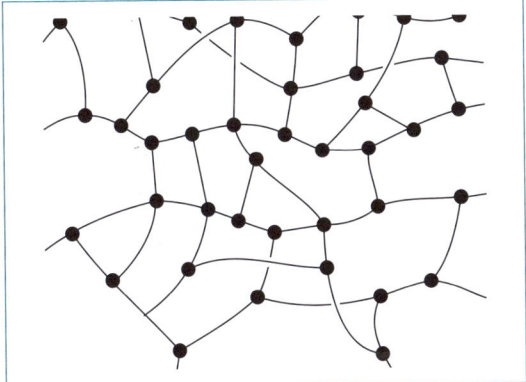

Abb. 23: Engmaschig verknüpftes Makromolekül eines duroplastischen Kunststoffs

Erhitzt man duroplastische Kunststoffe, so bleibt die dreidimensionale Struktur zunächst erhalten. Bei sehr hohen Temperaturen werden die Atombindungen aber gelöst, der Kunststoff zersetzt sich, man sagt, er „verkohlt". Duroplastische Werkstoffe müssen deshalb bereits bei ihrer Synthese in die erwünschte, endgültige Form gebracht werden. Nach dem Aushärten kann das Material dann nur noch durch Sägen, Bohren oder Schleifen bearbeitet werden.

3.3 Eigenschaften und Strukur der Elastomere

Die Form eines **Elastomers**, wie eines über Schwefelbrücken vernetzten Polydiens (siehe S. 109 und 122, Aufg. 100), ist durch mechanische Beanspruchung **gummielastisch** veränderbar. Elastomere nehmen ihre ursprüngliche Form wieder ein, wenn Zug- oder Druckkräfte nachlassen. Ihre elastischen Eigenschaften verdanken sie den **weitmaschigen Quervernetzungen** in ihren Makromolekülen, die eine „Überdehnung" verhindern. Die Wärmebewegung lässt sie nach Krafteinwirkung wieder in ihren „verknäulten" Zustand zurückkehren.

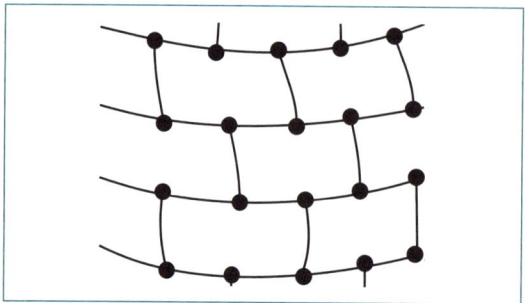

Abb. 24: Weitmaschig verknüpftes Makromolekül eines Elastomers

Wie duroplastische Werkstoffe sind Elastomere **nicht schmelzbar**. Ähnlich wie diese zersetzen sich Elastomere bei sehr hohen Temperaturen. Elastomere und Duroplaste werden daher nach dem gleichen Prinzip verarbeitet: Unter Einfluss von Hitze und Druck findet die Synthese direkt in der jeweils gewünschten Endform statt. Dabei werden Elastomere häufig noch einer besonderen Behandlung, der so genannten **Vulkanisation** unterzogen. Lineare Bereiche der Polymere werden dabei durch Zusatz von z. B. Schwefel miteinander vernetzt. Dies ist ein bedeutendes Verfahren zur Herstellung von Autoreifen.

Zusammenfassung

1. Anhand ihrer **Struktur** können die Kunststoffe in **Thermoplaste**, **Elastomere** und **Duroplaste** eingeteilt werden.

2. **Thermoplaste** sind durch eine **amorphe Struktur** gekennzeichnet. Die Polymerketten liegen völlig ungeordnet durcheinander. An manchen Stellen können sich Teile der Ketten durch Wasserstoffbrückenbindungen oder starke VAN-DER-WAALS-Kräfte parallel orientieren. Die kristallähnlichen Bereiche werden als **Kristallite** bezeichnet. Diese sind dann in die amorphe Struktur eingebettet. In diesem Glaszustand sind thermoplastische Kunststoffe spröde und hart. Bei Temperaturerhöhung werden die Thermoplaste weich und können in diesem Zustand durch verschiedene Formgebungsverfahren bearbeitet werden.

3. **Elastomere** sind weitmaschig vernetzte **gummielastische** Polymere. Unterhalb des Erweichungsbereiches sind die Elastomere im Glaszustand. Im Erweichungsbereich nimmt die Dehnbarkeit stark zu. Danach wird der gummielastische Zustand erreicht.

4. **Duroplaste** sind dadurch gekennzeichnet, dass die Ketten ein steifes und unbewegliches Netzwerk bilden. Solche Kunststoffe lassen sich nicht in eine zähflüssige Schmelze überführen. Sie lassen sich nur begrenzt deformieren.

Der Zusammenhang zwischen den Eigenschaften und der Struktur von Kunstoffen

Aufgaben

125. Zerkleinerte Proben von Polyethen und Polypropen werden in einer mit Aluminium ausgelegten Form erhitzt. Die Kunststoffe schmelzen beim Erhitzen, nach dem Abkühlen entstehen neue Formen. Begründen Sie diesen Sachverhalt.

    In einem weiteren Experiment wird eine kleine Probe von Polyvinylchlorid vollständig verbrannt. Nennen Sie einige Verbrennungsprodukte und beschreiben Sie deren Nachweise. Formulieren Sie dazu auch Reaktionsgleichungen.

126. Die folgenden Diagramme A und B zeigen die Abhängigkeit der Zugspannung und der Dehnung thermoplastischer Kunststoffe von der Temperatur. In A ist das Verhalten eines Thermoplasten ohne Kristallite, in B das eines Thermoplasten mit Kristallitbildung dargestellt.

    Skizzieren Sie für A und B je ein Strukturbild. Erläutern Sie den Begriff Kristallit. Interpretieren Sie die Kurven in den Diagrammen und beschriften Sie die einzelnen Bereiche. Zeichnen Sie ein entsprechendes Diagramm für einen Duroplasten.

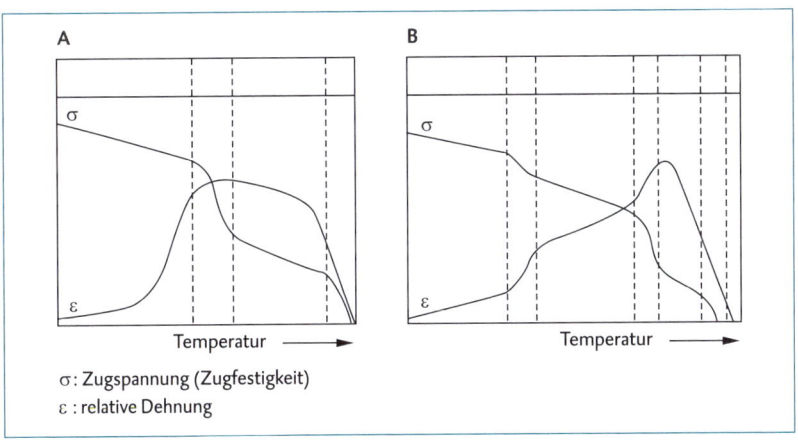

Abb. 25: Mechanische Eigenschaften thermoplastischer Kunststoffe in Abhängigkeit von der Temperatur

4 Verarbeitung von Kunststoffen

Kunststoffe fallen bei der industriellen Synthese in Form von Feststoffen, Flüssigkeiten, Lösungen oder Emulsionen an. Dies sind „Rohstoffe", die weiter verarbeitet werden, um Produkte mit definierten Eigenschaften zu erhalten.

4.1 Herstellung duroplastischer Formteile

Wie bereits erwähnt, sind **Duroplaste** weder in der Wärme verformbar noch schmelzbar. Sie lassen sich nach dem Erstarren nur noch mechanisch bearbeiten. Duroplastische Formteile lassen sich deshalb nur aus unvernetztem Ausgangsmaterial herstellen. Diesen Vorprodukten kann man je nach Bedarf **Füll- oder Farbstoffe** zusetzen. Dieses Gemisch wird dann in die „Gussform" eingebracht und reagiert dort in einer Polyreaktion zum duroplastischen Endprodukt. Dabei können auch Metalle oder faserartige Stoffe mit dem Duroplasten verbunden werden. Polyesterharze etwa kann man durch Zusatz eines Katalysators nachträglich aushärten. Der Polyester besitzt noch Doppelbindungen, die unter Einfluss des Katalysators homolytisch gespalten werden und so eine weitere radikalische Polymerisation auslösen. Im Verbund mit Glasfasermatten werden solche Polyester z. B. beim Bootsbau eingesetzt.

$$\left[-O-\overset{|}{\underset{|}{C}}-\overset{|}{\underset{|}{C}}-O-\overset{|}{\underset{|}{C}}-\overset{\overset{O}{\|}}{C}=\overset{|}{\underset{|}{C}}-\overset{\overset{O}{\|}}{C}-O-\overset{|}{\underset{|}{C}}-\overset{|}{\underset{|}{C}}-O-\overset{|}{\underset{|}{C}}-\overset{\overset{O}{\|}}{C}=\overset{|}{\underset{|}{C}}-\overset{\overset{O}{\|}}{C}- \right]$$

Polyester (Ausschnitt) mit Ansatzstellen für radikalische Polymerisationsreaktionen

↓ + metallischer Katalysator

dreidimensional vernetztes Produkt (Duroplast)

4.2 Verarbeitung thermoplastischer Werkstoffe

Der Verarbeitung von **Thermoplasten** geht zunächst eine Aufbereitung des in der chemischen Synthese gewonnenen Materials voraus. Das Rohmaterial, das als Feststoff vorliegt, wird zunächst mit Zusatzstoffen wie Weichmachern, Farbstoffen, Stabilisatoren etc. versetzt und homogen vermischt, eingeschmolzen und zu einem **Granulat** verarbeitet. Dieses „Halbzeug" wird den jeweiligen Betrieben zur Weiterverarbeitung zugeführt. Dort wird das Granulat erneut eingeschmolzen und durch Werkzeuge mit formgebenden Öffnungen gepresst: Durch „Breitschlitzdüsen" werden Bänder oder Platten erzeugt, durch „Ringdüsen" Rohre und Schläuche.

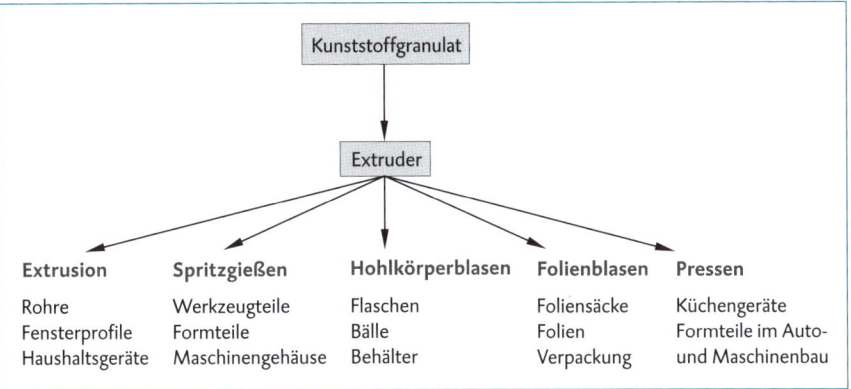

Abb. 26: Verarbeitungsverfahren für thermoplastische Kunststoffe im Überblick

4.3 Verarbeitung von Textilfasern

Auch zur Herstellung vieler Textilfasern kann von thermoplastischem Material ausgegangen werden. Polyamid- und Polyesterfasern erhält man ebenfalls aus einer Schmelze des Kunststoffes. Entweder wird der Faden direkt aus der Schmelze gezogen (siehe S. 113) und anschließend abgekühlt, oder das geschmolzene Material wird durch feine Düsen ausgepresst. Dabei handelt es sich um das so genannte „**Schmelzspinnverfahren**", das in der folgenden Abbildung gezeigt ist.

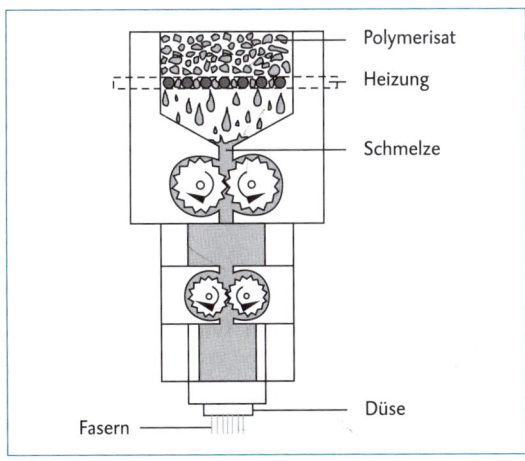

Abb. 27: Ablauf des Schmelzspinnverfahrens zur Verarbeitung thermoplastischer Werkstoffe zu Fasern

Acrylnitrile

Polyacrylnitrilfasern (Orlon®, Dralon®) zersetzen sich beim Schmelzen. Die Fasern müssen deshalb aus einer Lösung versponnen werden. Beim „**Nassspinnverfahren**" erhält man die Faser in einem Fällbad. Beim **Trockenspinnverfahren** verdampft das Lösungsmittel nach dem Austreten der Faser aus der Spinndüse. Die folgende Grafik zeigt das Prinzip dieses Spinnverfahrens:

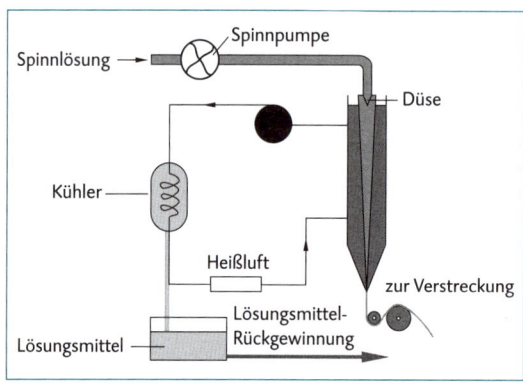

Abb. 28: Ablauf des Trockenspinnverfahrens zur Herstellung von Textilfasern

Amid

Die aus den verschiedenen Spinnverfahren gewonnenen Fasern sind zunächst nur wenig reißfest. Die Makromoleküle liegen überwiegend ineinander „verknäuelt" vor, nur wenige sind räumlich parallel zueinander orientiert. Diese „Rohfasern" zerreißen daher sehr leicht. „**Verstreckt**" man diese Fäden in der Wärme, so richten sich die Makromoleküle parallel aus. Dadurch kommen die kettenförmigen Makromoleküle sehr eng nebeneinander zu liegen und können eine Vielzahl intermolekularer Wasserstoffbrückenbindungen ausbilden. Die Fasern werden dadurch sehr reißfest:

ungeordnete Kettenmoleküle eines Polyamids vor dem Verstrecken:

parallele Anordung der Moleküle nach dem Verstrecken:

Amidgruppe (handwritten annotation)

← Wasserstoffbrückenbindungen →

Durch mehrmaliges, kurzes Verstrecken von Folien erhält man mikroporöse Membrane, die beispielsweise in der Dialyse eingesetzt werden. Auf ähnliche Art und Weise werden mikroporöse Fasern hergestellt, die für Wasserdampf durchlässig sind. Man findet sie in wasserdichter, atmungsaktiver Sportbekleidung wie der Gore Tex®-Membran.

4.4 Herstellung geschäumter Werkstoffe

Schaumstoffe erhält man entweder durch Aufschäumen einer zähflüssigen Kunststoffmasse oder durch Nebenreaktionen während der Entstehung des Kunststoffes. In diesen Nebenreaktionen entstehen gasförmige Reaktionsprodukte (siehe S. 118). Bei der Herstellung von Schaumstoffen aus Polyurethan etwa geht man von einem Gemisch der beiden Reaktionspartner aus, die in vorbereiteten Formen unter Verwendung eines Treibmittels zur Reaktion gebracht werden. Wie zuvor gezeigt, kann das Treibgas durch Zusatz von Wasser im Reaktionsgemisch selbst erzeugt werden.

142 | Kunststoffe

Zusammenfassung

1. **Formgebungsverfahren** für thermoplastische Kunststoffe sind Extrudieren, Spritzgießen, Kalandrieren, Blasformen und Verspinnen.

2. Beim **Extrudieren** (Strangpressen) wird eine aus Pulver oder Granulat bestehende Masse zwischen einem fest stehenden Zylinder und einer sich drehenden Schnecke verdichtet, aufgeschmolzen, durch Düsen gepresst und durch Abkühlung verfestigt. Rohre, Schläuche und Stäbe können so geformt werden.

3. Beim **Spritzgießen** wird die verdichtete und aufgeschmolzene Kunststoffmasse mit der Schnecke, die sich wie ein Kolben bewegt, durch eine Düse unter hohem Druck in die formgebende Höhlung des Spritzgießwerkzeugs gespritzt.

4. Beim **Folienpressen** (Kalandrieren) wird die plastische Masse durch gegenläufige Walzen zu dünnen Platten oder Folien gewalzt.

5. Beim **Hohlformblasen** (Blasformen) wird ein plastischer Strang durch Druckluft gegen die Wand einer Hohlform gedrückt.

6. Beim **Nassspinnen** wird die plastische Masse durch feine Düsen in ein Fällbad gedrückt. Die Polymere ballen sich zu Fäden zusammen.

7. Beim **Trockenspinnen** wird die Kunststofflösung durch Düsen gegen einen warmen Luftstrom gedrückt. Damit sich Moleküle ausgestreckt aneinander lagern und Fasern bilden, ist ein weiterer Verarbeitungsschritt notwendig, das **Verstrecken**: Die Kunststoffmasse wird beim Erstarren einer Zugkraft ausgesetzt. Die Molekülketten orientieren sich in Zugrichtung, haften z. B. durch Wasserstoffbrückenbindungen aneinander und bilden Fasern. Die Fäden erhält man durch Verdampfen des Lösungsmittels.

8. Bei **Duroplasten** wird die Pressmasse z. B. durch eine Düse in das Profil-Werkzeug gepresst. Dort erfolgt dann die Härtung.

9. **Schaumstoffe** entstehen z. B. aus Polyurethanen durch Reaktion der Diisocyanate mit Wasser unter Freisetzung von Kohlenstoffdioxid. Das Gas bewirkt die Aufschäumung.

Aufgaben

127. Im Jahr 1969 gelang es B. GORE Polytetrafluorethen (PTFE) durch Erhitzen und Verstrecken zu dünnen Filmen zu verarbeiten. Auf der Oberfläche der Filme bildeten sich unzählige Poren. Die Grundlage für moderne, wetterfeste Bekleidung und Sportausrüstungen war damit gefunden („Gore Tex®"). Dort sind die PTFE-Filme zwischen einem äußeren und inneren Gewebe eingebunden. Das Material wird auch zur Herstellung künstlicher Venen und Arterien verwendet. PTFE wird außerdem als Dichtungsband für Heizrohre und als Beschichtung der Unterseite von Bügeleisen und für Pfannen benutzt. Begründen Sie diese Verwendungen.

128. Bei der Verarbeitung von Kunststoffen werden Hilfsstoffe wie z. B. Stabilisatoren und Weichmacher eingesetzt.
Beschreiben Sie allgemein einige Funktionen dieser Hilfsstoffe. Erklären Sie die Funktion der Weichmacher mit dem molekularen Bau der Kunststoffe und jenem der Weichmacher.
Als Weichmacher werden z. B. Ester aus Phthalsäure und Octanol verwendet. Geben Sie die Strukturformel für ein solches Molekül an.

129. Beschreiben Sie das Prinzip der folgenden Formgebungsverfahren, die in der Kunststoffverarbeitung angewandt werden:
   a Extrusionsverfahren
   b Spritzgießen
   c Kalandrieren
   d Blasformverfahren
   e Spinnen

Beurteilen Sie, ob etwa die Kunststoffe PS und PP zur Herstellung von Formteilen nach dem Spritzgussverfahren geeignet sind.

5 Verwertung von Kunststoffabfällen

Kunststoffe sind Werkstoffe mit **vielseitig an den Verwendungszweck anpassbaren Eigenschaften**. Sie werden heutzutage daher für nahezu alle denkbaren Aufgaben eingesetzt. Das folgende Diagramm zeigt die Anteile der verschiedenen Anwendungen von Kunststoffen in der Technik, der Wirtschaft und anderen Bereichen unseres täglichen Lebens:

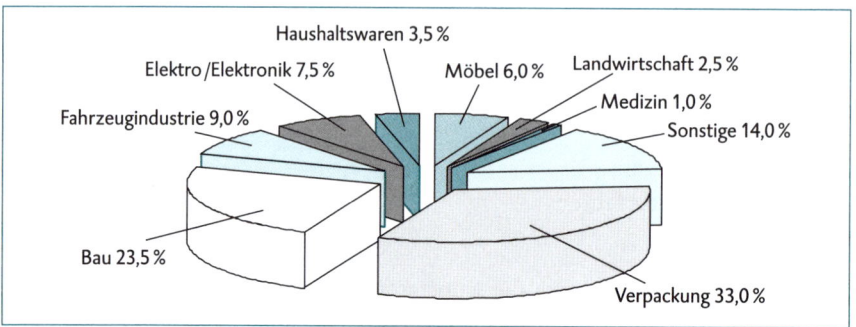

Abb. 29: Verbrauch von Kunststoffen in Deutschland im Jahre 2003 (Gesamtverbrauch für die Herstellung von Kunststoffprodukten: $10{,}6 \cdot 10^6$ t; nach Plastics Europe, Deutschland 2003)

Eine der wichtigsten Vorzüge vieler Kunststoffe, ihre **Haltbarkeit** und „Unverwüstlichkeit" wird allerdings dann zu einem großen Problem, wenn sie ihren Zweck erfüllt haben. Mit ca. 20 % am Gesamtvolumen nehmen Kunststoffabfälle im Hausmüll heutzutage in Deutschland einen beträchtlichen Anteil ein. Bei knapper werdenden Deponieflächen stellt sich zunehmend die Frage nach geeigneten Entsorgungsmaßnahmen für den Kunststoffmüll. Alternative Maßnahmen sind neben der generellen **Vermeidung** und **Verminderung** des Aufkommens an Kunststoffabfällen auch die **Wiederverwertung** oder **Verbrennung** dieser Abfälle.

Neben der Vermeidung ihrer Herstellung ist die gezielte Verwertung („**Recycling**") der anfallenden Kunststoffabfälle der sinnvollste Weg. Hierfür kommen drei Verfahren infrage:
- **werkstoffliche** Verwertung
- **rohstoffliche** Verwertung
- **energetische** Verwertung

In einem groben Trennverfahren wird der Wertstoffanteil des Hausmülls, der etwa in „Gelben Säcke" bereits vorsortiert ist, weiter aufgetrennt. Dazu werden die Säcke automatisch geöffnet und der Inhalt in Trommelsieben gereinigt und nach Größe getrennt. „Windsichter" blasen leichte Verpackungen, wie z. B. Plastikfolien und Papieranteile vom Fließband. Danach werden Metallanteile wie Weißblechdosen und Kronkorken von Magnetabscheidern herausgezogen, Aluminiumbestandteile werden durch Wirbelstromabscheider abgetrennt. Übrig bleiben alle Arten von **Kunststoffmaterialien**, die weiter in Folien, Flaschen, Becher, expandiertes Styropor und Mischkunststoffe sortiert werden.

Diese klassische Methode wird mehr und mehr durch innovativere Techniken ergänzt, die Kunststoffabfälle gemäß ihrer **chemischen Zusammensetzung** sortieren können. Kunststoffverpackungen können dadurch in PE-, PP-, PET-, PS- und Mischkunststoff-Fraktionen aufgetrennt werden. Das Fließschema einer modernen Trennanlage sieht folgendermaßen aus:

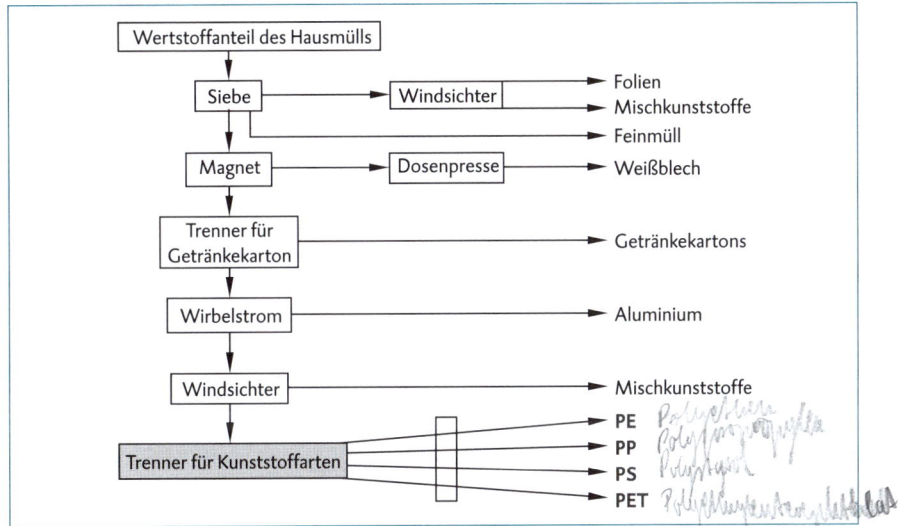

Abb. 30: Ablauf der Müllsortierung ausgehend von Wertstoffsammelsystemen wie dem „Gelben Sack"

5.1 Werkstoffliches Recycling

„*Aus Alt mach Neu*" ist das Motto des werkstofflichen Recyclings. Dazu müssen die Kunststoffabfälle möglichst **sortenrein getrennt** werden und **sauber** vorliegen. Dieses letzte Kriterium ist meist nur bei thermoplastischen Abfällen aus der Produktion von Kunststofffertigteilen erfüllt. Die Aufarbeitung beschränkt sich dann auf ein erneutes Zerkleinern, Mischen mit Neuware, Umschmelzen und die abschließende Formgebung.

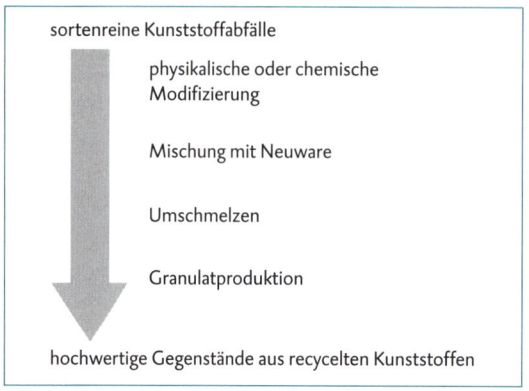

Abb. 31: Werkstoffliche Verwertung von Kunststoffabfällen

Werkstoffliche Recyclingverfahren sind im Vergleich zu den im Folgenden dargestellten rohstofflichen und energetischen Verwertungsverfahren besonders gut für **Verpackungskunststoffe** geeignet. Ein Beispiel hierfür ist das PET-Recyclingverfahren *„Bottle to Bottle"*: Aus nicht gefärbten, klaren PET-Flaschen lassen sich hochreine Recyclate gewinnen, die wiederum für die Produktion von Getränkeflaschen eingesetzt werden können. Aus bunten PET-Flaschen entstehen im Recycling-Prozess Textilfasern wie Polartec® für Fleece-Pullis, Schlafsäcke oder Isolationen.

Kunststoffe, deren Makromoleküle durch Wärmeeinwirkung bei der Verarbeitung oder durch Oxidation während des Gebrauchs geschädigt sind, lassen sich weniger gut aufarbeiten. Ein Produkt aus diesem Recycling-Material besitzt nicht die gleichen Eigenschaften wie ein aus den Ausgangsstoffen neu synthetisierter Kunststoff. Deshalb werden **„minderwertige"** Recyclate auch nicht mehr für Lebensmittelverpackungen, sondern nur noch zur Herstellung von Gartenzäunen, Fässern, Rohren usw. verwendet.

5.2 Rohstoffliche Verwertung

Nicht alle Kunststoffverpackungen aus dem Hausmüll lassen sich was die energetische Bilanz angeht sinnvoll zu neuen Produkten wiederverwerten. Kleinteilige und stark vermischte Kunststoffe können in der Industrie allerdings sehr effizient eingesetzt werden, um zum Beispiel Methanol zu erzeugen oder in der Stahlindustrie Reduktionsgas zu liefern. Bei diesen Verfahren werden die makromolekularen Polymere in ihre Monomere oder in Stoffgemische aus verschiedenen Alkanen, Alkenen und Aromaten umgewandelt. Diese Produkte können entweder zur Synthese neuer Ausgangsstoffe für die Kunststoffherstellung dienen oder in anderen industriellen Synthesen eingesetzt werden.

Man unterscheidet drei Verfahren der **rohstofflichen Verwertung**:
- petrochemische Verfahren
- solvolytische Verfahren
- Hochofenverfahren

Die folgende Tabelle stellt die wichtigsten Arbeitsschritte und Produkte dieser drei Verfahren vor:

Verfahren	was wird verwertet?	Endprodukte
petrochemische Verfahren		
Pyrolyse Erhitzen der Polymere unter Luftabschluss (Verschwelung)	gemischte Altkunststoffe	gesättigte und ungesättigte Bruchstücke von Kohlenwasserstoffen
Hydrierung Spaltung der Polymere bei hoher Temperatur und hohem Druck in Anwesenheit von Wasserstoff	gemischte Altkunststoffe	Gemische von Kohlenwasserstoffen für die Benzinherstellung
Synthesegaserzeugung Erhitzen in Gegenwart von Sauerstoff und Wasserdampf	gemischte Altkunststoffe	Kohlenstoffmonooxid und Wasserstoff
solvolytisches Verfahren		
Solvolyse (Hydrolyse) Umkehrung der Kondensationsreaktion	Polykondensationskunststoffe und Polyadditionskunststoffe	Monomere
Stahlerzeugung		
Hochofenverfahren Zerkleinerte Altkunststoffe werden dem Schweröl im Hochofen zur Reduktion des Eisenoxides zugesetzt	gemischte Altkunststoffe	Kohlenstoffmonooxid Kohlenstoffdioxid

Tab. 7: Die Verfahren der rohstofflichen Verwertung im Überblick

5.3 Energetische Verwertung

Bei der **energetischen Verwertung** ersetzen Kunststoffabfälle fossile Brennstoffe in der Industrie oder bei der Stromerzeugung. Der hohe Energiegehalt von Kunststoffen kann so zur Einsparung von Kohle, Öl und Gas beitragen. In Hausmüllverbrennungsanlagen erhöht die Zugabe von Kunststoffen den Heizwert des Brennmaterials. Bei diesen Verfahren ist die Absorption der Schadstoffe aus den Verbrennungsabgasen eine zentrale Aufgabe.

Bei der Verbrennung von Kunststoffen kommen als Schadstoffe infrage:
- giftige, krebserregende aromatische Verbindungen wie z. B. Benzol,
- Ammoniak,
- Chlorwasserstoff und Chlor sowie
- Dioxine wie TCCD („Seveso-Gift"; siehe S. 63 und 101, Aufg. 90)

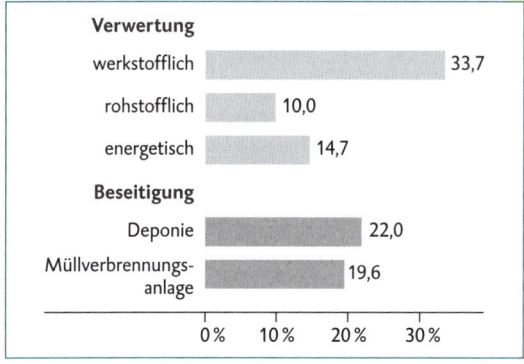

Abb. 32: Verwertung und Beseitigung von Kunststoffabfällen in Deutschland im Jahr 2003 (Quelle: Plastics Europe Deutschland)

Zusammenfassung

1. Kunststoffe können auf drei unterschiedliche Arten verwertet werden, durch **Werkstoff-Recycling**, **Rohstoff-Recycling** und durch **energetische Verwertung**.

2. **Werkstoff-Recycling:** Die **gemischte** Aufbereitung verwendet Kunststoffe verschiedener Sorten. Mischungen aus zerkleinertem Material werden gepresst. Die thermoplastischen Bestandteile erweichen beim Erwärmen und wirken als Leim. Die **sortenreine** Aufbereitung verwendet das zerkleinerte Material als Granulat zur Herstellung neuer Produkte.

3. Rohstoffliche Verwertung: **Hydrolyse** (Solvolyse): Polyester, Polyamide und Polyurethane können z. B. mit Wasserdampf und hohem Druck in die Monomere zerlegt werden. **Pyrolyse**/Pyrolyse mit Hydrierung: Thermische Zerlegung der Polymere unter Luftabschluss; um Verbindungen abzusättigen, wird Wasserstoff angelagert; es entstehen kleinere Molekülketten, z. T. auch Monomere wie etwa bei der Pyrolyse von Polystyrol oder von Polymethacrylsäuremethylester. Zur Trennung der Stoffgemische sind Destillationen nachgeschaltet. Die Produkte sind Gase, Öle und Wachse.

4. Bei der **energetischen Verwertung** wird die in den Kunststoffen gespeicherte Energie zurückgewonnen. Diese Energie wird dann zur Erzeugung von Strom, Dampf oder zur Bereitstellung von Prozesswärme genutzt.

5. Beim Einsatz im **Hochofen** entstehen Kohlenstoffmonooxid und Wasserstoff, die als Reduktionsmittel dienen.

Aufgaben

130. Kunststoffe können grundsätzlich auf drei verschiedene Arten verwertet werden. Nennen und beschreiben Sie diese.
Informieren Sie sich darüber auch im Internet, z. B. unter www.vke.de/de/umwelt/verwertung

131. Kartons aus Zellstoff (Cellulose) und Polyethen (PE) sind die Ausgangsmaterialien für die Herstellung von Getränkekartons für Frischmilch. Außen und innen sind Schichten aus PE aufgetragen. Für die Verpackung haltbarer Produkte wie Saucen, Säfte oder Suppen kommt noch eine dünne Schicht aus Aluminium hinzu. Die Abfolge ist hier: PE, Karton, PE, Al und PE.
Beschreiben Sie kurz die Funktionen von PE- und Aluminium-Beschichtungen.
Bei einem Recycling-Verfahren werden die zerkleinerten Kartons wie in einer Waschmaschine mit kaltem Wasser bewegt, in einem zweiten Teil werden die Fasern von den Folien abgeschwemmt. Die PE- und Aluminium-Anteile werden z. B. in der Zementindustrie weiter verwertet.
Ein anderes Verfahren nutzt die zerkleinerten Karton-Chips zur Herstellung eines neuen Werkstoffes mit dem Namen Tectan®. Die Chips werden auf eine mit Polytetrafluorethen beschichtete Metallplatte aufgetragen und mit einer zweiten, ebenso beschichteten Platte abgedeckt. Beide Platten werden bei 170 °C zusammengepresst. Aus dem neuen Material können z. B. Möbel hergestellt werden.
Erläutern Sie beide Verfahren.

Lösungen

1. Asymmetrische Kohlenstoffatome besitzen vier verschiedene Substituenten. Chemische Verbindungen mit einem asymmetrischen Kohlenstoffatom sind optisch aktiv, d. h. sie drehen die Schwingungsebene des linear polarisierten Lichts um einen charakteristischen Winkel. Die Messung dieses Winkels dient der Identifizierung der reinen Substanzen. In den Strukturformeln kennzeichnet man das asymmetrische Kohlenstoffatom durch einen Stern (*).

2. a Ein Polarimeter besteht aus einer Lichtquelle, einer Linse um paralleles Licht herzustellen, einem Polarisator, einer Küvette mit der zu untersuchenden Lösung, einem Analysator und einem Fernrohr.
   Ein Polarimeter dient zur Analyse der optischen Aktivität von Verbindungen, die in der Lage sind, die Schwingungsebene des polarisierten Lichtes zu drehen. Monochromatisches Licht tritt durch ein drehbares Prisma oder Filter, den Polarisator. Das auf diese Weise linear polarisierte Licht wird durch ein zweites, ebenfalls drehbares Prisma oder Filter, den Analysator betrachtet. Sind beide Prismen oder Filter parallel, tritt das polarisierte Licht aus und kann beobachtet werden. Dreht man den Analysator so, dass Analysator und Polarisator senkrecht stehen, so wird der Durchtritt des linear polarisierten Lichts verhindert, es herrscht Dunkelheit. Die optisch aktive Substanz in der Küvette dreht die Ebene des polarisierten Lichtes zusätzlich. Der Analysator muss um den Drehwinkel nachgedreht werden.
   b Der Drehwinkel α hängt von der Massenkonzentration c in [g·cm^{-3}] und der Schichtdicke ℓ in [dm] der Lösung ab: $\alpha = [\alpha]_D^{20} \cdot c \cdot \ell$

3. a, b, c, d structures (Weinsäure stereoisomers):
    - a: D-Form
    - b: D-Form
    - c: L-Form
    - d: L-Form

    Die Moleküle b und d sind Enantiomere. Die Moleküle a und c sind identisch, es handelt sich um die so genannte **Mesoform**, hier meso-Weinsäure. Diastereomer zueinander verhalten sich die Moleküle a und b bzw. a und d.

4. Zur Berechnung verwendet man die Formel $\alpha = [\alpha]_D^{20} \cdot c \cdot \ell$. D-Milchsäure besitzt einen spezifischen Drehwinkel $[\alpha]_D^{20} = -3{,}8° \cdot mL \cdot g^{-1} \cdot dm^{-1}$. Umgeformt und eingesetzt erhält man:

    $$c = \frac{-2° \cdot g \cdot dm}{-3{,}8° \cdot 2 \cdot cm^3 \cdot dm} = 0{,}26\, g \cdot cm^{-3}$$

    Die Milchsäurelösung besitzt eine Massenkonzentration von $0{,}26\, g \cdot cm^{-3}$.

5. Ausgehend von Glycerin (H₂C—OH, HC—OH, H₂C—OH):
    - a: Dihydroxyaceton
    - b: D-Glycerinaldehyd
    - c: L-Glycerinaldehyd

    Die Moleküle b und c sind Enantiomere.

6. Strukturformeln der Aldotetrosen:

a	b	c	d
H\C=O	H\C=O	H\C=O	H\C=O
H—C*—OH	HO—C*—H	H—C*—OH	HO—C*—H
H—C*—OH	H—C*—OH	HO—C*—H	HO—C*—H
CH_2OH	CH_2OH	CH_2OH	CH_2OH
D-Form	D-Form	L-Form	L-Form

Die Moleküle a und d bzw. b und c sind Enantiomere, a und b bzw. a und c sowie b und d und c und d Diastereomere.

7. (+) oder (−) bezeichnen den Einfluss einer optisch aktiven Substanz auf linear polarisiertes Licht. (+) steht für die Drehung im Uhrzeigersinn, (−) für die Drehung gegen den Uhrzeigersinn. L-Glucose etwa ist das linksdrehende Enantiomer, es muss als L-(−)-Glucose bezeichnet werden. D-Glucose dagegen dreht die Schwingungsebene des linear polarisierten Lichts nach rechts und wird daher als D-(+)-Glucose bezeichnet.

„α" oder „β" bezeichnet in den ringförmigen Pyranose- oder Furanose-Formen der Zuckermoleküle die beiden möglichen Anomere. Während des Ringschlusses aus der offenkettigen Aldehydform kann es zu zwei unterschiedlichen Orientierungen der Hydroxylgruppe am Kohlenstoffatom C1 kommen: Steht sie in der HAWORTH-Projektion unterhalb der Ringebene, so spricht man von der α-Form, ist sie entgegengesetzt orientiert, von der β-Form. Die beiden Isomere unterscheiden sich nur in ihrer Konfiguration am anomeren Kohlenstoffatom.

8. Die thermische Zersetzung der Glucose liefert u. a. Wasser. Das farblose Kondensat am kleinen Reagenzglas enthält Wasser. Der Nachweis erfolgt z. B. mit wasserfreiem Kupfersulfat:

$CuSO_4$ + 5 H_2O ⟶ $CuSO_4 \cdot 5\,H_2O$
grau   blau

Der Rückstand besteht aus Kohlenstoff:

$\overset{0}{C}$ + 2 $\overset{-II}{Cu(II)O}$ ⟶ $\overset{+IV-II}{CO_2}$ + 2 $\overset{0}{Cu}$
Redoxreaktion
Oxidationsmittel ist schwarzes Kupferoxid

CO_2 + $Ca(OH)_2$ (aq) ⟶ $CaCO_3$ ↓ + H_2O
weißer Niederschlag (Trübung) von Calciumcarbonat

Glucose enthält die Elemente Kohlenstoff, Wasserstoff und Sauerstoff.

9. VAN-DER-WAALS-Kräfte und Wasserstoffbrückenbindungen bedingen den kristallinen Zustand. Die Hydroxylgruppen umgeben sich mit Wasserdipolen, dadurch zerfällt die „Gitterstruktur".
Die Reaktionsgleichung für die Verbrennung lautet:
$$C_6H_{12}O_6 + 6\,O_2 \longrightarrow 6\,CO_2 + 6\,H_2O$$
Für die Stoffmenge ergibt sich:
$$n = \frac{m}{M} = \frac{4\,g}{180\,g}\,mol = \frac{1}{45}\,mol$$
$$\frac{n(CO_2)}{n(Glucose)} = \frac{6}{1} \Rightarrow n(CO_2) = 6 \cdot n(Glucose) = \frac{6}{45}\,mol$$
Für das Volumen gilt:
$$n = \frac{V}{V_N} \text{ oder } V(CO_2) = n(CO_2) \cdot V_N = \frac{6}{45}\,mol \cdot 22{,}4\,L \cdot mol^{-1} = 2{,}99\,L$$
Unter Normbedingungen entstehen ca. 3 Liter Kohlenstoffdioxid-Gas.

Oxidation	$C_6H_{12}O_6 + 6\,H_2O \longrightarrow$	$6\,CO_2 + 24\,H^+ + 24\,e^-$
Reduktion:	$24\,Fe^{3+} + 24\,e^- \longrightarrow$	$24\,Fe^{2+}$
Redoxreaktion:	$C_6H_{12}O_6 + 6\,H_2O + 24\,Fe^{3+} \longrightarrow$	$6\,CO_2 + 24\,H^+ + 24\,Fe^{2+}$

10. Reaktionsgleichung:

[Strukturformel: Glucose + 5 H₃C–COOH → Pentaacetylester der Glucose + 5 H₂O]

$$M(Ester) = M(C_6H_{12}O_6) + 5\,M(CH_3COOH) - 5\,M(H_2O) = (180 + 300 - 90)\,g \cdot mol^{-1} = 390\,g \cdot mol^{-1}$$

$$Z(OH) = \frac{M(Ester) - M(Glucose)}{42} = \frac{(390-180)\,g \cdot mol^{-1}}{42\,g \cdot mol^{-1}} = 5$$

Im Glucosemolekül wird pro veresterter Hydroxylgruppe eine Acetylgruppe hinzugefügt und ein Wasserstoffatom abgespalten. Die Molekülmasse erhöht sich somit um 42 u. Für ein mol Hydroxylgruppen sind dies entsprechend $42\,g \cdot mol^{-1}$. Die Anzahl ergibt sich somit durch Division der Molmassendifferenz $M(Ester) - M(Glucose)$ mit 42.

[Strukturformel: Acetylgruppe $CH_3-C(=O)-$]

Acetylgruppe

11. a FEHLING I ist eine Kupfer(II)-sulfat-Lösung, FEHLING II eine alkalische Lösung des Kalium-Natrium-Salzes der Weinsäure („Tartrat"). Das anfangs dunkelblaue Gemisch aus gleichen Teilen beider FEHLING'scher Lösungen färbt sich nach Zugabe von Glucose-Lösung und vorsichtigem Erwärmen ziegelrot. Es bildet sich rotes, unlösliches Cu(I)-oxid:

Reduktion: $2 \overset{+II}{Cu}{}^{2+} + 2e^- + 2OH^- \longrightarrow \overset{+I}{Cu_2}O + H_2O$

Oxidation: $\underset{R}{H-\overset{+I}{C}(=O)} + 2OH^- \longrightarrow \underset{R}{HO-\overset{+III}{C}(=O)} + 2e^- + H_2O$

Redoxgleichung: $2Cu^{2+} + \underset{R}{H-C(=O)} + 4OH^- \longrightarrow Cu_2O + \underset{R}{HO-C(=O)} + 2H_2O$

b [Struktur: β-D-Glucopyranose] + CH_3-CH_2-OH $\xrightarrow{(H_3O^+)}$

[Struktur: Ethyl-β-glucopyranosid mit $O-CH_2-CH_3$ am anomeren C] + H_2O

Ethyl-β-glucopyranosid reagiert nicht mit FEHLING'scher Lösung, da am anomeren Kohlenstoff die für den positiven Verlauf der Reaktion notwendige Ringöffnung nicht mehr möglich ist. In der Hydroxylgruppe am anomeren Kohlenstoff ist das Wasserstoffatom bei der Bildung des Glucosids durch eine Ethylgruppe ersetzt worden, eine oxidierbare Aldehydgruppe kann damit nicht gebildet werden.

12. • Bei der **Silberspiegel-Probe** (Tollens-Probe) gibt man in einem Reagenzglas zu einer 5%-igen Silbernitrat-Lösung so lange konzentrierte Ammoniak-Lösung, bis sich der entstehende Niederschlag gerade wieder aufgelöst hat. Dann gibt man die Lösung der Aldohexose hinzu und erwärmt im Wasserbad. Die Aldohexose bildet in alkalischer Lösung eine Aldehydgruppe. Diese wirkt reduzierend, sodass sich elementares Silber, der „Silberspiegel" abscheidet.

- Zur Durchführung der FEHLING'schen Probe mischt man in einem Reagenzglas FEHLING'sche Lösung I (Kupfer(II)-sulfat-Lösung) und FEHLING'sche Lösung II (alkalische Lösung von Kalium-Natrium-Tartrat) zu gleichen Teilen. Eine klare, tiefblaue Lösung entsteht. Zu dieser Lösung gibt man die Aldohexose-Lösung und erwärmt im Wasserbad. Die Aldehydgruppe wird oxidiert und die zweiwertigen Kupferionen werden reduziert. Man beobachtet einen Farbumschlag von blau nach ziegelrot, unlösliches Kupfer(I)-oxid (Cu_2O) fällt aus.
- Bei der SCHIFF'schen Probe gibt man zu farbloser fuchsinschwefliger Säure in zwei verschiedenen Reagenzgläsern zum einen Aldohexose-Lösung und zum anderen Acetaldehyd. Im Reagenzglas mit Acetaldehyd kann eine deutliche Rotfärbung als Nachweis auf die Aldehydgruppe beobachtet werden, während man im Aldohexoseansatz keine Farbveränderung feststellen kann. Die Beobachtung erklärt sich aus der Tatsache, dass die Aldohexose in saurer Lösung fast ausschließlich als Halbacetal vorliegt.

13. a

```
      CH₂OH                    CH₂OH
       |                        |
  H — C — OH               H — C — OH
       |                        |
 HO — C — H               HO — C — H
       |                        |
  H — C — OH              HO — C — H
       |                        |
  H — C — OH               H — C — OH
       |                        |
      CH₂OH                    CH₂OH

     D-Sorbit                 D-Galactit
```

b Die Sorbitmoleküle sind chiral. Bild und Spiegelbild können nicht zur Deckung gebracht werden. Sie bilden ein Enantiomerenpaar. Die Lösung ist optisch aktiv. Im Galactit-Molekül ist eine Symmetrieebene vorhanden – senkrecht zu der Bindung zwischen C 3 und C 4. Bild und Spiegelbild sind identisch (Mesoform). Es gibt keine Enantiomere. Die Lösung ist optisch nicht aktiv.

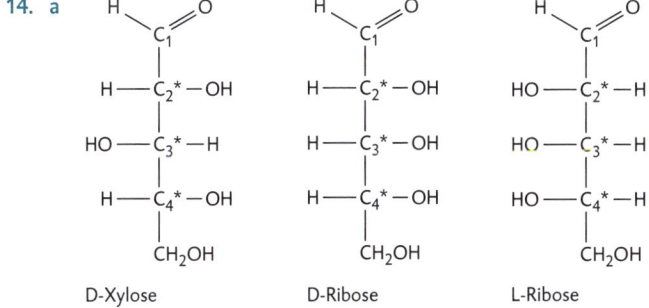

Die FEHLING-Probe ist positiv. Die halbacetalische Hydroxylgruppe am Kohlenstoffatom C 1 im Glucosebaustein ist nicht blockiert. Der Ring kann sich öffnen. Eine oxidierbare Aldehydgruppe liegt vor.

14. a

Die D-/L-Bezeichnung bezieht sich auf die Stellung der Hydroxylgruppe am untersten asymmetrischen Kohlenstoffatom in der FISCHER-Projektionsformel. Die D-Form bezeichnet diejenige Verbindung, bei der die OH-Gruppe rechts steht (lat.: *dexter* = rechts). In der L-Form ist die OH-Gruppe dementsprechend links gerichtet (lat.: *laevus* = links).

D- und L-Form unterscheiden sich in der Konfiguration aller asymmetrischer Kohlenstoffatome, verhalten sich also wie Bild und Spiegelbild und sind daher Enantiomere. Bei den beiden gezeigten Strukturen der D- und L-Ribose-Form muss zur Festlegung der D-/L-Bezeichnung das Kohlenstoffatom C4 betrachtet werden.

b HAWORTH-Projektionsformeln der D-Xylose:

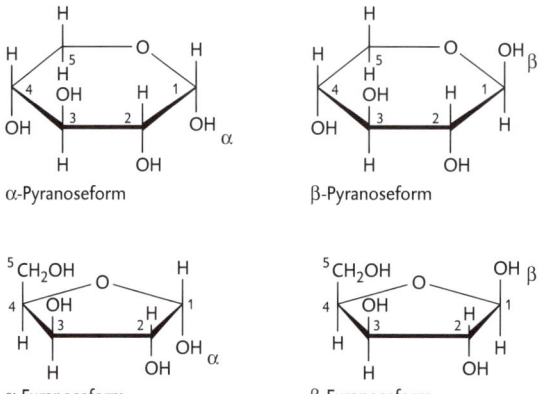

15. a Die Strukturformel der Isomaltulose zeichnet man wie folgt:

b Nur ein Ausschnitt des betroffenen Kohlenstoffatoms wird gezeichnet:

Ein weiteres asymmetrisches Kohlenstoffatom wurde gebildet, damit existieren zwei isomere Hydrierungsprodukte.

c **Saccharose:** FEHLING-Probe verläuft negativ, 1,2-Glycosidbindung.
Isomaltulose: FEHLING-Probe verläuft positiv, 1,6-Glycosidbindung. Der Fructosebaustein kann in alkalischen Lösungen zu Glucose isomerisieren (Aldehydgruppe an C1).
Isomalt: FEHLING-Probe verläuft negativ. Der hydrierte Fructosebaustein kann sich nicht mehr zu Glucose isomerisieren.

16. a Strukturformel der Saccharose mit 1,2-glycosidischer Bindung:

Die Hydrolyseprodukte sind α-D-Glucose und β-D-Fructose.

Inversion: Der Drehwinkel der Lösung ändert sich von (+) nach (–). Der spezifische Drehwinkel der Saccharose beträgt +66,5, derjenige der Glucose +52 und der Wert der Fructose $-92°\,mL\cdot g^{-1}dm^{-1}$. Fructose dreht also stärker nach links, als Glucose nach rechts.

Weitere Untersuchungsmöglichkeit: Trennung durch **Chromatografie**. Auf die Startlinie eines Dünnschicht-Plättchens gibt man je mit einer Kapillare kleine Proben einer Saccharose-Lösung und des Hydrolysats sowie der entsprechenden Vergleichssubstanzen Glucose und Fructose. Das Plättchen wird in einen Tank mit Laufmittel gebracht. Das Laufmittel wandert über die Startflecken hinweg und die Substanzen werden mit verschiedener Geschwindigkeit mitgeführt. Die Trennung erfolgt je nach Löslichkeit im Laufmittel und Adsorption an der dünnen Schicht. Nach Markierung der Laufmittelfront und Trocknung wird das Plättchen mit einem Reagenz besprüht und danach im Trockenschrank bei über 100 °C entwickelt. Es entstehen Farbflecken. Die Identifizierung erfolgt entweder durch Zuordnung von Flecken auf gleicher Höhe (bei Verwendung von Vergleichssubstanzen) oder durch Bestimmung der R_f-Werte und deren Vergleich mit Tabellenwerten. Die Flecken vom Hydrolysat müssen mit denen der Vergleichssubstanzen Glucose und Fructose übereinstimmen.

Beispiele für Laufmittel und Sprühreagenz zur Trennung von Zuckern:
- Essigsäureethylester, Eisessig und Ameisensäure bei Cellulose-Plättchen
- Essigsäureethylester, 2-Propanol und Wasser bei Kieselgel-Plättchen
- Anilinphthalat als Sprühreagenz

b Die Strukturformeln der D-Tagatose:

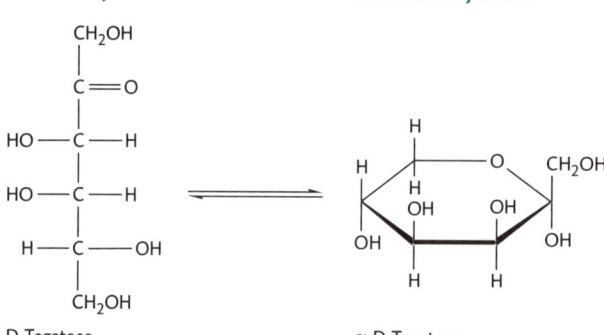

Fischer-Projektion: D-Tagatose
Haworth-Projektion: α-D-Tagatose

c Eine 1,2-Glycosidbindung muss vorliegen, dann sind beide Halbacetalgruppen blockiert:

17. a Rohrzucker besteht aus Saccharosemolekülen. Durch Protolyse entstehen aus den Milchsäuremolekülen Lactationen und H_3O^+-Ionen. Die H_3O^+-Ionen katalysieren die Spaltungen der Glycosidbindungen.

Protolysereaktion:

Die saure Hydrolyse der Saccharose läuft folgendermaßen ab:

Saccharose

[Strukturformeln: α-D-Glucose + β-D-Fructose ⇌ (Produkt)]

b Mit dem Polarimeter erfolgt die Messung der Drehwinkel. Die Inversion des Rohrzuckers muss erfolgt sein. Der Endwert des Gemisches beträgt $[\alpha]_D^{20} = -20° \cdot mL \cdot g^{-1} \cdot dm^{-1}$, ausgehend von $[\alpha]_D^{20} = +66{,}5° \cdot mL \cdot g^{-1} \cdot dm^{-1}$, dem Drehwinkel der Saccharose.

18. Die Strukturformel der Gentianose in HAWORTH-Projektion:

19. Cellulose ist ein kettenförmiges Makromolekül. Es enthält D-Glucoseeinheiten, die β-(1→4)-glycosidisch verknüpft sind. Ein Ausschnitt aus der Makromolekülkette der Cellulose ist im Folgenden gezeigt.

Etwa 50 Kettenmoleküle lagern sich möglichst parallel aneinander, Wasserstoffbrückenbindungen bilden sich zwischen den einzelnen Kettenmolekülen aus, wodurch Elementarfibrillen entstehen. Die parallele Anordnung wird auch durch Wasserstoffbrückenbindungen innerhalb einer Kette, jeweils zwischen benachbarten Hydroxylgruppen der Positionen 6 und 2, stabilisiert. Durch die starken zwischenmolekularen Kräfte bilden sich Bereiche in Form eines Kristallgitters aus, die auch als Micellen bezeichnet werden. Schematisch vereinfacht sieht dies folgendermaßen aus:

Die Elementarfibrillen wiederum lagern sich parallel oder verdrillt aneinander. Der Zusammenhalt erfolgt ebenfalls über Wasserstoffbrückenbindungen und VAN-DER-WAALS-Kräfte. Die Fibrillen „verhaken" sich, wodurch Mikrofibrillen entstehen. Mikrofibrillen werden zu Fäden versponnen.

20. Bei dem Disaccharid aus dem Hydrolysat der Cellulose handelt es sich um Cellobiose:

Im Unterschied zur Maltose handelt sich bei Cellobiose um ein Disaccharid mit β-(1→4)-glycosidischer Verknüpfung von β-D-Glucosebausteinen, bei Maltose von α-D-Glucosemolekülen.

21. a Die Makromoleküle der Polysaccharide sind so groß, dass sie nur noch kolloidal gelöst werden können.
    b Amylose und Amylopektin sind aus α-D-Glucosebausteinen aufgebaut. In der **Amylose** sind die Glucosebausteine α-(1→4)-verknüpft:

Das Kettenmolekül ist schraubig gewunden und besitzt Helix-Struktur. Iod-Moleküle können in die Helix eingelagert und durch VAN-DER-WAALS-Kräfte gebunden werden. Eine blaue Iod-Stärke-Einlagerungsverbindung bildet sich. Sie kann durch Kochen zerstört werden, weil die VAN-DER-WAALS-Kräfte durch Wärmezufuhr überwunden werden. Beim Abkühlen bildet sich die blaue Einlagerungsverbindung zurück.

Im **Amylopektin** sind die Glucosebausteine α-(1→4)- und α-(1→6)-verknüpft:

Durch α-(1→6)-Verknüpfungen entstehen Verzweigungen. Eine regelmäßige Helix kann sich hier nicht ausbilden. Die Iodfärbung ist nicht mehr typisch.

Aufgrund der β-(1→4)-Verknüpfung besteht **Cellulose** aus linearen Kettenmolekülen, die sich parallel zueinander anordnen. Da sich keine Helices bilden, ist der Nachweis mit Iod hier negativ.

22. Bei tiefen Temperaturen läuft die Verknüpfung der Glucosemoleküle durch Polykondensation zum Makromolekül, z. B. zur Amylose, sehr langsam ab, während der Abbauvorgang schneller abläuft. Die Spaltprodukte, zunächst Oligosaccharide, später Glucose, überwiegen daher. Diese bedingen den süßen Geschmack „erfrorener" Kartoffeln.

    Amylose ist die lösliche Form der Stärke. Die Löslichkeit lässt sich durch Erhitzen verbessern. Die Lösungen bilden beim Eintrocknen Filme. Dies liegt an der Ausbildung von Wasserstoffbrückenbindungen zwischen den Ketten. Das Amylopektin, die unlösliche Form der Stärke, verhindert die Bildung der Filme. Durch die Salzsäure wird das Amylopektin (Aufspaltung der 1,6-Verknüpfungen) teilweise hydrolysiert, in Amylose umgewandelt und diese zu etwas kürzeren Ketten abgebaut. Glycinmoleküle schieben sich zwischen die Ketten und halten, ebenfalls über Wasserstoffbrückenbindungen, Wasser zurück. Dadurch wird beim Eintrocknen eine Auskristallisation und die Bildung spröder Bereiche verhindert. Die Natronlauge neutralisiert die Salzsäure und stoppt so den weiteren Abbau.

23. Ausschnitt aus einer Polysaccharid-Kette mit β-D-Xylose-Bausteinen:

24. Ausschnitt aus einer Inulin-Kette:

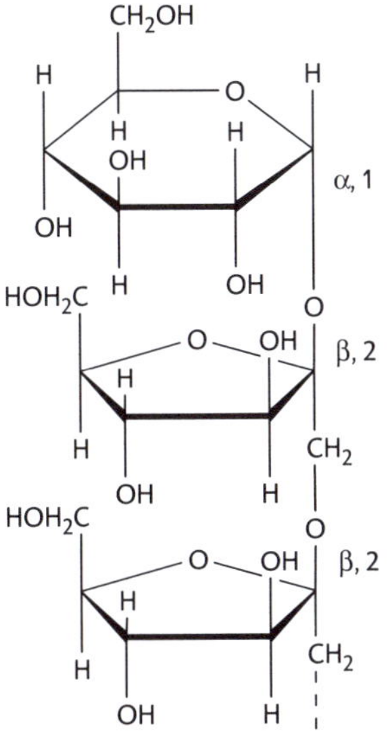

[Strukturformel eines Ausschnitts einer Inulin-Kette mit α,1- und β,2-glykosidischen Bindungen]

25.

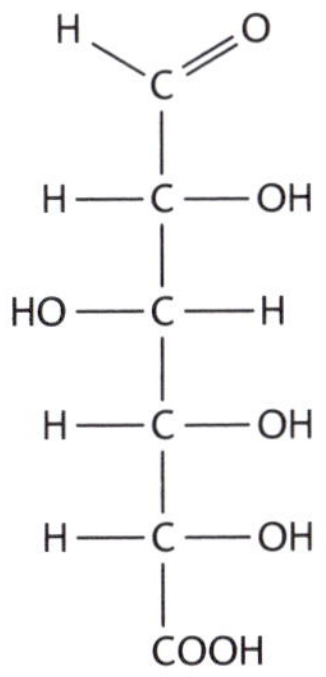

[Fischer-Projektion von D-Glucuronsäure]

D-Glucuronsäure

[Fischer-Projektion von N-Acetylglucosamin]

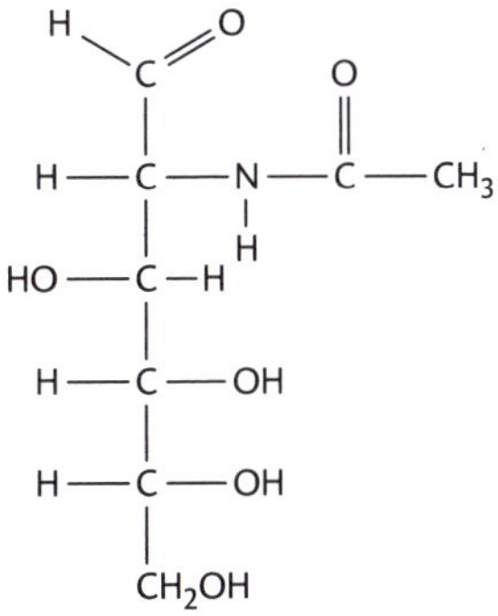

N-Acetylglucosamin

Ausschnitt aus einer Hyaluronsäure-Kette, z. B.:

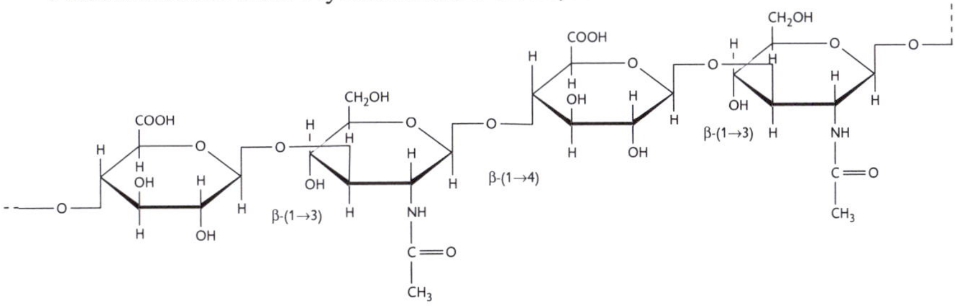

[Strukturformel eines Ausschnitts einer Hyaluronsäure-Kette mit β-(1→3)- und β-(1→4)-glykosidischen Bindungen]

26. a Aminosäuren sind Carbonsäuren mit einer zweiten funktionellen Gruppe. Bei natürlichen Aminosäuren befindet sich diese Gruppe immer am Kohlenstoffatom, das der Carboxylgruppe benachbart ist, in α-Stellung oder Position 2 also.

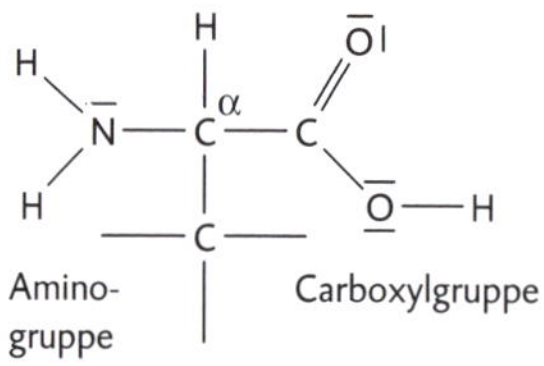

[Strukturformel einer α-Aminosäure mit Aminogruppe und Carboxylgruppe]

b Aminosäuren enthalten Stickstoff. Beim Erhitzen zersetzen sie sich, wobei Ammoniak-Gas frei gesetzt wird. Dieses reagiert mit dem Wasser des angefeuchteten Indikatorpapiers. Eine alkalisch reagierende Lösung entsteht, was durch die Blaufärbung angezeigt wird:

$$NH_3 + H_2O \rightleftharpoons NH_4^+ + OH^-$$

Beim Kochen in alkalischer Lösung werden Sulfid-Ionen aus Cystein abgespalten. Diese reagieren mit Blei-Ionen zu schwarzem Bleisulfid:

$$S^{2-} + Pb^{2+} \longrightarrow PbS\,(s)$$

c [Strukturformel: $H_3C-C(NH_2)(H)-C(H)(H)-COOH$]

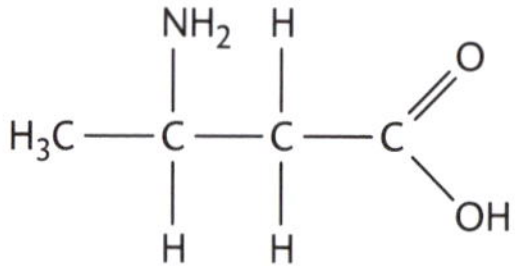

β-Aminobutansäure

α- und β-Aminobutansäure haben dieselbe Summenformel. Sie unterscheiden sich in der Position der Aminogruppe (Positionsisomerie).

27. a CH_3-CH_2-COOH

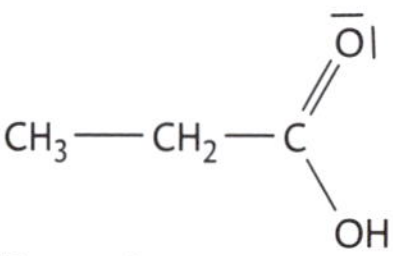

Propansäure

Zwischen den Propansäuremolekülen wirken VAN-DER-WAALS-Kräfte sowie Wasserstoffbrückenbindungen:

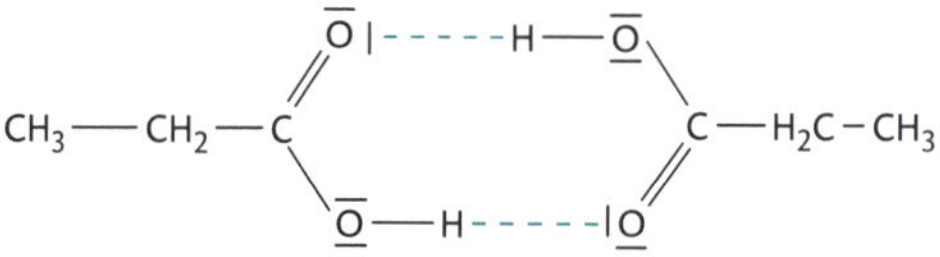

[Dimerstruktur zweier Propansäuremoleküle mit Wasserstoffbrückenbindungen]

- - - - = Wasserstoffbrückenbindung

b Elektrostatische Kräfte zwischen den Alanin-Zwitterionen bedingen starke intermolekulare Kräfte. Ein Kristallgitter bildet sich.

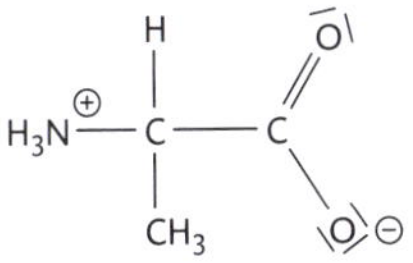

28. **a** Die Carboxylatgruppe wirkt als Base:

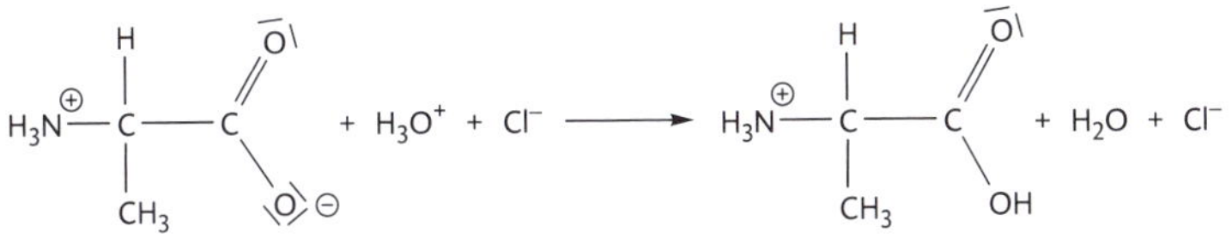

b Die Ammoniumgruppe wirkt als Säure:

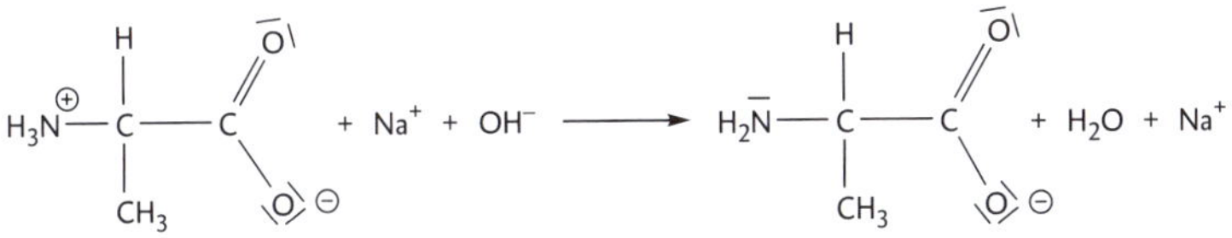

Aminosäuren wirken als Puffer: Man kann geringe Mengen an Säure oder Lauge zugeben, ohne dass sich der pH-Wert merklich ändert.

29. **a**

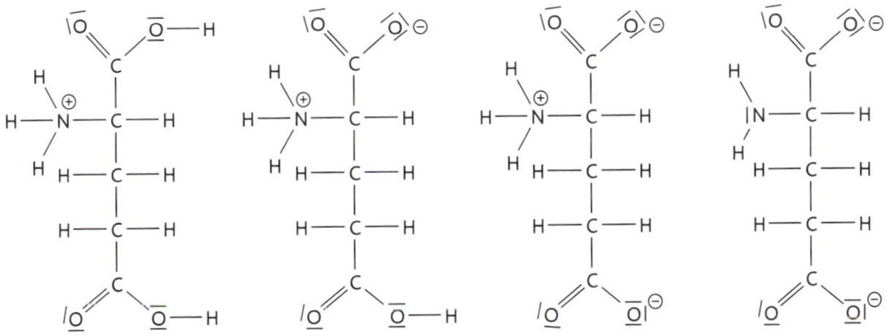

pH = 1
Kation

Zwitterion

Anion

pH = 13
Anion

b

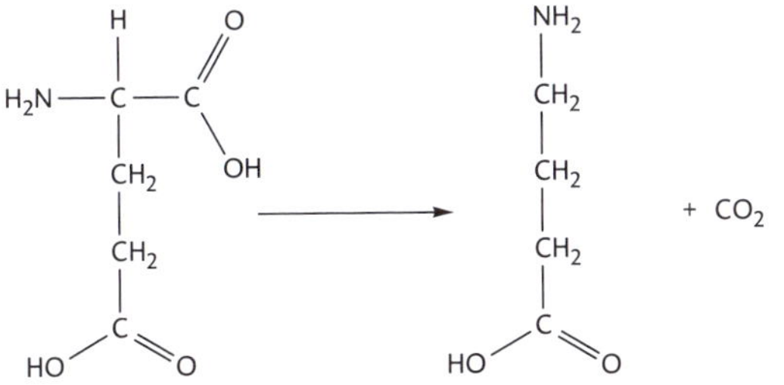

Glutaminsäure → 4-Aminobutansäure (Neurotransmitter) + CO_2

Reaktionstyp: Decarboxylierung (Abspaltung von CO_2)

30. a

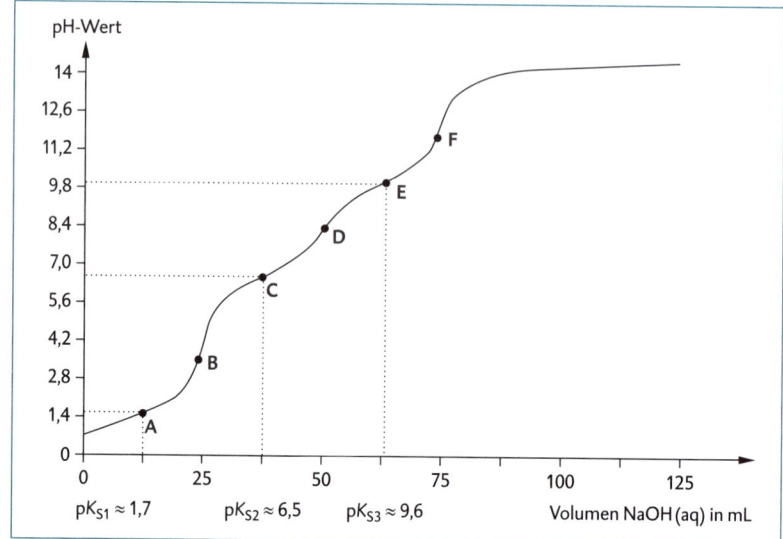

Bei den Punkten A bis F der Kurve gelten folgende Beziehungen:
A: Äquimolare Mengen der Formen 1 und 2 liegen vor.
B: Form 2 liegt überwiegend vor.
C: Äquimolare Mengen der Formen 2 und 3 liegen vor.
D: Form 3 liegt überwiegend vor.
E: Äquimolare Mengen der Formen 3 und 4 liegen vor.
F: Form 4 liegt überwiegend vor.

b M(Histidin) = 155 g · mol^{-1}. Für die Stoffmenge gilt:

$$n = \frac{m}{M} = \frac{1{,}94\,g}{155\,g}\,mol = 0{,}0125\,mol$$

$n(H_3O^+)$ ergibt sich aus $c = \frac{n}{V}$ oder $n(H_3O^+) = c \cdot V = 1\,mol \cdot L^{-1} \cdot 0{,}025\,L = 0{,}025\,mol$

Für das Stoffmengenverhältnis gilt:

$n(H_3O^+) : n$(Histidin) = 0,025 mol : 0,0125 mol = 2 : 1

Zur Protonierung der Carboxylat-Ionen und der Seitenketten benötigt man für 1 mol Histidin-Ionen gerade 2 mol H$_3$O$^+$-Ionen.

Für die Lösung: c(Lösung) $= \frac{n}{V} = \frac{0{,}0125\,mol}{0{,}025\,L} = 0{,}5\,mol \cdot L^{-1}$

31. Die Einteilung erfolgt nach polar/unpolar bzw. sauer/basisch.

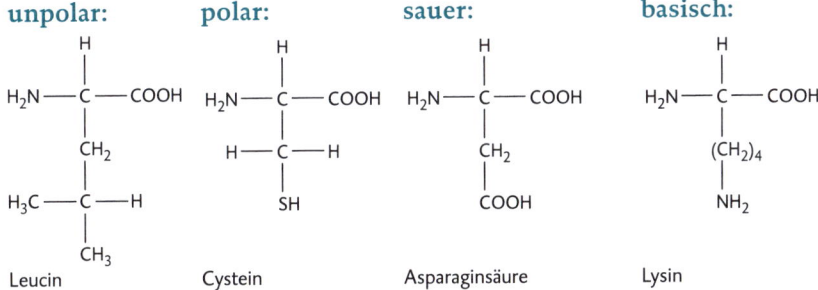

32. 2-Amino-3-methyl-butansäure

  a unpolarer Rest, längere Kette, schlechter löslich als b

  2-Amino-3-hydroxy-propansäure

  b polare Hydroxylgruppe bessere Wechselwirkung mit Wasserdipolen als bei a

  Isomere der 2-Amino-3-hydroxy-butansäure

33.

a NH₂—CH(COOH)—CH₂OH + HCOOH ⇌ NH₂—CH(COOH)—CH₂—O—CHO + H₂O

2-Amino-3-hydroxy-propansäure   Ameisensäure   Ester

b NH₂—CH(COOH)—CH₂OH + HO—CH₃ ⇌ NH₂—C(COOCH₃)(H)—CH₂OH + H₂O

2-Amino-3-hydroxy-propansäure   Methanol   Ester

Carboxyl- und Hydroxylgruppen reagieren unter Wasserabspaltung miteinander. Es handelt sich um Kondensationsreaktionen.

34.
Ein Fingerabdruck besteht u. a. aus Schweiß, Talg und Hautpartikeln, in denen Aminosäuren enthalten sind. Der Nachweis erfolgt durch Besprühen der Unterlage mit Ninhydrin-Lösung. Nach Erwärmung werden violette Farbflecke an den Stellen sichtbar, an denen Aminosäuren vorliegen.

35.
Dünnschichtchromatografie: Startlinie, Substanzgemisch mit Kapillaren auftragen, Vergleichssubstanzen auftragen, stationäre Phase, mobile Phase, Laufmittelfront, Höhe der entwickelten Flecke vergleichen oder R_f-Werte

Elektrophorese: Elektrolytlösung in Elektrophoresekammer, getränktes Filterpapier mit Pufferlösung. Die Elektrolytlösung muss definierten pH-Wert besitzen, Aminosäuren liegen in Zwitterionen-, Kation- oder Anionform vor. Anlegen einer Gleichspannung, Wanderung der Aminosäuren, Anfärben mit Ninhydrin.

36.

H₂N—CH(R₁)—COOH + H—NH—CH(R₂)—COOH → H₂N—CH(R₁)—CO—NH—CH(R₂)—COOH + H₂O

Es handelt sich um eine Kondensationsreaktion. Unter Abspaltung eines kleinen Moleküls (hier Wasser) entsteht eine dimere Struktur. Die gebildete, charakteristische Gruppe ist die Peptidgruppe.

37.

H₂N—CH₂—C(=O)—N(H)—C(H)(CH₂SH)—C(=O)—N(H)—C(H)((CH₂)₄NH₂)—C(=O)OH

Gly – Cys – Lys

38. Die Bindungen in der Peptidgruppe weisen folgende Charakteristika auf:
- Alle beteiligten Atome liegen in einer Ebene.
- Der C–N-Abstand in der Peptidgruppe ist kleiner als der bei Aminen.
- Um die C–N-Achse besteht keine freie Drehbarkeit.

Der Bindungszustand kann außerdem mit mesomeren Grenzformeln beschrieben werden, die C–N-Bindung besitzt partiellen Doppelbindungscharakter. Durch diese Mesomerie lässt sich die „Starrheit" in der Struktur von Peptidmolekülen erklären.

39. Polypeptide sind Makromoleküle, deren Monomere, die Aminosäuren, über Peptidbindungen miteinander verknüpft sind.

40. Die Primärstruktur eines Proteins bezeichnet die Abfolge (Sequenz) der Aminosäuren im Polypeptidstrang. Die Primärstruktur wird ermittelt
- durch den EDMAN-Abbau mit anschließender chromatografischer Identifizierung der N-terminalen Aminosäuren,
- durch Abbau der C-terminalen Aminosäuren mit dem Enzym Carboxypeptidase und anschließender chromatografischer Identifizierung,
- durch enzymatische Zerlegung in Bruchstücke aus mehreren Aminosäuren. Die Kombination der Bruchstücke ergibt die Primärstruktur, weil die jeweils verwendeten Enzyme nur die Peptidbindungen zwischen bestimmten Aminosäuren spalten können.

41. Die Sekundärstruktur beschreibt sich regelmäßig wiederholende, räumliche Anordnungen der Aminosäuren in einer Peptidkette. Beispiele sind die α-Helix oder die β-Faltblattstruktur. Diese Strukturen werden durch Ausbildung von intra- oder intermolekularen Wasserstoffbrückenbindungen zwischen C=O- und N–H-Gruppen von Peptidgruppen stabilisiert.

42. Die α-Helix- oder β-Faltblattstruktur kann eine übergeordnete, „verknäuelte" Struktur besitzen, etwa so, wie man einen zu einer Spirale aufgewickelten Draht noch zusätzlich verwinden kann. Solche **Tertiärstrukturen** werden durch Disulfidbrücken (Cys–S–S–Cys), Wasserstoffbrückenbindungen, Ionenbindungen zwischen funktionellen Gruppen und VAN-DER-WAALS-Kräfte stabilisiert.

Wenn sich mehrere Polypeptidketten zu einer Funktionseinheit zusammenlagern, spricht man von der **Quartärstruktur**. Darin können auch Nicht-Protein-Anteile auftreten. Stabilisiert wird die Zusammenlagerung funktioneller Untereinheiten durch dieselben Kräfte, die auch die Tertiärstruktur stabilisieren.

43. Quartärstruktur: Das Insulinmolekül ist aus zwei verschiedenen Untereinheiten A und B aufgebaut, diese sind durch Disulfidbrücken miteinander verbunden.
Tertiärstruktur: Verdrillung der Ketten A und B im Raum
Sekundärstruktur: z. B. Helices der Ketten A und B
Primärstruktur: Reihenfolge der 21 Aminosäuren in der Kette A und der 30 Aminosäuren in der Kette B

Synthese des Threoninmethylesters aus Threonin und Methanol:

$$H_2N-CH(CH(OH)CH_3)-C(=O)-OH + CH_3OH \longrightarrow H_2N-CH(CH(OH)CH_3)-C(=O)-OCH_3 + H_2O$$

Threonin   Methanol   Threoninmethylester

Verknüpfung des Esters mit der Aminosäure Lysin:

$$\text{---}HN-CH((CH_2)_4NH_2)-C(=O)-NH-CH(CH(OH)CH_3)-C(=O)-OCH_3$$

Reaktionsschema für die **Verseifung**:

$$\text{---N---CH---C(=O)---N---CH---C(=O)---OCH}_3 + H_2O \longrightarrow$$

mit Seitenketten: H, (CH$_2$)$_4$–NH$_2$ an erstem CH; H an zweitem N; CH–OH–CH$_3$ an zweitem CH

$$\text{---N---CH---C(=O)---N---CH---C(=O)OH} + H_3C\text{---OH}$$

mit Seitenketten: H, (CH$_2$)$_4$–NH$_2$ an erstem CH; H an zweitem N; CH–OH–CH$_3$ an zweitem CH

44. Bei der Denaturierung werden Bindungen aufgehoben, die die dreidimensionalen Strukturen eines Proteins stabilisieren. Dabei geht die chemische und biologische Funktion des Proteins häufig verloren.
    - Disulfidbrücken werden durch Reduktionsmittel gelöst.
    - Wärmeeinwirkung und extreme pH-Werte heben Wasserstoffbrückenbindungen auf.
    - NH_3^+- und $-COO^-$-Gruppen können protolysieren, es entstehen ungeladene Amino- bzw. Carboxylgruppen. Damit fallen elektrostatische Anziehungskräfte zwischen den ionischen Gruppen weg.

45. Enzyme sind aus Proteinen aufgebaut. Sie haben die Funktion von Biokatalysatoren, die sowohl innerhalb als auch außerhalb von lebenden Systemen wirken können. Sie beeinflussen die Geschwindigkeit von chemischen Reaktionen in Abhängigkeit von der Temperatur. An ihrer Oberfläche weisen Enzyme spezifische dreidimensionale Bindungsstellen (aktive Zentren) zur Bindung der von ihnen umgesetzten Substrate auf. Temperaturerhöhung, pH-Veränderung oder Schwermetallionen können die Funktion der Enzyme stören, da sie ihre Raumstruktur verändern.

46. Enzyme können jeweils nur ein bestimmtes Substrat umsetzen.
    - Das Substrat passt in das aktive Zentrum des Enzymmoleküls wie ein Schlüssel in ein Schloss (Schlüssel-Schloss-Prinzip).
    - Dies stellt sicher, dass kein anderes Substrat vom betreffenden Enzym umgesetzt wird (Substratspezifität).
    - Enzyme katalysieren nur bestimmte Reaktionen (Wikungsspezifität).

47. Die Sulfonamidmoleküle können sich, da sie ähnlich gebaut sind wie die p-Aminobenzoesäure-Moleküle, an das aktive Zentrum eines Enzyms der Folsäure-Synthese anlagern, ohne aber umgesetzt zu werden. Die Enzymmoleküle sind dann für die Umsetzung des Substrates p-Aminobenzoesäure blockiert. Die Folsäure kann nicht synthetisiert werden.

Der Mensch kann Folsäure nicht selbst aufbauen, daher kann die „Synthesemaschinerie" bei ihm auch nicht gestört werden. Folsäure muss als Vitamin der B_2-Gruppe mit der Nahrung aufgenommen werden.

48. a

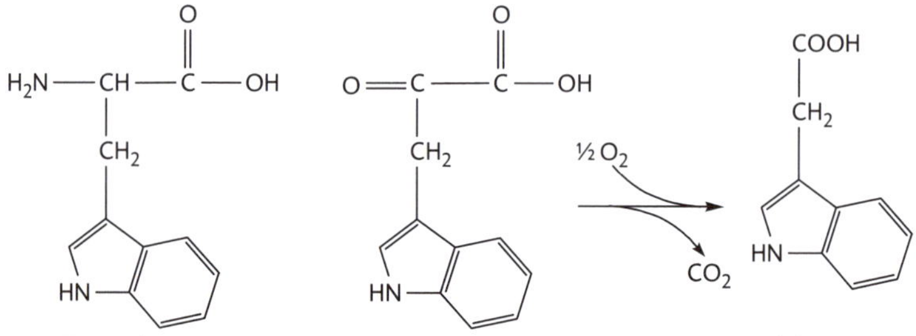

Tryptophan → Oxosäure → Indolessigsäure (+ ½ O_2, − CO_2)

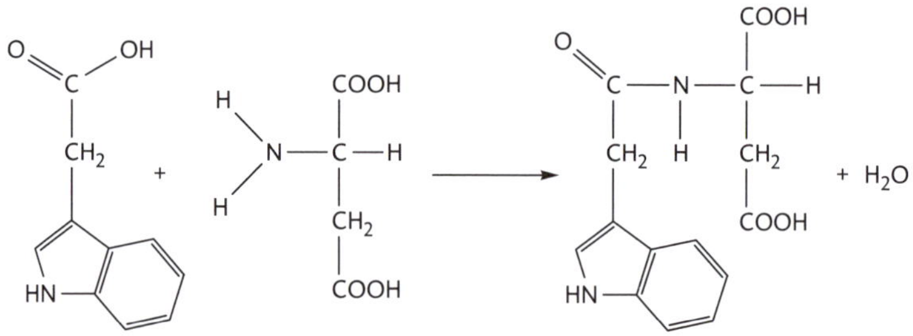

Indolessigsäure + Asparaginsäure → Indolacetylasparaginsäure + H_2O

b

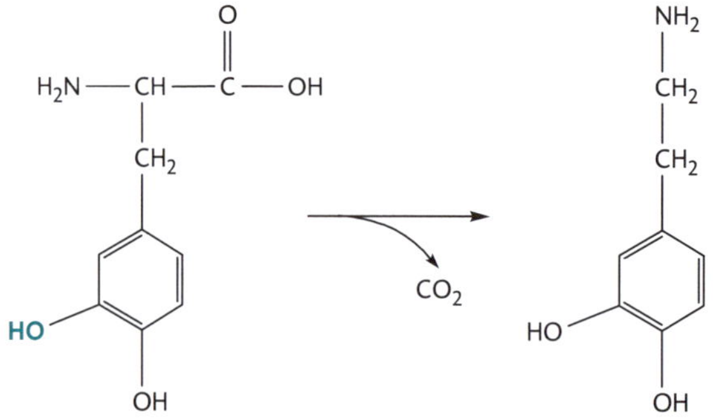

Das Produkt der ersten Reaktion: 4,5-Dihydroxyphenylalanin → Dopamin (Neurotransmitter) (− CO_2)

c Tryptophan und Tyrosin sind aromatische Aminosäuren. Wasserstoffbrückenbindungen sind möglich bei
- Tyrosin über die Hydroxylgruppe: —$\overset{\delta^-}{O}$—$\overset{\delta^+}{H}$
- Tryptophan über die $\overset{\delta^-}{N}$—$\overset{\delta^+}{H}$-Gruppe.

Auxine sind eine Gruppe pflanzlicher Verbindungen, die als Phytohormone das Pflanzenwachstum regulieren (www.wissenschaft-online.de/abo/lexikon/biok/1136)

Neurotransmitter spielen eine Rolle bei der Übertragung elektrischer Informationen zwischen Nervenzellen (www.medizinfo.de/kopfundseele/alzheimer/synaptische_uebertragung.shtml; www.medizinfo.de/kopfundseele/alzheimer/neurotransmitter.shtml)

49.

D-Glucose $\xrightarrow{\text{Glucoseoxidase}}$ D-Gluconsäure

D-Glucose + O_2 + H_2O → D-Gluconsäure + H_2O_2

Durch die Membran gelangen Wasser und Glucosemoleküle in das Innere des Teststreifens. Große Moleküle, z. B. Enzyme, können nicht durch die Membran wandern. Die Bewegung der Glucosemoleküle durch die Membran geschieht durch Diffusion.

50. Enzyme finden z. B. Verwendung in der Industrie, der Medizin, der Wissenschaft und der Biotechnologie:
- Arzneimitteltests: Arzneimittel hemmen/fördern Enzymfunktionen
- Medizinische Diagnostik: Entdeckung von Krankheiten
- Nachweis von Substraten durch Umsetzen mit Enzymen
- Reinigung: Waschmittel enthalten fettspaltende Enzyme (Lipasen)
- Unterstützung von Stoffwechselvorgängen, z. B. der Verdauung durch Lactase oder Bromelain
- Herstellung von Käse (Zugabe von Labferment), etc.

51. Ribose und Desoxyribose sind Monosaccharid-Moleküle mit je fünf Kohlenstoffatomen (Pentosen). Am Kohlenstoffatom C 2 der Desoxyribose befindet sich ein Wasserstoffatom, keine Hydroxylgruppe wie bei Ribose.

52. Neben anderen Molekülen sind die organischen Basen Thymin, Adenin, Cytosin und Guanin Bausteine der DNA. Diese Basen sind Heterocyclen mit der Grundstruktur von Pyrimidin bzw. Purin. Ein Nucleosid ist eine Verbindung aus dem Zucker Ribose oder Desoxyribose und einer der organischen Basen. Ein Nucleotid ist die Verbindung aus einem Nucleosid und einem anorganischen Phosphorsäurerest.

53. Watson-Crick-Modell der DNA: Die DNA besteht aus zwei Ketten, die sich schraubenartig um eine gemeinsame Achse winden. In den Ketten wechseln sich die Pentose Desoxyribose und Phosphatgruppen ab. Sie bilden immer dieselbe Sequenz. Diese hydrophilen Bausteine, die das Rückgrat der Doppelhelix zusammensetzen, liegen auf der Außenseite. Die zahlreichen Hydroxylgruppen können mit Wasserdipolen in Wechselwirkung treten. In beiden Ketten hängt an jedem Zucker jeweils eine Base, die wie die Sprossen einer Leiter senkrecht zur Längsachse orientiert und über Wasserstoffbrückenbindungen miteinander verbunden sind. Die Basenpaar-Sprosse besteht aus einem Purin- und einem Pyrimidin-Baustein (Adenin/Guanin und Thymin/Cytosin – komplementäre Basenpaare). Die ringförmigen Basenbausteine sind annähernd eben gebaut und übereinandergestapelt. Sie üben Kräfte aufeinander aus, z. B. van-der-Waals- und Dipol-Dipol-Kräfte, und stabilisieren so die Struktur.
Die Reihenfolge der Basen könnte als Primärstruktur bezeichnet werden. Die schraubenförmige Anordnung der Stränge entspricht der Sekundärstruktur. Die Verdrillung zur Doppelhelix im Raum ist eine Tertiärstruktur.

54. Das Lösungsmittel Benzin besteht aus einem Gemisch von Kohlenwasserstoffen, dies sind unpolare Substanzen. Wasser ist ein polares Lösungsmittel. Aus der Löslichkeit in Benzin folgt, dass Benzol aus unpolaren Molekülen besteht. Aus der rußenden Flamme kann gefolgert werden, dass das Verhältnis Kohlenstoff : Wasserstoff zugunsten des Kohlenstoffs verschoben ist; Benzol ist eine ungesättigte Verbindung. Die negativen Nachweise auf Doppelbindungen deuten darauf hin, dass die Reaktionen des Benzols nicht denjenigen eines Cyclohexatriens entsprechen. Sie zeigen einen „ausgeglichenen Bindungscharakter".

$$H_2C=C-C=C-C=CH_2 + 3\,Br_2 \xrightarrow{\text{Addition}} H_2C-C-C-C-C-CH_2$$
(mit H an den mittleren C und Br an den äußeren bzw. entsprechend)

1,3,5-Hexatrien

55. Bei Benzol verlaufen die Addition von Brom und die Baeyer'sche Probe auf Doppelbindungen negativ. Bei den angegebenen Verbindungen sind die Reaktionen positiv. Die Substitutionsreaktionen bei Benzol zeigen, dass alle Kohlenstoffatome gleichwertig sind. Dies ist bei den gegebenen Formeln nicht der Fall.

56. Benzin ist die Bezeichnung für eine Mischung von Kohlenwasserstoffen. Die Endung „-in" deutet auf ungesättigte Verbindungen mit einer Dreifachbindung zwischen Kohlenstoffatomen hin. Die Endung „-ol" weist ebenfalls auf eine Stoffklasse hin, auf die der Alkanole. Die Substanz Benzol ist aber ein Reinstoff. Die Endung „-en" ist ein Hinweis auf ungesättigte Verbindungen mit Doppelbindungen. Hier reihen sich die Kerkulé-Formeln ein.

Abspaltung von CO_2 durch Erhitzen (Decarboxylierung):

$$C_6H_5\text{-COOH} \longrightarrow CO_2 + C_6H_6$$

oder: $3\,H_2C_2 \longrightarrow C_6H_6$

n-Hexan

$$\xrightarrow[\text{Katalysator}]{-4\,H_2}$$

oder: C_6H_{14} $\xrightarrow{\text{Katalysator}}$ $C_6H_6 + 4\,H_2$

57. Dewar-Formeln:

Die Substitution eines Wasserstoffatoms im Benzol ergibt nur ein Monosubstitutionsprodukt, z. B.:

Brombenzol

Aus dieser Tatsache folgt die Gleichwertigkeit der sechs Wasserstoffatome. In der Dewar-Formel gibt es unterschiedlich gebundene Wasserstoffatome, die nicht gleichwertig sind. Es müsste daher zwei unterscheidbare Monosubstitutionsprodukte geben. Die Substitution von zwei Wasserstoffatomen liefert bei Benzol drei Produkte:

ortho-
Dibrombenzol

meta-
Dibrombenzol

para-
Dibrombenzol

Bei der Dewar-Form gibt es sechs Disubstitutionsprodukte, z. B.:

Der hier erwartete Reaktionstyp ist der einer Additionsreaktion.

58. Symmetrischer Sechsring, alle Bindungen gleich lang, länger als eine Doppelbindung, kürzer als eine Einfachbindung. Die Elektronenverteilung liegt zwischen den beiden Kekulé-Grenzformeln:

59. Die Hydrierung des offenen Hexatriens liefert einen Wert von etwa $3 \cdot (-125{,}5)$ kJ·mol^{-1} = $-376{,}5$ kJ·mol^{-1}.
Die Hydrierung von drei Doppelbindungen im zyklischen System ergibt $3 \cdot (-120)$ kJ·mol^{-1} = -360 kJ·mol^{-1}.
Folgerung: Der aromatische Bindungszustand ist unter diesen Systemen der energieärmste. Dieser energiearme Zustand wird bei den Reaktionen des Benzols bevorzugt.

60. Bindungsenergie für Benzol:
    drei Einfachbindungen im Molekül:
    3 mol · 348 kJ·mol^{-1} = 1 044 kJ für drei mol Bindungen

    drei Doppelbindungen im Molekül:
    3 mol · 614 kJ·mol^{-1} = 1 842 kJ für drei mol Bindungen

    sechs Kohlenstoff-Wasserstoffbindungen im Molekül:
    6 mol · 413 kJ·mol^{-1} = 2 478 kJ für sechs mol Bindungen

    Bindungsenergie gesamt für 1 mol Benzolmoleküle: $-5\,364$ kJ

    Bildungsenthalpie:
    $6\,C(s) + 3\,H_2(g) \rightleftharpoons C_6H_6$ (1) $\Delta_f H^0 = 83$ kJ·mol^{-1}

    Sublimationsenergie:
    $6\,C(s) \rightleftharpoons 6\,C(g)$ (2) $\Delta H_1 = (6 \cdot 717)$ kJ = 4 302 kJ

    Dissoziationsenergie:
    $6 \cdot 0{,}5\,H_2(g) \rightleftharpoons 6\,H(g)$ (3) $\Delta H_2 = (6 \cdot 218)$ kJ = 1 308 kJ

    Subtraktion der Gleichungen 2 und 3 von Gleichung 1:
    $6\,C(s) + 3\,H_2(g) - 6\,C(s) - 3\,H_2(g) \rightleftharpoons C_6H_6 - 6\,C(g) - 6\,H(g)$
    $6\,C(g) + 6\,H(g) \rightleftharpoons C_6H_6$

    Für die Enthalpiewerte gilt entsprechend:
    $\Delta H = \Delta_f H^0 - (\Delta H_1 + \Delta H_2) = (83 - 4\,302 - 1\,308)$ kJ·mol^{-1} = $-5\,527$ kJ·mol^{-1}

    Die Differenz zwischen der frei gesetzten molaren Bindungsenergie und ΔH ergibt die Mesomerieenergie ΔH_M:

    $\Delta H_M = -5\,364$ kJ·mol^{-1} $-$ $(-5\,527$ kJ·mol$^{-1})$ = 163 kJ·mol^{-1}

61. Für die Masse m gilt:

$m = \rho \cdot V = 0{,}1 \text{ mL} \cdot 0{,}879 \text{ g} \cdot \text{mL}^{-1} = 0{,}0879 \text{ g}$

Das reduzierte Volumen V_r ergibt sich aus:

$V_r = V_g \cdot \text{RF} = 28 \text{ mL} \cdot 0{,}889 = 24{,}89 \text{ mL}$ (V_g: gemessenes Volumen, RF: Reduktionsfaktor)

$M [\text{g} \cdot \text{mol}^{-1}] \triangleq 22\,400 \text{ mL} \cdot \text{mol}^{-1}$; Verhältnisgleichung: $\dfrac{M}{22\,400} = \dfrac{0{,}0879}{24{,}89}$

$0{,}0879 \text{ g} \triangleq 24{,}89 \text{ mL}$

$$M = \frac{0{,}0879 \cdot 22\,400}{24{,}89} \text{ g} \cdot \text{mol}^{-1} = 79{,}1 \text{ g} \cdot \text{mol}^{-1} \quad (\text{Literaturwert: } 78 \text{ g} \cdot \text{mol}^{-1})$$

62.
- Viele Derivate des Benzols besitzen einen angenehmen Geruch. Aufgrund des starken Aromas nennt man die Stoffe „aromatische Verbindungen" (nach HOLLEMANN, RICHTER, 1954).
- Verbindungen, die einen oder mehrere Benzolkerne enthalten, bezeichnet man als „benzoide Aromaten" (zitiert in J. NEUS: Aromatizität, Internet-Recherche, 05).
- Unter „Aromaten" versteht man Benzol und Derivate des Benzols oder andere, benzolähnliche Stoffe, die ein ringförmiges Molekülgerüst mit einem ebenfalls ringförmigen delokalisierten Elektronensystem haben (siehe Internet-Recherche).
- „Aromatische Verbindungen" haben eine große Mesomerieenergie, sie sind deshalb besonders stabil (Chemie heute, SCHROEDEL 2002).
- Zu den „aromatischen Verbindungen" zählt man heute, außer dem Benzol und seinen Derivaten, auch solche Verbindungen, die sich durch einen planaren Bau der Moleküle und eine hohe Mesomeriestabilisierung auszeichnen (siehe Internet-Recherche).

63. Der aromatische Zustand liegt vor, wenn eine Verbindung einen ebenen Ring und ein ringförmig geschlossenes π-Elektronensystem aufweist. Dazu sind insgesamt $(4n + 2)$ π-Elektronen erforderlich ($n = 0, 1, 2, 3, \ldots$).

Cyclobutadien: 4 π-Elektronen, nach der Hückel-Regel müssten sich mit $n = 1$ die Zahl von 6 π-Elektronen ergeben, kein Aromat

1,3-Cyclohexadien: 4 π-Elektronen, für $n = 1$ müssten sich 6 π-Elektronen ergeben, kein Aromat

Cyclooctatetraen: 8 π-Elektronen, für $n = 2$ ergibt die Regel 10 π-Elektronen, kein Aromat

Naphthalin: 10 π-Elektronen, ein Aromat

Anthracen: 14 π-Elektronen, Aromat, für $n = 3$ ergibt die Formel gerade 14 π-Elektronen

64. **Cyclohexan:** radikalische Substitution mit UV-Licht/Hitze:

Cyclohexan + Br$_2$ →(UV-Licht) HBr + Bromcyclohexan

Cyclohexen: elektrophile Addition an die Doppelbindung im Dunkeln:

Cyclohexen + Br$_2$ → 1,2-Dibromcyclohexan

Benzol: elektrophile Substitution in der Kälte/mit Katalysator:

Benzol + Br$_2$ (+ AlBr$_3$) → HBr + Brombenzol (+ AlBr$_3$)

65.

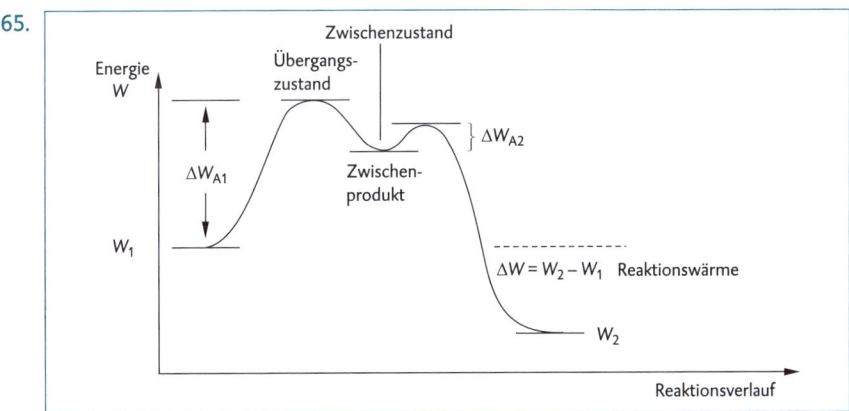

Die Energiedifferenz zwischen Ausgangsenergieniveau und Endenergieniveau ist die nach außen abgegebene Reaktionswärme. ΔW_{A1} und ΔW_{A2} sind die notwendigen Aktivierungsenergien. Die Reaktion verläuft über ein Zwischenprodukt. Der Betrag von ΔW_{A1} entscheidet über die Geschwindigkeit der Reaktion. Die Bildung des Zwischenproduktes ist der langsamste, geschwindigkeitsbestimmende Schritt.

66. 1 Toluol, Methylbenzol:

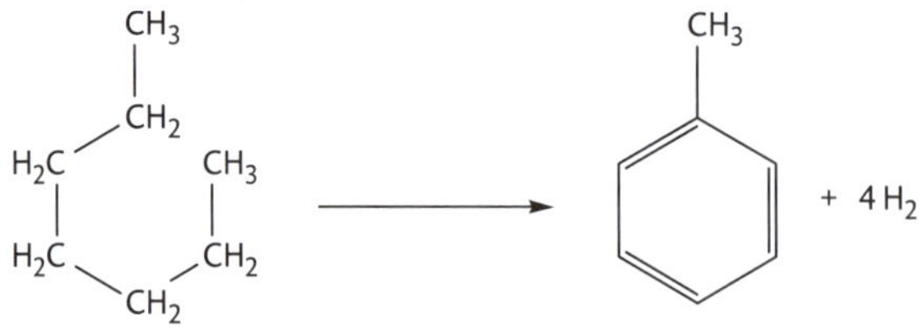

Heptan → Toluol + 4 H$_2$

2 Benzylchlorid: Chlorierung der Seitenkette in einer radikalischen Substitutionsreaktion (SSS-Regel):

$$Cl_2 \xrightarrow{\text{UV-Licht}} 2\,Cl\bullet \quad \text{(Chlorradikale)}$$

3 Benzylalkohol: Reaktion mit Natriumhydroxid-Lösung:

C$_6$H$_5$—CH$_2$—Cl + NaOH (aq) ⟶ C$_6$H$_5$—CH$_2$—OH + NaCl (aq)

4 Benzaldehyd:

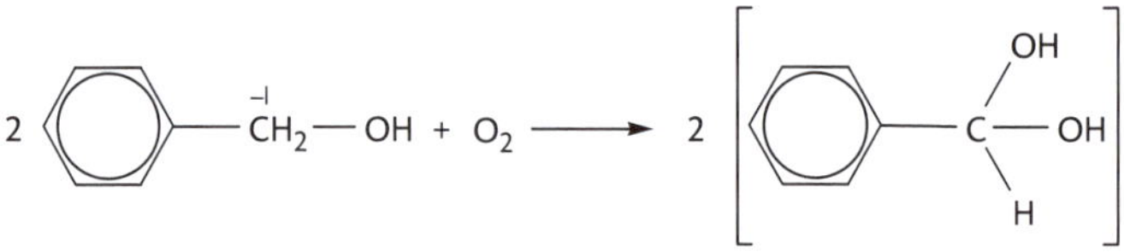

$$2\;C_6H_5\text{—}\overset{-I}{CH_2}\text{—OH} + O_2 \longrightarrow 2\;\left[C_6H_5\text{—}\underset{H}{\overset{OH}{C}}\text{—OH}\right]$$

(Erlenmeyer-Regel)

$$\longrightarrow 2\;C_6H_5\text{—}\overset{+I}{C}(=O)H + 2\,H_2O$$

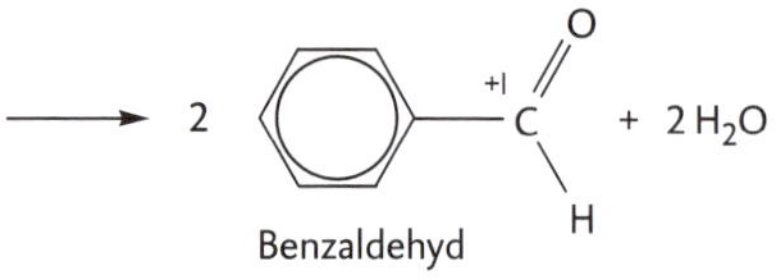

Benzaldehyd

(Oxidation: Änderung der Oxidationszahl am Kohlenstoffatom der Seitenkette von −I nach +I)

5 Benzoesäure:

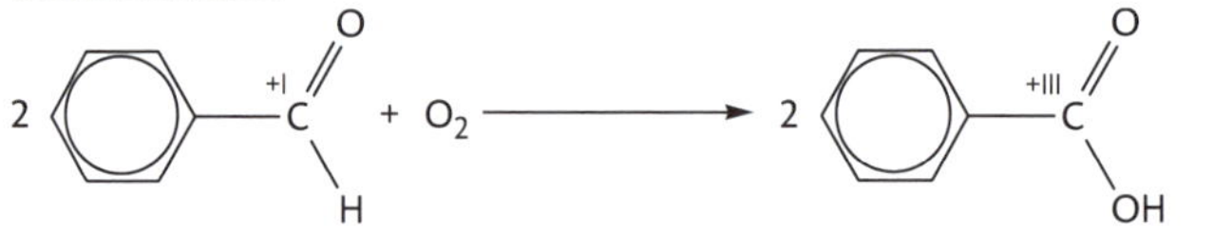

$$2\;C_6H_5\text{—}\overset{+I}{C}(=O)H + O_2 \longrightarrow 2\;C_6H_5\text{—}\overset{+III}{C}(=O)OH$$

(Oxidation: Änderung der Oxidationszahl von +I nach +III)

$$2\;C_6H_5\text{—}\overset{-III}{CH_3} + 3\,O_2 \longrightarrow 2\;C_6H_5\text{—}\overset{+III}{COOH} + 2\,H_2O$$

(Oxidation: Änderung der Oxidationszahl von −III nach +III)

Oxidation: $C_6H_5-\overset{-III}{C}H_3 + 8\,H_2O \longrightarrow C_6H_5-\overset{+III}{C}OOH + 6\,e^- + 6\,H_3O^+ \quad |\cdot 5$

Reduktion: $MnO_4^- + 8\,H_3O^+ + 5\,e^- \longrightarrow Mn^{2+} + 12\,H_2O \quad |\cdot 6$

$5\,C_6H_5-CH_3 + 40\,H_2O + 6\,MnO_4^- + 48\,H_3O^+ \longrightarrow$
$5\,C_6H_5-COOH + 30\,H_3O^+ + 6\,Mn^{2+} + 72\,H_2O$

$5\,C_6H_5-CH_3 + 6\,MnO_4^- + 18\,H_3O^+ \longrightarrow$
$5\,C_6H_5-COOH + 6\,Mn^{2+} + 32\,H_2O$

67. Anisol-Moleküle sind weniger polar als Benzoesäure-Moleküle. Die Anisol-Moleküle lösen sich besser in unpolaren Fließmitteln und werden schneller mitgeführt. Der größere R_f-Wert kommt der Substanz Anisol zu.

Synthesevorschlag:

Phenol + NaOH (aq) $\longrightarrow$ Natriumphenolat + H_2O

Natriumphenolat + $\overset{\delta+}{C}H_3\overset{\delta-}{Cl}$ $\longrightarrow$ $C_6H_5-O-CH_3$ + NaCl

68.

Benzoesäure + Benzylalkohol $\rightleftharpoons$ Benzoesäurebenzylester + H_2O

69.

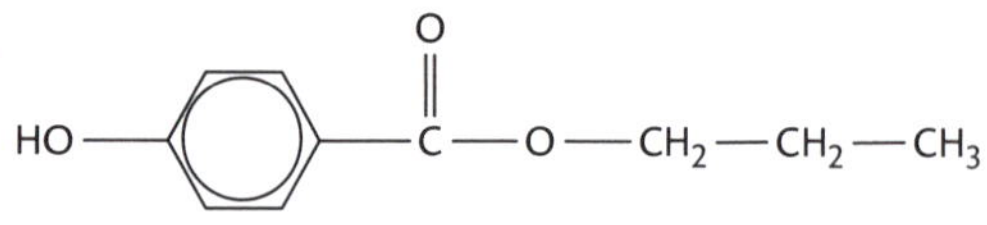

HO—⌬—C(=O)—O—CH$_2$—CH$_2$—CH$_3$

4-Hydroxybenzoesäurepropylester

70.

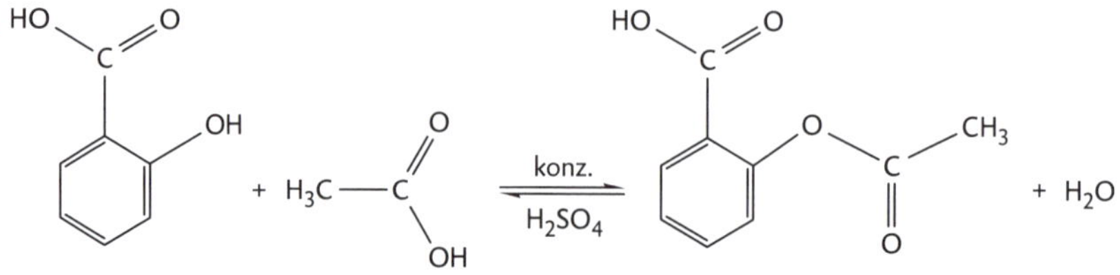

Salicylsäure + H$_3$C—COOH $\underset{\text{H}_2\text{SO}_4}{\overset{\text{konz.}}{\rightleftharpoons}}$ Acetylsalicylsäure + H$_2$O

Dünnschichtchromatografie: Startlinie; Proben mit gelösten Substanzen einer zerkleinerten Aspirintablette und von gelöster Salicylsäure sowie vom hergestellten Ester. Vergleich der Höhen durch Betrachten mit einer UV-Lampe. Alternativ durch Farbvergleich in Reagenzgläsern mit einer Eisen(III)-chlorid-Lösung. Eine Salicylsäure-Lösung ergibt mit einer Eisen-(III)-chlorid-Lösung eine violette Farbe. Die Salicylsäure-Moleküle bilden mit den Eisen-Ionen über die Hydroxylgruppen Komplexverbindungen. Durch die Esterbildung sind die Hydroxylgruppen „blockiert". Die Farbreaktion würde ausbleiben. Aus der Intensität der violetten Färbung könnte auf den Grad der Umsetzung bzw. auf die Reinheit des Produktes geschlossen werden. Mit dieser Farbreaktion können auch die Flecken auf dem Chromatogramm sichtbar gemacht werden. Als Laufmittel bei der Chromatografie kann ein Gemisch aus Cyclohexan und Aceton verwendet werden. (Dünnschicht-Plättchen mit Kieselgel-Beschichtung).

71.

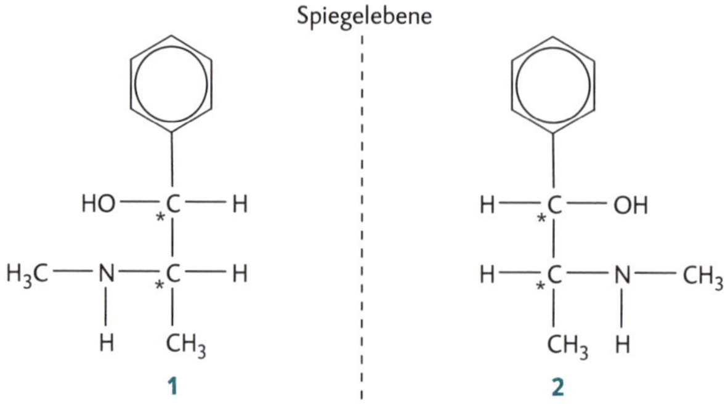

Spiegelebene: Enantiomere 1 und 2 mit zwei Stereozentren (C*), HO—C*—H und H$_3$C—N(H)—C*(H)—CH$_3$ als Spiegelbilder.

* asymmetrische Kohlestoffatome
Enantiomere: **1** und **2**; **3** und **4**; Diastereomere: **1** und **3**; **2** und **4**; **2** und **3**; **1** und **4**

Diastereomere wie die Formen **1** und **3** oder **2** und **4** unterscheiden sich in ihren physikalischen Eigenschaften. Enantiomere besitzen gleiche Eigenschaften, sie unterscheiden sich aber in ihrem Verhalten gegenüber linear polarisiertem Licht, der Drehsinn ist umgekehrt.

72.

Phenol: Zugabe von NaOH (aq); Salzbildung; das OH⁻-Ion ist die stärkere Base:

Benzoesäure: Zugabe von NaOH (aq); Salzbildung; das OH⁻-Ion ist die stärkere Base:

Anilin: Zugabe von Salzsäure HCl (aq); Salzbildung, HCl (aq) ist die stärkere Säure:

Es gilt:

$c = \dfrac{n}{V}$ oder $c \cdot V = n$

$n(\text{Anilin}) = 0,4\,\text{L} \cdot 0,2\,\text{mol} \cdot \text{L}^{-1} = 0,08\,\text{mol}$

$n(\text{Salzsäure}) = 0,2\,\text{L} \cdot 0,1\,\text{mol} \cdot \text{L}^{-1} = 0,02\,\text{mol}$

Das Stoffmengenverhältnis bei der Reaktion beträgt 1 : 1. Nach der Reaktion sind noch 0,06 mol Anilin vorhanden:

$c = \dfrac{n}{V} = \dfrac{0,06\,\text{mol}}{0,6\,\text{L}} = 0,1\,\text{mol} \cdot \text{L}^{-1}$

73.

a C$_6$H$_5$—CH$_2$—Br + NaOH (aq) ⇌ NaBr (aq) + C$_6$H$_5$—CH$_2$—OH

b Produkte:

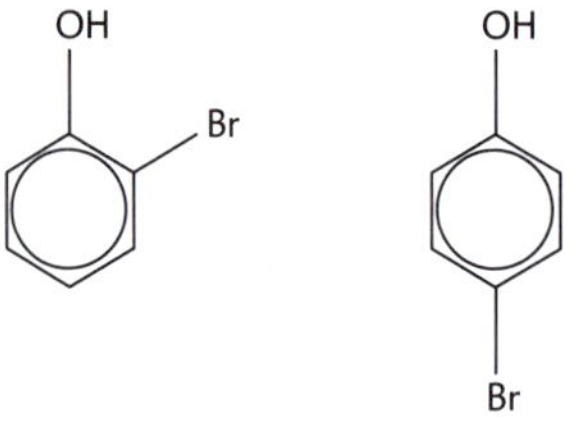

o-Bromphenol   p-Bromphenol

Die Hydroxylgruppe dirigiert einen Zweitsubstituenten bevorzugt in ortho- und para-Stellung.

c C$_6$H$_6$ + H$_3$C—CH$_2$—Cl $\xrightarrow{\text{AlCl}_3}$ C$_6$H$_5$—CH$_2$—CH$_3$ + HCl

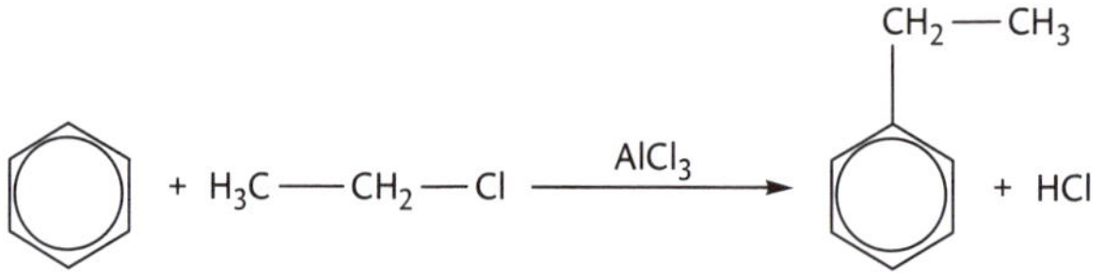

Ethylbenzol

Mechanismus:

H$_3$C—CH$_2$—Cl + AlCl$_3$ ⇌ H$_3$C—$\overset{\delta^+}{\text{CH}_2}$- - Cl - - - $\overset{\delta^-}{\text{AlCl}_3}$

Polarisierung und Ausbildung des π- und σ-Komplexes:

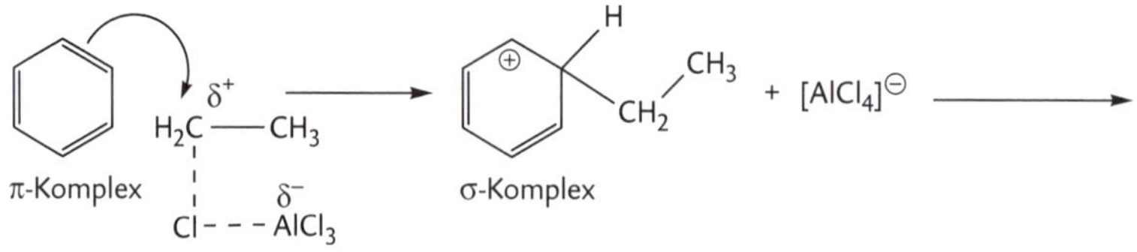

π-Komplex → σ-Komplex + [AlCl$_4$]$^\ominus$ →

Abspaltung des Protons und Rearomatisierung:

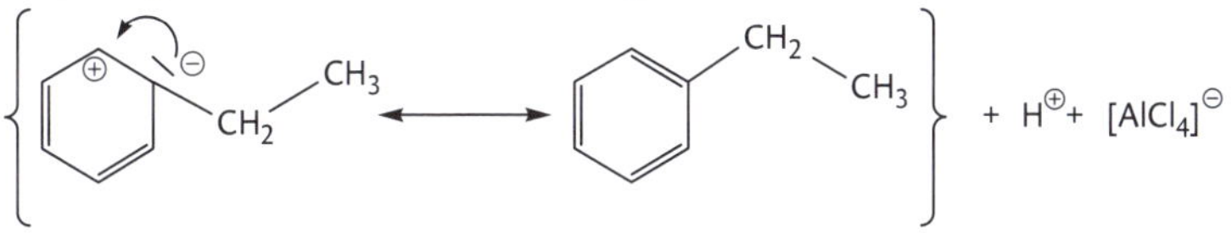

{ [Struktur: Cyclohexadienyl-Kation mit CH₂-CH₃ und abgehendem H⁻] ⇌ [Ethylbenzol: C₆H₅-CH₂-CH₃] } + H⊕ + [AlCl₄]⊖

Rückbildung des Katalysators:

H⊕ + [AlCl₄]⊖ ⟶ HCl + AlCl₃

d)

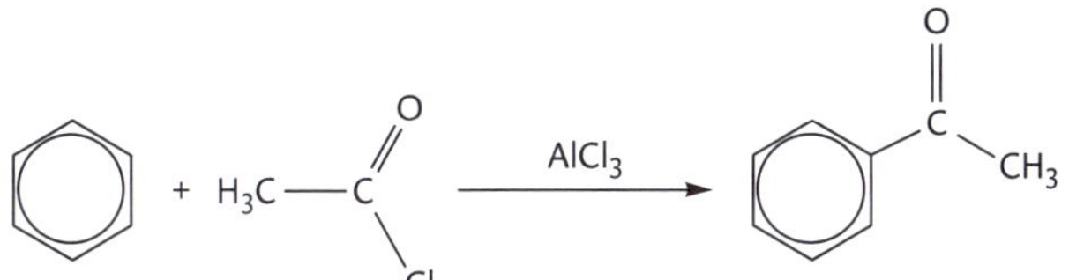

C₆H₆ + H₃C-C(=O)-Cl →(AlCl₃)→ C₆H₅-C(=O)-CH₃

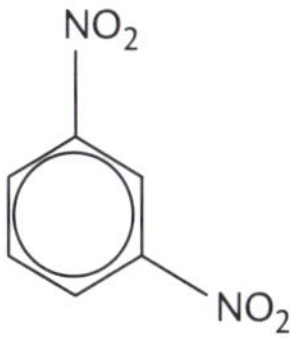

Phenyl-methyl-Keton

elektrophiles Teilchen: H₃C-C⊕(=O)

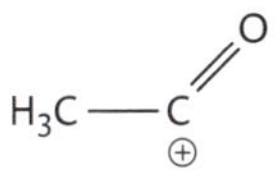

e)

m-Dinitrobenzol (1,3-Dinitrobenzol)

Die Nitrogruppe dirigiert den Zweitsubstituenten überwiegend in die meta-Stellung.

74. Produkt:

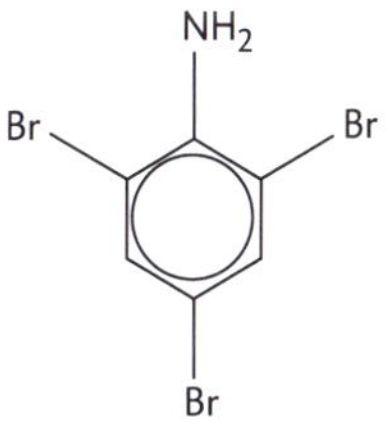

2,4,6-Tribromanilin (NH₂ mit Br in 2, 4, 6-Position)

Die Aminogruppe dirigiert einen weiteren Substituenten in ortho- oder para-Stellung; bei einem Überschuss werden beide ortho-Positionen und die para-Position besetzt.

Produkt:

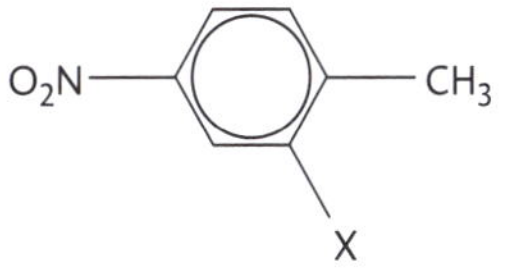

O₂N-C₆H₃(CH₃)-X (mit NO₂ in para zum CH₃ und X in ortho zum CH₃)

Die Methylgruppe dirigiert bevorzugt in ortho- und para-Stellung; die Nitrogruppe dirigiert bevorzugt in meta-Stellung; da die para-Stellung besetzt ist, kommt nur die ortho-Position zur Methylgruppe infrage.

75. Ausgangsstoff für Verbindung **A**:

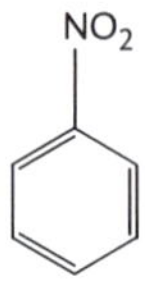

NO₂ — Nitrobenzol

Danach weitere Nitrierung mit Nitriersäure zu Dinitrobenzol:

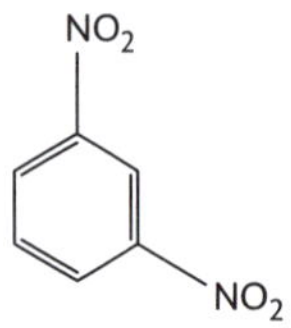

Dinitrobenzol

Danach Reduktion der Nitrogruppen, z. B. mit Zink und Salzsäure, zu den Aminogruppen.

Ausgangsstoff für Verbindung **B**:

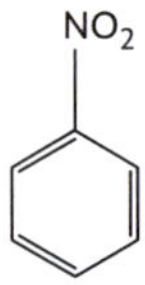

NO₂ — Nitrobenzol

Danach Chlorierung mit Cl₂ und AlCl₃ als Katalysator. Die Nitrogruppe dirigiert überwiegend in meta-Position.

76.

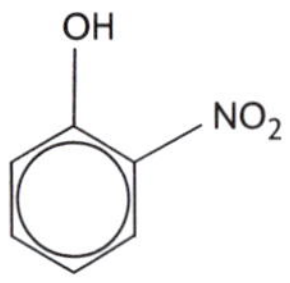

o-Nitrophenol    p-Nitrophenol

Die Hydroxylgruppe dirigiert einen weiteren Substituenten überwiegend in ortho- und para-Position.

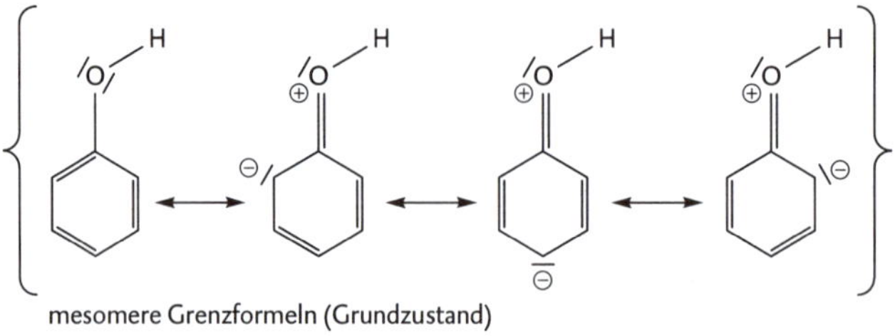

mesomere Grenzformeln (Grundzustand)

In ortho- und para-Stellung ist die Elektronendichte also erhöht, ein elektrophiles Teilchen kann dort besser angreifen (X^+ steht für NO_2^+):

o-Angriff des X^+-Teilchens

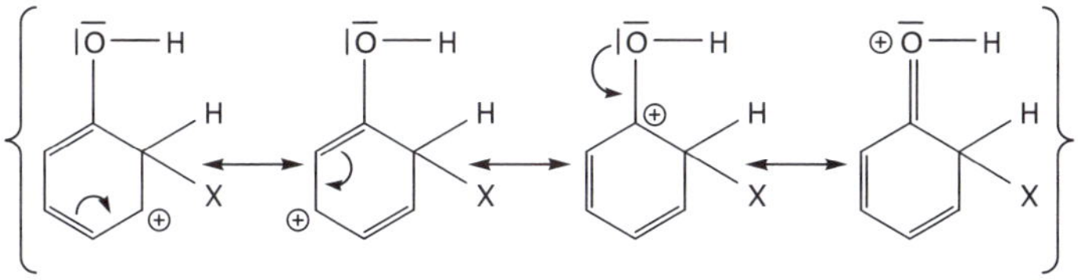

p-Angriff des X^+-Teilchens

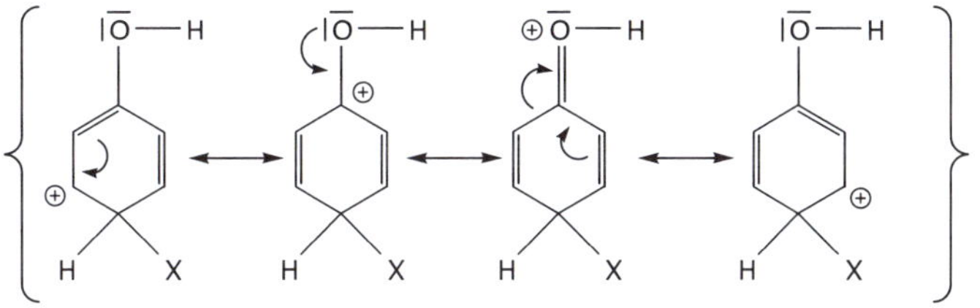

m-Angriff des X^+-Teilchens

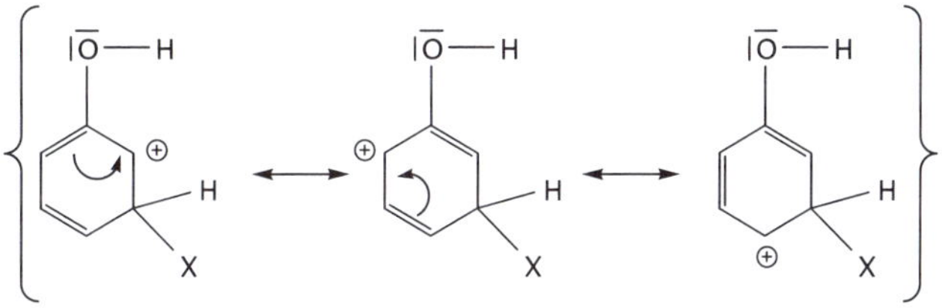

Die positive Ladung kann bei einem ortho- und para-Angriff des X^+-Teilchens besser delokalisiert werden. Diese Übergangszustände sind stabiler und energieärmer.

77. a Anlagerung von Molekülen, z. B. Br_2 an eine Doppelbindung; Polarisierung durch Wechselwirkung der Doppelbindung mit dem Molekül, heterolytische Spaltung in Br^+- und Br^--Ionen; elektrophile und nucleophile Addition an die Kohlenstoffatome
   b positiv geladenes Teilchen oder positiv polarisiertes Teilchen, welches Stellen hoher Elektronendichte angreift
   c Ersatz eines Wasserstoffatoms durch ein elektrophiles Teilchen
   d Stoffe, die Bildung elektrophiler Teilchen begünstigen, z. B. $AlCl_3$ oder $FeBr_3$; Sie setzen die Aktivierungsenergien herab, die zu der Bildung der σ-Komplexe bei der elektrophilen Substitutionsreaktion an Aromaten nötig sind.
   e elektrophile Substitutionsreaktionen unter Einsatz von Katalysatoren

f Reaktionen, in denen Wasserstoffatome, z. B. in Seitenketten, durch andere Atome ersetzt werden; Radikale entstehen durch homolytische Spaltungen von Atombindungen in Molekülen, sie sind ungeladen.
g benachbarte Position zum Erstsubstituenten im Benzolmolekül (ortho), übernächste Position zum Erstsubstituenten (meta), gegenüberliegende Position zum Erstsubstituenten (para)
h die Verschiebung von Elektronen in einem Molekül unter dem Einfluss elektronegativer Atome oder elektronenschiebender Substituenten (induktive Effekte); die Einbeziehung von Elektronenpaaren von Substituenten oder aus dem Ringsystem in die Delokalisierung eines π-Elektronensystems (mesomere Effekte); ein +M-Effekt führt zur Erhöhung, ein –M-Effekt zu einer Verminderung der Elektronendichte im Kern.
i **SSS-Regel:** Sonnenlicht, Siedehitze, Seitenkette – dies sind die Bedingungen, unter denen Wasserstoffatome in einer Seitenkette ersetzt werden. **KKK-Regel:** Kälte, Katalysator, Kern – dies sind die Bedingungen, unter denen Wasserstoffatome des Ringsystems ersetzt werden.

78. **Reihe I:**
B: Pyrrol, heterozyklisches Fünfringsystem
C: Furan, heterozyklisches Fünfringsystem

Stoffklassen, z. B.: A: aromatischer Ester
B: aromatischer Ester
C: aromatische ungesättigte Verbindung

Substituenten: A: Hydroxylgruppe –OH, Estergruppe –COOCH$_3$, Methylgruppe –CH$_3$
B: Methylgruppe –CH$_3$, Estergruppe –COOCH$_3$
C: ungesättigter Kohlenwasserstoff, Dien

Reihe II:
Benennung z. B.: D: Phenylacrylsäure
E: Phenyl-propen
G: 3-4,5-Dihydroxyphenyl-propensäure

Stoffklassen, z. B.: D: aromatische ungesättigte Carbonsäure
E: ungesättigte aromatische Verbindung
G: ungesättigte aromatische Carbonsäure

Substituenten: D: Carboxylgruppe –COOH
F: Hydroxylgruppe –OH, Aldehydgruppe –CHO

Bausteine für H: Pyridin, heterozyklischer Sechsring, Carboxylgruppe –COOH, Ribose, eine Pentose, Phosphorsäure H$_3$PO$_4$

79. Zwischen den unpolaren Benzol-Molekülen wirken VAN-DER WAALS-Kräfte. Die Oberflächen von Naphthalin und Anthracen sind durch Kondensation zweier bzw. dreier Benzolringe wesentlich größer. Die VAN-DER-WAALS-Kräfte nehmen mit zunehmender Oberfläche zu. Sie sind bei Naphthalin und Anthracen so groß, dass sich Molekülkristalle bilden können. Diese bedingen den festen Zustand.

mesomere Grenzformeln von Naphthalin:

mesomere Grenzformeln von Anthracen:

80. Benzol	Pyridin
	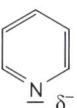
Zwischen den Benzol-Molekülen wirken VAN-DER-WAALS-Kräfte. Benzol-Moleküle sind unpolar, mit den polaren Wasserdipolen kann es kaum zu Wechselwirkungen kommen.	Das Stickstoffatom ist elektronegativer als die benachbarten Kohlenstoffatome, Elektronen werden in Richtung des Stickstoffatoms gezogen: Polarisierung δ–. Durch die Polarisierung entstehen Dipolmoleküle, die sich gegenseitig anziehen. Außer den VAN-DER-WAALS-Kräften sind noch Dipol-Kräfte vorhanden, was die höhere Siedetemperatur erklärt. Durch den Dipolcharakter sind Wechselwirkungen mit den Wasserdipolen bzw. Ausbildung von Wasserstoffbrückenbindungen möglich:

Dewar-Formen:

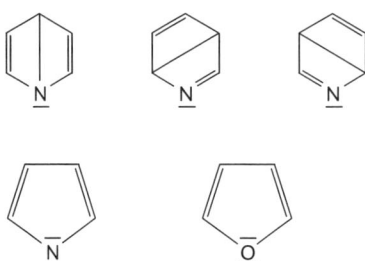

81.

Pyrrol   Furan

Die N–H-Bindung im Pyrrol ist polarisiert, daher ist die Ausbildung von Wasserstoffbrückenbindungen zwischen den Molekülen möglich. Wegen des fehlenden Wasserstoffs können solche bei Furan nicht ausgebildet werden.

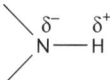

Synthese:

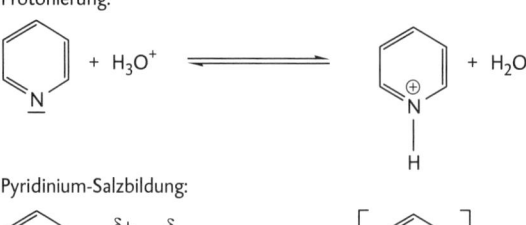

82. Das Elektronenpaar am Stickstoffatom im Pyrrol-Molekül ist Teil des π-Elektronensystems, die Elektronen sind delokalisiert. Das Elektronenpaar ist somit für die Bindung nicht verfügbar. Im Pyridin-Molekül ist das Elektronenpaar am Stickstoffatom ein freies Elektronenpaar. Positive Teilchen können darüber gebunden werden, z. B. bei Protonierung und bei der Bildung von Pyridinium-Salzen:

Protonierung:

Pyridinium-Salzbildung:

83. Indol / Benzopyrrol   Cumaron / Benzofuran   Chinolin

84. **Mechanismus** der elektrophilen Substitution (vereinfacht):

$Br_2 + AlBr_3 \rightleftharpoons [AlBr_4]^\ominus + Br^\oplus$
Katalysator

π-Komplex   σ-Komplex

Rückbildung des Katalysators:

$H^\oplus + [AlBr_4]^\ominus \longrightarrow HBr + AlBr_3$

Delokalisierung der positiven Ladung im Pyrrol-System:

Es gibt nur noch eine weitere Formel:

85. a Die Symbole haben die folgende Bedeutung:
- **Totenkopf:** Giftsymbol
- **Flamme:** leicht entzündliche Chemikalie

b Unter der **Flammpunkttemperatur** versteht man die Temperatur bei Normaldruck, bei der Lösungsmitteldämpfe, z. B. Benzoldämpfe, mit der Umgebungsluft ein durch Fremdzündung entflammbares Gemisch bilden.

Die **Zündtemperatur** (bei Normaldruck) ist diejenige Temperatur, bei der sich die Dämpfe einer brennbaren Substanz in Berührung mit Luft oder eines heißen Gegenstandes selbst entzünden können.

Die **Explosionsgrenzen** geben den Bereich an, in dem Gase oder Dämpfe mit Luft gezündet werden können. Die Grenzen werden als Volumenprozente des Gases oder Dampfes in Bezug zum Luftvolumen angegeben.

c Für den Volumenanteil w an Benzol gilt:

$$w = \frac{V}{V_g} \cdot 100\% \quad \text{oder} \quad V = \frac{w \cdot V_g}{100}$$

$$V(\text{Benzoldampf}) = \frac{1{,}4\,L \cdot 8\%}{100\%} = 0{,}112\,L \quad \text{oder} \quad 112\,mL$$

die Stoffmenge $n = \frac{V}{V_N}$ ergibt $n(\text{Benzoldampf}) = \frac{0{,}112\,L}{24{,}459\,L}\,\text{mol} = 4{,}579 \cdot 10^{-3}\,\text{mol}$

für die Masse erhält man: $m = n \cdot M = 4{,}579 \cdot 10^{-3}\,\text{mol} \cdot 78{,}1\,\text{g} \cdot \text{mol}^{-1} = 0{,}358\,\text{g}$

für das flüssige Benzol: $V = \frac{m}{\rho} = \frac{0{,}358\,\text{g}}{0{,}874\,\text{g}}\,\text{mL} = 0{,}41\,\text{mL}$

86. **Benzol:**

R 45: kann Krebs erzeugen

R 11: leicht entzündlich

Kombination R 23/24/25:

R 23: giftig beim Einatmen

R 24: giftig beim Berühren mit der Haut

R 25: giftig beim Verschlucken

S 53: Exposition vermeiden (vor Gebrauch besondere Anweisungen einholen)

S 45: bei Unfall oder Unwohlsein sofort einen Arzt zuziehen (wenn möglich entsprechendes Etikett vorzeigen)

Chlorbenzol:

R 10: entzündlich

R 20: gesundheitsschädlich beim Einatmen

S 24/25: Kombinationssatz: Berührung mit Augen und Haut vermeiden

87. a Es gelten folgende Beziehungen:

1 cm = 10^{-2} m; 1 cm^3 = 10^{-6} m^3 oder 1 m^3 = 10^6 cm^3 = 10^6 mL

Für die Volumenangabe mL $\cdot$ m^{-3} ergibt sich:

1 mL $\cdot$ 10^{-6} mL^{-1} oder 1 : 1 Million $\triangleq$ 1 ppm

b Ein mol eines idealen Gases nimmt bei 20 °C ein Volumen von 24 049 mL ein. (Benzol- und Toluoldämpfe werden wie ideale Gase behandelt):

$$1\,\text{mL Gas} \triangleq \frac{1}{24\,049}\,\text{mol}$$

Die entsprechende Masse m(Benzol) errechnet sich zu:

$$m = n \cdot M$$

$$m(\text{Benzol}) = \frac{1}{24\,049}\,\text{mol} \cdot 78\,\text{g} \cdot \text{mol}^{-1} = 3{,}2 \cdot 10^{-3}\,\text{g oder } 3{,}2\,\text{mg für 1 mL}$$

$$m(\text{Benzol}) = \frac{2{,}5}{24\,049} \cdot 78\,\text{g} = 8{,}1 \cdot 10^{-3}\,\text{g oder } 8\,\text{mg für 2,5 mL}$$

Die entsprechenden Werte für Toluol ergeben sich zu:

$$m(\text{Toluol}) = \frac{50\,\text{mL}}{24\,049\,\text{mL}}\,\text{mol} \cdot 92\,\text{g} \cdot \text{mol}^{-1} = 191{,}2\,\text{mg für 50 mL Toluol in 1 m}^3$$

88.
- Krebs und Erbgutveränderungen (Mutationen) können oft erst nach Jahren und Jahrzehnten, bei Mutationen erst in künftigen Generationen beobachtet werden.
- Bei langfristiger Einwirkung auch geringer Dosen können sich Veränderungen aufsummieren. Ob der Organismus in der Lage ist, diese Veränderungen zu „reparieren", ist nicht bekannt.
- Ergebnisse aus Tierversuchen sind nicht ohne weiteres auf Menschen übertragbar.
  Berechnung der duldbaren Rückstands-Höchstmenge:

  $$\frac{0{,}005\,\text{mg} \cdot 70\,\text{kg}}{\text{kg} \cdot 0{,}4\,\text{kg}} = 0{,}88\,\text{mg} \cdot \text{kg}^{-1}$$

  Der Wert gibt die toxikologisch duldbare Höchstmenge eines Rückstandes in einem bestimmten Lebensmittel an.
- Die ADI-Werte müssen den aktuellen wissenschaftlichen Erkenntnissen angepasst werden.
- Informationen über Kombinationseffekte verschiedener Rückstände liegen kaum vor, es werden meist nur Einzelstoffe berücksichtigt.
- Die Ermittlung der Verzehrgewohnheiten ist schwierig, manche Bevölkerungsgruppen können unberücksichtigt bleiben, z. B. Vegetarier.

89. Die unpolaren Stoffe lassen sich in unpolaren Lösungsmitteln wie Hexan oder Benzol lösen. Die Wasserlöslichkeit von C ist etwas höher, da die Hydroxylgruppe polar ist.

Faktoren:
- *geringe Löslichkeit in Wasser, da Wasser aus polaren Molekülen besteht*
- *relativ geringer Dampfdruck, da zwischen den Molekülen starke VAN-DER-WAALS-Kräfte herrschen*
- *hohe Adsorption an Boden- und Sedimentteilchen sowie an Flugstaub durch VAN-DER-WAALS-Wechselwirkungen*

Daraus folgen weiter:
- geringe Beweglichkeit in Wasser
- Anhäufung in den oberen Bodenschichten
- schlechte biologische Abbaubarkeit

Der Mensch nimmt die an den Staubteilchen adsorbierten Substanzen über die Lunge auf, eine Aufnahme über die Haut ist auch möglich. Die Anhäufung im Organismus erfolgt vor allem im Fettgewebe.

„Die aus mehreren kondensierten Benzolringen aufgebauten Substanzen entstehen durch Verbrennungsvorgänge in privaten Haushalten, in der Industrie und im Verkehr. Sie sind in Teer- und in Erdölprodukten enthalten. Sie sind Bestandteile des Tabakrauches. Sie kommen in geräucherten und gegrillten Waren vor. Die polyzklischen aromatischen Kohlenwasserstoffe (PAK) werden im Holzschutz oder als Dichtmaterial im Außenbereich eingesetzt. Einige PAK sind krebserzeugend. Die Möglichkeit der Fruchtschädigung oder die Beeinträchtigung der Fortpflanzungsfähigkeit besteht."
(nach: www.schadstoffberatung.de/pak.htm)

90. a Anzahl und Position der Chloratome ergeben die große Zahl an Isomeren. Bausteine für Dibenzodioxine sind mehrwertige aromatische Alkohole wie ortho-Dihydroxybenzol:

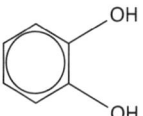

Bausteine für Dibenzofurane sind Benzol- und Furan-Ringe:

   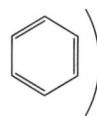

Benzol   Furan   Furan   Benzol

b [Strukturformel: 2,3,7,8-Tetrachlordibenzodioxin]

2,3,7,8-Tetrachlordibenzodioxin (TCDD)

c *Pfade:*
- Ablagerungen auf Grünfutter, Kühe, Fettgewebe Milch, Fleisch → Mensch
- Ablagerungen auf Gemüse, Nahrungsmittel → Mensch
- Anreicherungen im Wasser wegen schlechter Löslichkeit, Akkumulation auf Algen, Krebse, Fische → Mensch
- Ablagerungen auf dem Boden, Adsorption an Körner, Hühner, Eier → Mensch
- Adsorption an Staubpartikel → Mensch
- Ablagerung im Organismus v. a. im Fettgewebe

d tödliche Stoffmenge an „Seveso-Dioxin" pro kg Körpergewicht:

$$n = \frac{m}{M} = \frac{1 \cdot 10^{-6}\,g}{322\,g \cdot kg}\,mol = 3{,}1 \cdot 10^{-9}\,mol \cdot kg^{-1}$$

e akzeptable Dosis:

$$D_1 = \frac{0{,}001 \cdot 10^{-6}\,g \cdot 75\,kg}{100\,kg} \qquad D_2 = \frac{0{,}001 \cdot 10^{-6}\,g \cdot 75\,kg}{1000\,kg}$$

$$D_1 = 0{,}75 \cdot 10^{-9}\,g = 0{,}75\,ng \qquad D_2 = 0{,}075 \cdot 10^{-9}\,g = 0{,}075\,ng$$

Die akzeptierbare lebenslange Tagesaufnahme an Seveso-Dioxin für einen 75 kg schweren Menschen schwankt zwischen 0,75 und 0,075 Nanogramm (ng) pro Tag.

f **Emission** ist die Freisetzung eines Schadstoffs durch eine Quelle. **Imission** ist der Teil, der am Boden ankommt.

$$\text{Imissionswert} = \frac{500 \cdot 10^{-12}\,g \cdot 15\,m^3}{10^5 \cdot 2\,m^3} = 37{,}5 \cdot 10^{-15}\,g = 37{,}5\,pg = 37{,}5\,\text{Picogramm}$$

91. Durch die thermische Zersetzung entstehen kleinere Ketten, die z. T. Doppelbindungen enthalten oder Monomere mit Doppelbindungen. Die Nachweisreaktionen auf Doppelbindungen verlaufen deshalb positiv.

[Reaktionsschema: Polystyrol → (thermische Zerlegung) → Styrol]

Polystyrol → Styrol

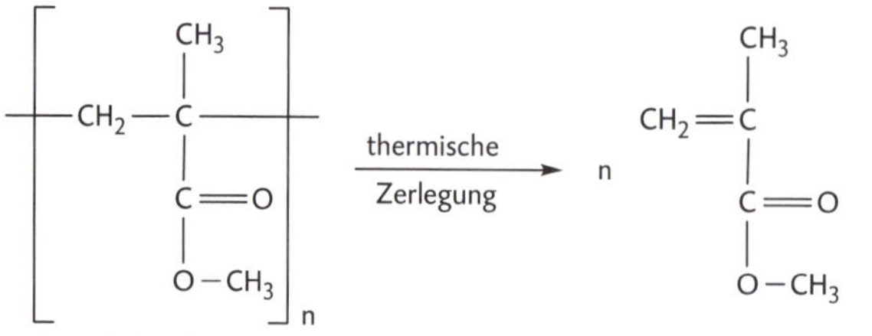

$$\left[-CH_2-\underset{\underset{O-CH_3}{\overset{\overset{CH_3}{|}}{\underset{|}{C}}}}{\overset{|}{C}}-\right]_n \xrightarrow{\text{thermische Zerlegung}} n \quad CH_2=\underset{\underset{O-CH_3}{\overset{\overset{CH_3}{|}}{\underset{|}{C}}}}{\overset{|}{C}}$$

Polymethylmethacrylat　　　　　　　　Methylmethacrylat

92.

a $H_2C=CH_2 + Cl_2 \longrightarrow H_2C-CH_2$ mit Cl und Cl

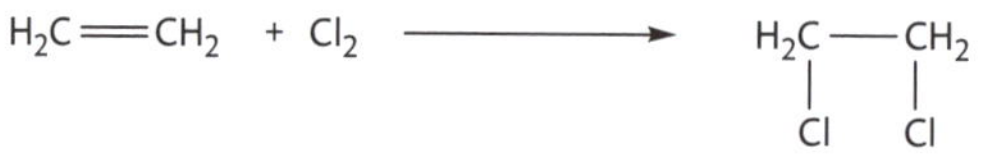

Ethen　　　　　　　　1,2-Dichlorethan

b H_2C-CH_2 (mit Cl, Cl) $\longrightarrow HCl + CH_2=CH-Cl$

Vinylchlorid

c $CH_2=CH-Cl + Cl_2 \longrightarrow CH_2-CH$ mit Cl, Cl, Cl

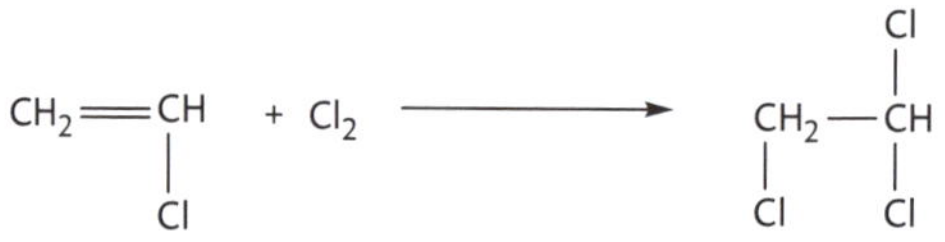

1,1,2-Trichlorethan

d $CH_2-C(Cl)(Cl)-H$ mit Cl $\longrightarrow CH_2=C(Cl)-Cl + HCl$

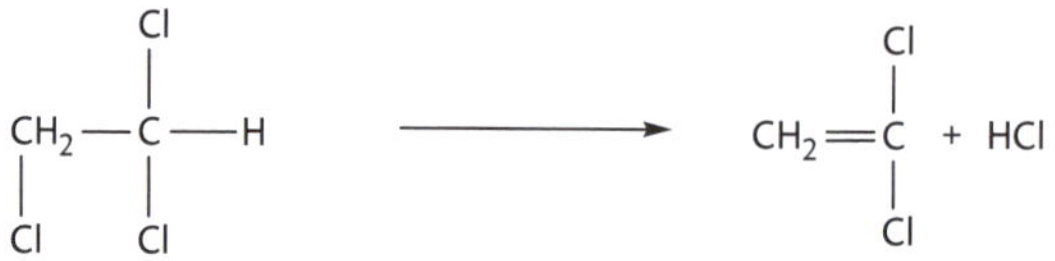

1,1-Dichlorethen (Vinylidenchlorid)

Ausschnitt:

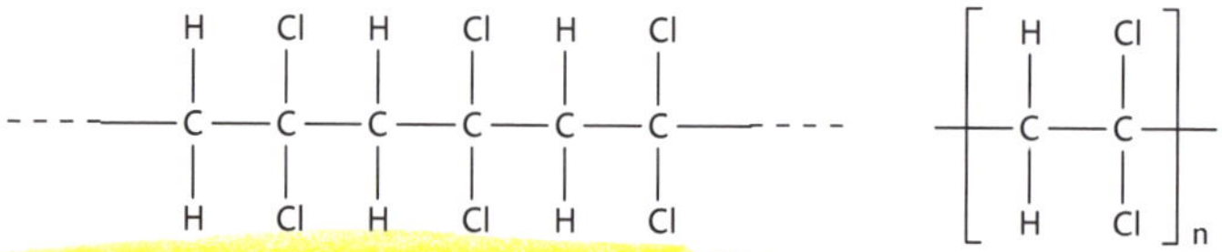

$$---C(H)(H)-C(Cl)(Cl)-C(H)(H)-C(Cl)(Cl)-C(H)(H)-C(Cl)(Cl)--- \qquad \left[-C(H)(H)-C(Cl)(Cl)-\right]_n$$

Chloratome sind elektronegativer als Kohlenstoffatome, weshalb es zur Elektronenverschiebung in Richtung Chloratome kommt. Durch die Polarisierung entstehen Dipole, die sich anziehen. Es wirken Dipolkräfte und VAN-DER-WAALS-Kräfte, bei Polyethen nur VAN-DER-WAALS-Kräfte.

93. a

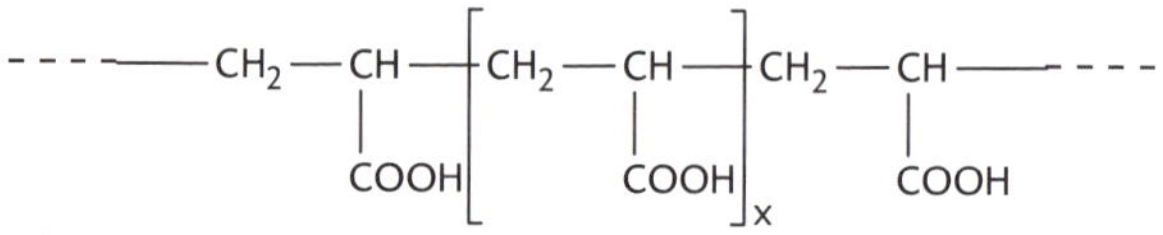

$$---CH_2-\underset{COOH}{CH}-\left[CH_2-\underset{COOH}{CH}\right]_x-CH_2-\underset{COOH}{CH}---$$

Polyacrylsäure

b
$$\text{---CH}_2\text{---CH}\left[\text{---CH}_2\text{---CH}\text{---}\right]_x\text{---CH}_2\text{---CH---}$$
$$\quad\quad\;\; | \quad\quad\quad\quad\;\; | \quad\quad\quad\quad\quad\; |$$
$$\quad\quad\; \text{OH} \quad\quad\quad\quad \text{OH} \quad\quad\quad\quad\;\; \text{OH}$$

Polyvinylalkohol

c Die Carboxylgruppen sind im Säurebad voll protoniert. Die ungeladenen Makromolekülketten nehmen Knäuelgestalt an (Kontraktion). Mit Natronlauge entstehen Anionen (Säure-Base-Reaktion):

$$\text{---COOH} + \text{Na}^+ + \text{OH}^- \longrightarrow \text{---COO}^- + \text{Na}^+ + \text{H}_2\text{O}$$

Die geladenen Gruppen stoßen sich ab, diese elektrostatischen Kräfte wirken der Verknäuelung entgegen. Die Ketten gehen in eine eher gestreckte Form über (Dilatation; Umwandlung von chemischer Energie in mechanische Energie).

d Die Reibungskräfte sind wegen kleinerer Oberfläche bei Knäuelgestalt geringer. Bei den gestreckten Formen sind die Oberflächen und auch die Anziehungskräfte durch VAN-DER-WAALS-Kräfte größer. Die Reibungskräfte (Zähigkeit, Viskosität) könnten im Laugenbad größer sein.

94. Synthese von Propensäure, Acrylsäure:

$$2\,\text{H}_2\text{C}=\text{CH}-\text{CH}_3 + 3\,\text{O}_2 \xrightarrow{\text{Katalysator}} 2\,\text{H}_2\text{C}=\text{CH}-\text{COOH} + 2\,\text{H}_2\text{O}$$

Copolymerketten-Ausschnitt, z. B.:

---CH$_2$—CH$_2$—CH$_2$—CH$_2$—CH$_2$—CH—CH$_2$—CH---
                                                  | |
                                              C=O   C=O
                                             /   \\   /   \\
                                           O   O   O   O
                                                    | |
                                                 C$_2$H$_5$ C$_2$H$_5$

95.

isotaktisch   ataktisch   syndiotaktisch

Durch die regelmäßige Anordnung können sich die Ketten dichter aneinander reihen. Bei der ataktischen Anordnung sperren die Methylgruppen auf beiden Seiten. Die Ketten sind weiter voneinander entfernt. Hier genügt eine geringere thermische Energie, um die Ketten im Erweichungsbereich gegeneinander abgleiten lassen zu können. Die Festigkeit ist ebenfalls geringer.

96. Ein Radikal reagiert mit der Makromolekülkette, ein neues Radikal entsteht:

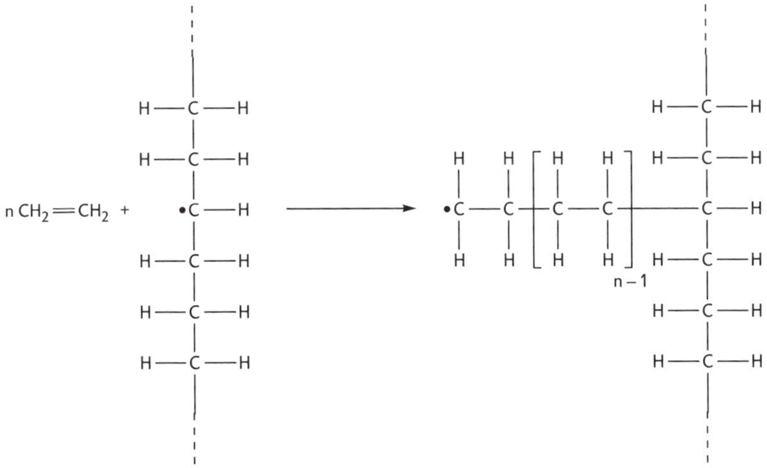

Das neue Radikal reagiert dann mit Monomeren. Dies führt zu einer polymeren Kette, die von einer linearen Kette abzweigt.

97.

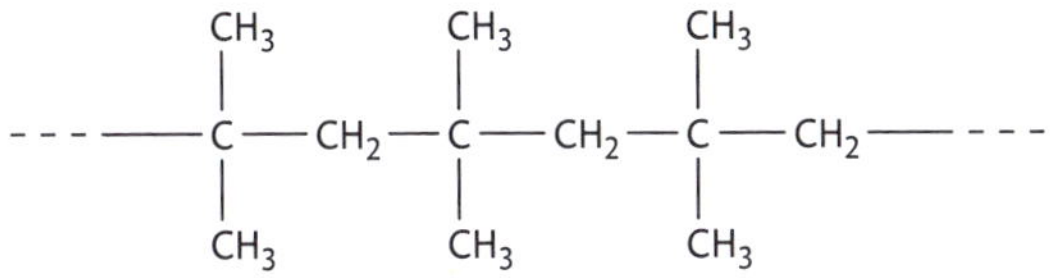

Polyisobuten

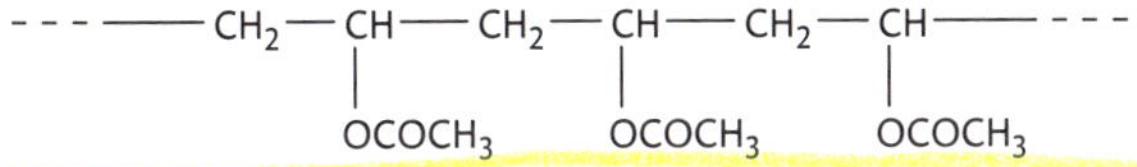

Polyvinylacetat

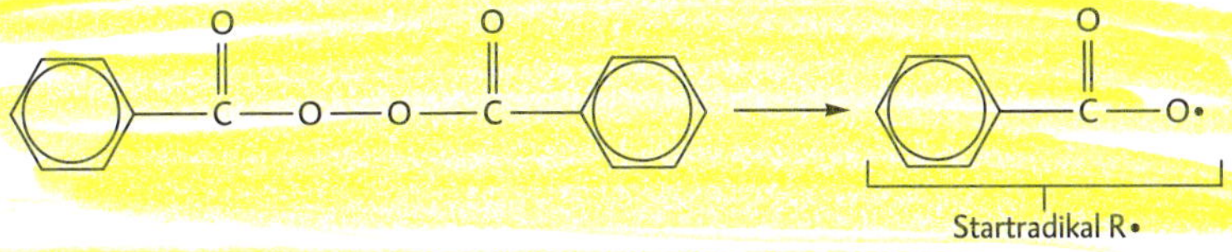

Start: R• + { CH_2=CH(OCOCH₃) ⇌ •CH_2—CH•(OCOCH₃) } ⟶ R—CH_2—CH•(OCOCH₃)

Entkopplung der Doppelbindung

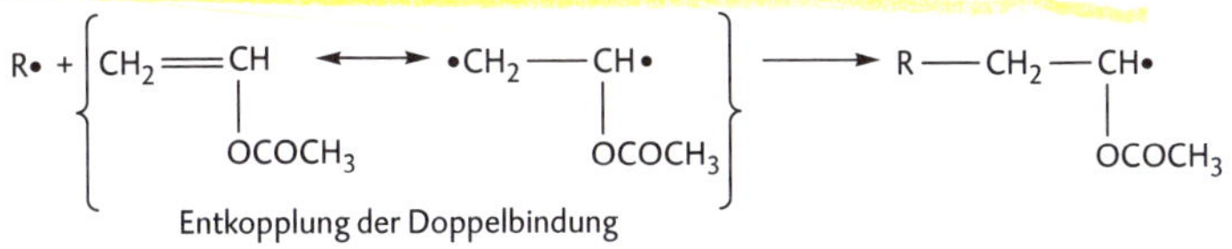

Kette:

R—CH₂—CH• + n CH₂=CH ⟶
      | |
      OCOCH₃   OCOCH₃

R—CH₂—CH—[CH₂—CH—]_{n-1}CH₂—CH•
       | | |
       OCOCH₃   OCOCH₃   OCOCH₃
                                            R'•

Abbruch z. B.:   R• + •R' ⟶ R—R'

Copolymerketten-Ausschnitt, z. B.:

$$\cdots\text{—C(CH}_3)_2\text{—CH}_2\text{—CH}_2\text{—CH(Ph)—C(CH}_3)_2\text{—CH}_2\text{—CH}_2\text{—CH(Ph)—}\cdots$$

Die Polymere gehören zu der Gruppe der Thermoplaste. Bei Temperaturerhöhung gehen die Kunststoffe in einen weichelastischen Zustand über und können bearbeitet werden.

98. **a** 4-Methyl-1-penten **b** Acrylnitril Styrol

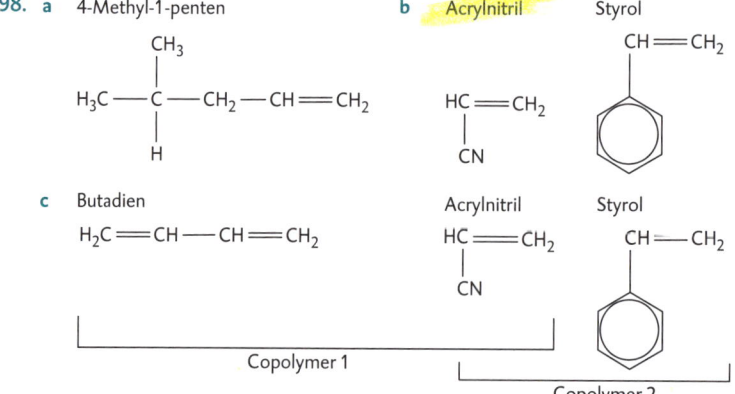

c Butadien — Acrylnitril — Styrol

Copolymer 1: Butadien; Copolymer 2: Acrylnitril + Styrol
Copolymer 2 ist auf Copolymer 1 aufgepfropft

Die langen Seitenketten bei **a** verhindern eine enge Zusammenlagerung der Ketten, woraus eine geringe Dichte resultiert. Die langen Seitenketten haben große Oberflächen. Die VAN-DER-WAALS-Kräfte sind hoch, der Kunststoff ist wärmebeständig. Anwendungen finden diese Kunststoffe z. B. bei Laborgeräten mit Skalierung.

99. 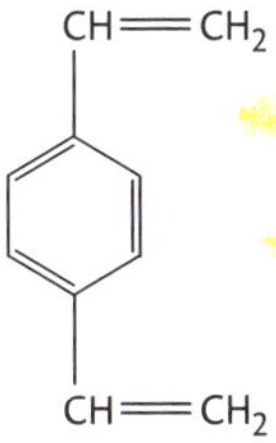 1,4-Divinylbenzol

1,4-Divinylbenzol ermöglicht die Vernetzung der Polystyrol-Ketten. Durch die Vernetzung nehmen Löslichkeit und Quellbarkeit sowie die Verformbarkeit ab. Die duroplastischen Eigenschaften nehmen zu. Soll thermoplastisches Styrol verwendet werden, muss 1,4-Divinylbenzol abgetrennt werden.

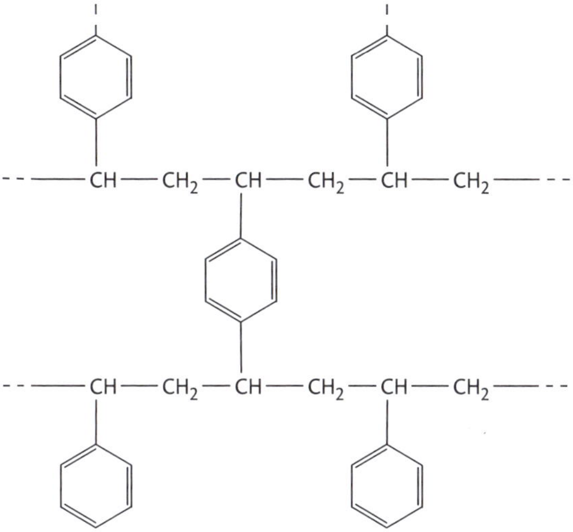

100.

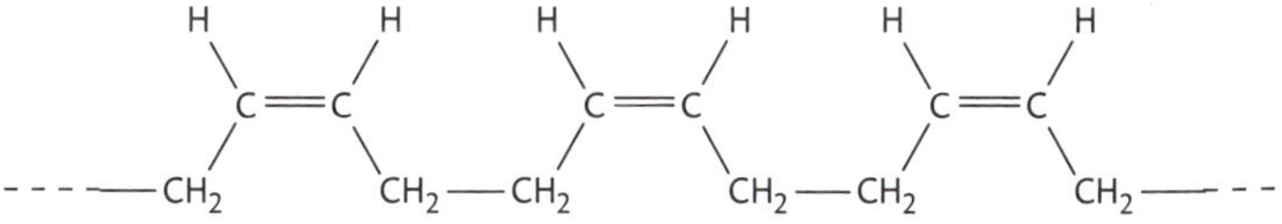

cis-Form

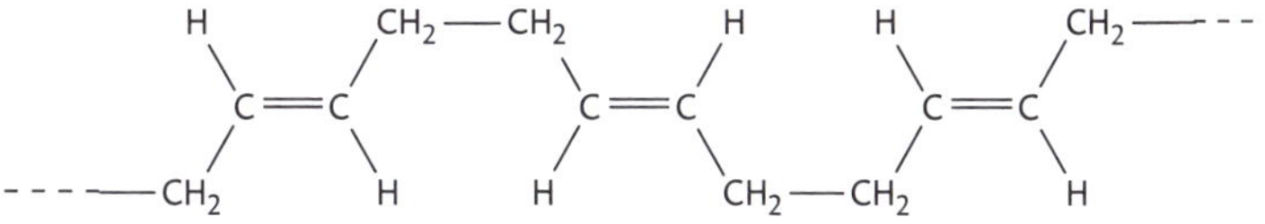

trans-Form

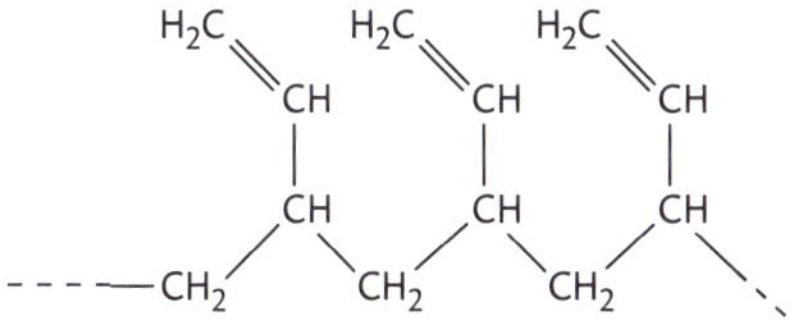

Polyisopren:

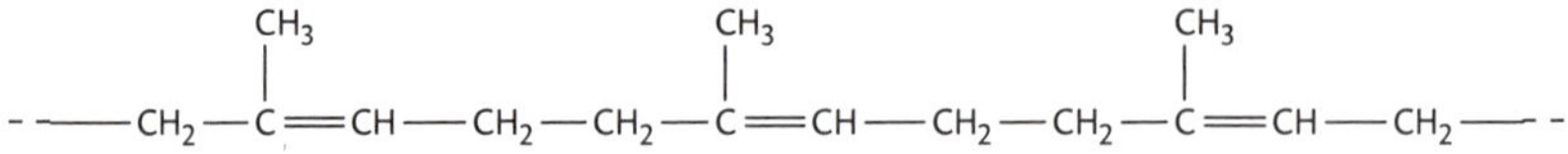

$$-\!-\!-CH_2-C(CH_3)=CH-CH_2-CH_2-C(CH_3)=CH-CH_2-CH_2-C(CH_3)=CH-CH_2-\!-$$

Vernetzung:

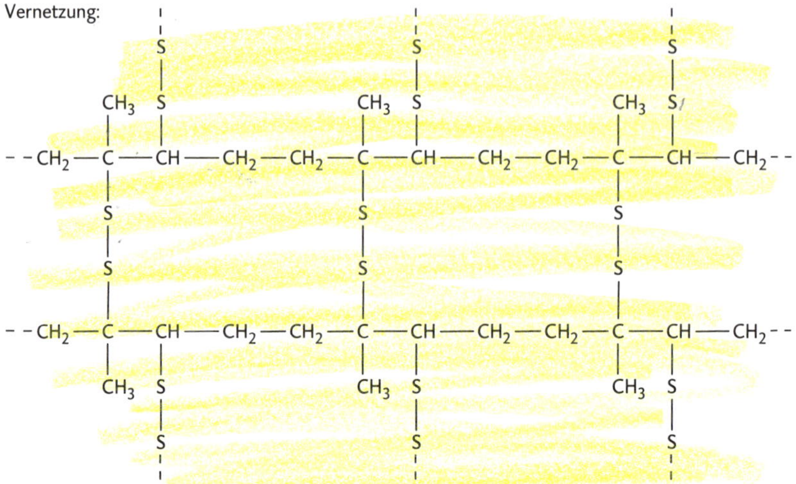

[Strukturformel der vernetzten Polyisopren-Ketten mit Schwefelbrücken (S-S) zwischen den Ketten]

101.

[Strukturformeln von Celluloseacetat und Cellulosenitrat]

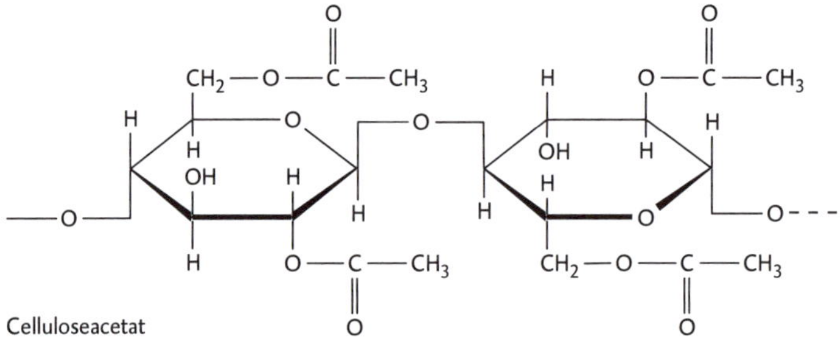

Celluloseacetat

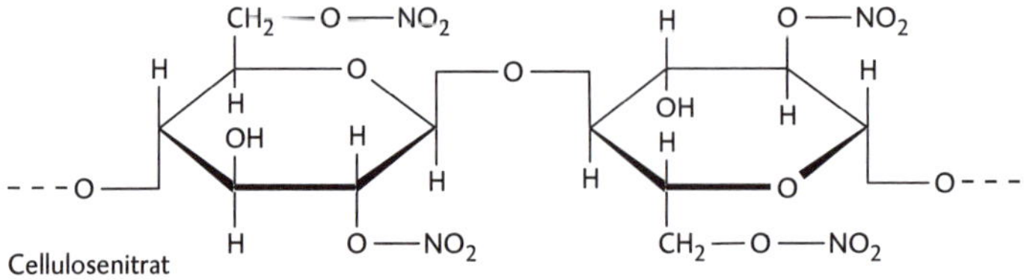

Cellulosenitrat

Campher könnte die Funktion eines Weichmachers haben. Die Masse erweicht bei Wärmezufuhr und kann dann angefärbt und in Formen gepresst werden. Campher könnte auch die Entzündungstemperatur herabsetzen. Schwefelsäure wirkt bei der Estersynthese als Katalysator.

102. a $C_6H_{12}O_6 \longrightarrow 2\ C_3H_6O_3$

[Glucose (Pyranose-Ringstruktur mit CH₂OH, OH, H-Substituenten) $\longrightarrow$ 2 Milchsäure-Moleküle: $H-\underset{CH_3}{\overset{COOH}{C}}-OH$]

b A CH_3-CH_2-COOH
Propansäure

B $H_3C-\underset{Cl}{\overset{H}{C}}-COOH$
2-Chlorpropansäure

A + Chlor $\longrightarrow$ B + Chlorwasserstoff
UV-Licht, radikalische Substitution

B + Kaliumhydroxid $\longrightarrow$ Kaliumchlorid + Milchsäure
höherer Druck

c [Polymerkette: $-O-\underset{CH_3}{\overset{H}{C}}-\overset{O}{\underset{}{C}}-O-\underset{CH_3}{\overset{H}{C}}-\overset{O}{\underset{}{C}}-O-\underset{CH_3}{\overset{H}{C}}-\overset{O}{\underset{}{C}}-\cdots$ oder $\left[-O-\underset{CH_3}{\overset{H}{C}}-\overset{O}{\underset{}{C}}-\right]_n$]

103.

$HO-\overset{O}{\underset{}{C}}$ | $H-\underset{CH_3}{\overset{}{C}}-OH$
D-Milchsäure

$HO-\overset{O}{\underset{}{C}}$ | $HO-\underset{CH_3}{\overset{}{C}}-H$
L-Milchsäure

$2\ \underset{OH\ \ OH}{H_2C-CH_2} + O_2 \longrightarrow 2\ \underset{OH}{CH_2}-\overset{O}{\underset{H}{C}} + 2\ H_2O$
Hydroxyacetaldehyd (Glykolaldehyd)

$2\ \underset{OH}{CH_2}-\overset{O}{\underset{H}{C}} + O_2 \longrightarrow 2\ \underset{OH}{CH_2}-\overset{O}{\underset{OH}{C}}$
Hydroxyessigsäure (Glykolsäure)

Copolymerkette-Ausschnitt, z. B.:

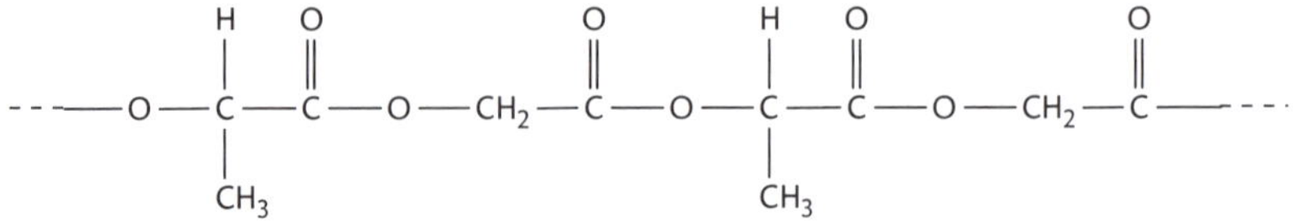

[Strukturformel Copolymerkette]

104. a

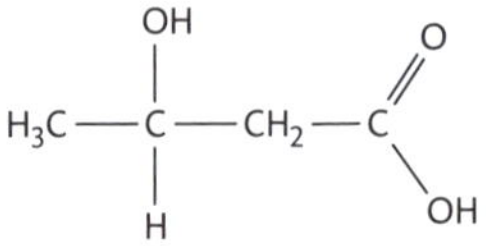

H₃C—C(OH)(H)—CH₂—C(=O)—OH

3-Hydroxybutansäure

[Strukturformel Poly-3-hydroxybutansäure]

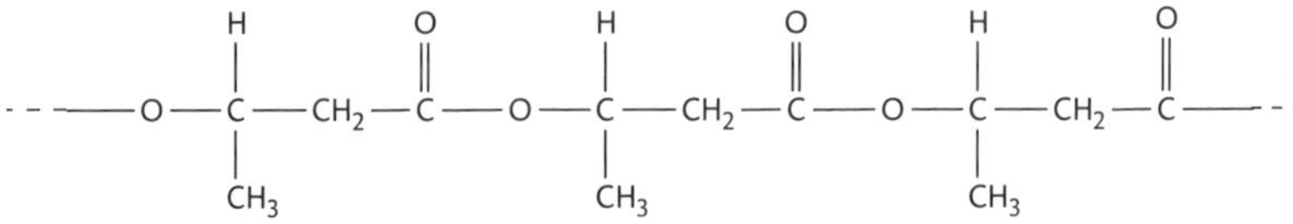

Poly-3-hydroxybutansäure (PHB)

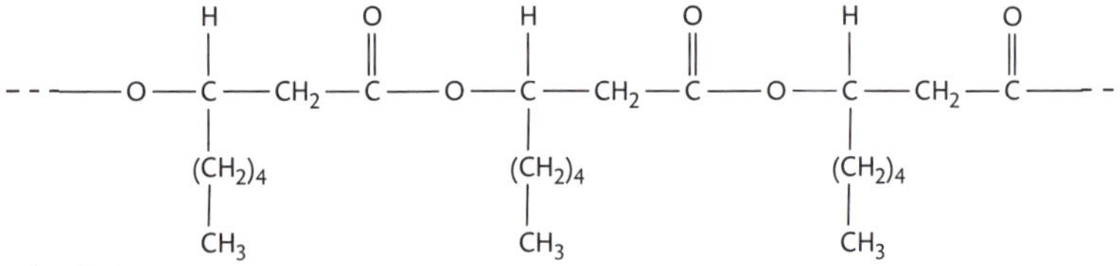

[Strukturformel Poly-3-hydroxyoctansäure]

Poly-3-hydroxyoctansäure

b Copolymerkettenausschnitt, z. B.:

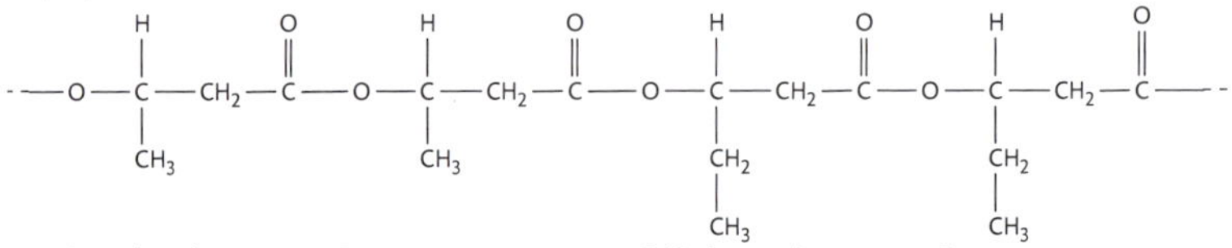

[Strukturformel Copolymer mit 3-Hydroxybutansäure- und 3-Hydroxyvaleriansäure-Bausteinen]

3-Hydroxybutansäure-Baustein   3-Hydroxyvaleriansäure-Baustein

Die Eigenschaften hängen vom Verhältnis n(PHB-Bausteine) : n(PHV-Bausteine) und von den statistisch angeordneten Sequenzen der Bausteine ab.

c Poly-3-hydroxybutansäure und Poly-3-hydroxyvaleriansäure sind durch Polykondensation entstanden. Die Ester sind durch Druck und mit Wasserdampf wieder in die Monomere zerlegbar. Sie sind abbaubar. PP und PE sind durch Polymerisation entstanden. Sie sind schlecht abbaubar. Durch Pyrolyse und Destillation können kleinere Ketten und Monomere gewonnen werden.

105. Monomere:

Adipinsäure	1,4-Butandiol	Terephthalsäure
1,6-Hexandisäure		1,4-Benzoldicarbonsäure
Stoffklasse: Dicarbonsäuren	mehrwertige Alkohole	aromatische Dicarbonsäuren

Polyester können in Umkehrung der Bildungsreaktion mit Wasser zunächst in die Ausgangsstoffe Dicarbonsäure und Diol zerlegt werden. Der weitere Abbau liefert Kohlenstoffdioxid, Wasser und Aromaten.

106. Polyester, Ausschnitt aus Makrolon®:

Abspaltung von Chlorwasserstoff

107. Polyester:

Auf die Doppelbindungen können Polystyrolketten mit unterschiedlicher Länge aufgepfropft werden:

108. Ausschnitt aus dem Polyester:

[Strukturformel des Polyesters mit wiederkehrenden Einheiten aus Maleinsäure, Propylenglykol und Phthalsäure]

Vernetzung:

[Strukturformel der vernetzten Polyesterstruktur mit Styrol-Brücken]

Räumliche Vernetzungen mit 1,2,3-Propantriol (Glycerin) und einer Dicarbonsäure, z. B. Adipinsäure:

$$\begin{array}{c} CH_2-OH \\ | \\ H-C-OH \\ | \\ CH_2-OH \end{array}$$

[Strukturformel der Dicarbonsäure mit R zwischen zwei COOH-Gruppen]

(R = Methylengruppen, z. B.: —(CH$_2$)$_4$—)

109.

[Fischer-Projektion von Glucose (Aldehydform) + H$_2$ → Sorbit (Hexitform)]

Die Hydroxylgruppen im Sorbit und die Carboxylgruppen der Citronensäure und der Phthalsäure können unter Abspaltung von Wasser zu Estergruppen miteinander reagieren. Die multifunktionellen Gruppen ermöglichen räumliche Vernetzungen, z. B:

oder z. B.:

110. $2\ C_{10}H_8 + 9\ O_2 \xrightarrow{\text{Katalysator}} 2\ C_6H_4(COOH)_2 + 4\ CO_2 + 2\ H_2O$

Durch die trifunktionellen Hydroxylgruppen im Glycerin können räumliche Vernetzungen entstehen, z. B.:

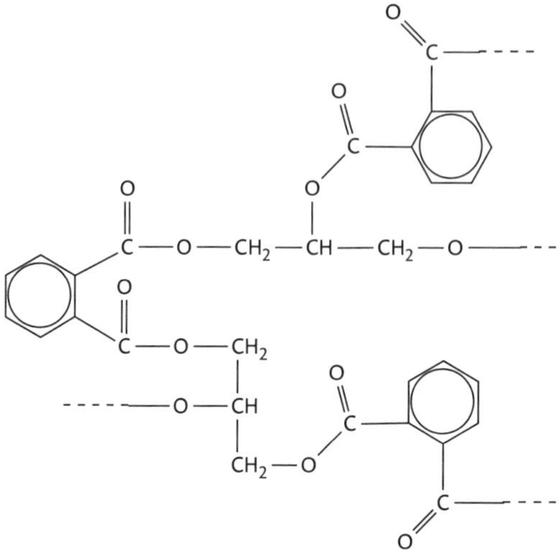

111.

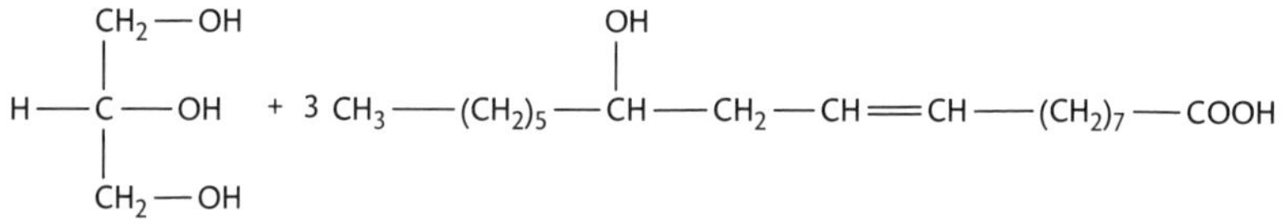

$$\text{Glycerin} \quad \begin{array}{c} CH_2-OH \\ | \\ H-C-OH \\ | \\ CH_2-OH \end{array} + 3\ CH_3-(CH_2)_5-\overset{OH}{\underset{|}{CH}}-CH_2-CH=CH-(CH_2)_7-COOH$$

Ricinolsäure

$$\xrightarrow{-3\ H_2O}$$

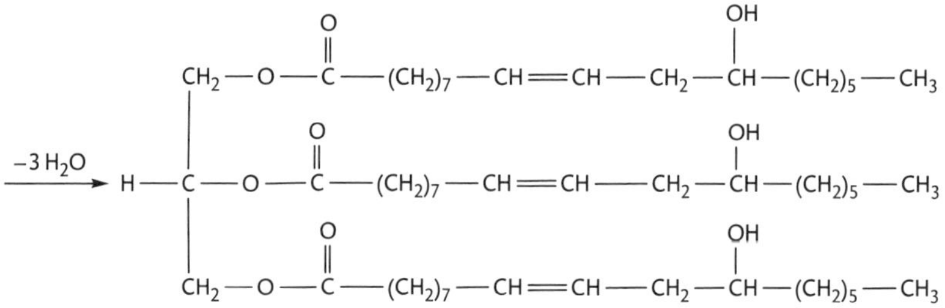

Triglycerid

Triglyceride enthalten drei funktionelle Gruppen (Hydroxylgruppen), die mit Adipinsäuremolekülen verestern können. So entstehen dreidimensionale Vernetzungen:

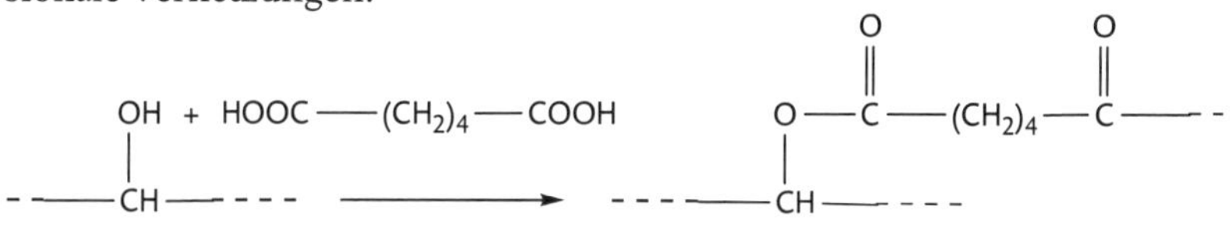

OH + HOOC—(CH$_2$)$_4$—COOH ⟶ O—C(=O)—(CH$_2$)$_4$—C(=O)—

112. Schritt 1:

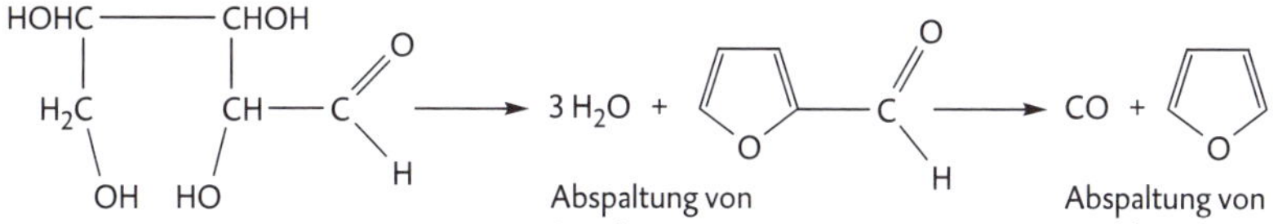

HOHC—CHOH, H₂C(OH)—CH(HO)—CH=O → 3 H₂O + Furfural (Furan-2-carbaldehyd) → CO + Furan

Abspaltung von 3 mol Wasser pro mol Pentose

Abspaltung von 1 mol CO pro mol Furfural

Reaktionstyp: Hydrierung (Anlagerung von Wasserstoff)

Schritt 2:

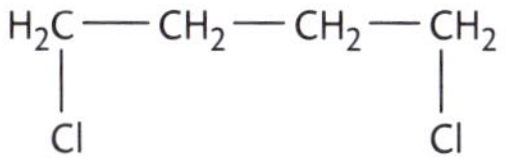

$H_2C-CH_2-CH_2-CH_2$ mit Cl an C1 und C4

1,4-Dichlorbutan

Reaktionsprodukt: Kaliumchlorid (KCl)

Schritt 3:

$NC-CH_2-CH_2-CH_2-CH_2-CN + 4 H_2 \longrightarrow$

$H_2N-CH_2-CH_2-CH_2-CH_2-CH_2-CH_2-NH_2$

Hexamethylendiamin (1,6-Diaminohexan)

$NC-CH_2-CH_2-CH_2-CH_2-CN + 4 H_2O \longrightarrow$

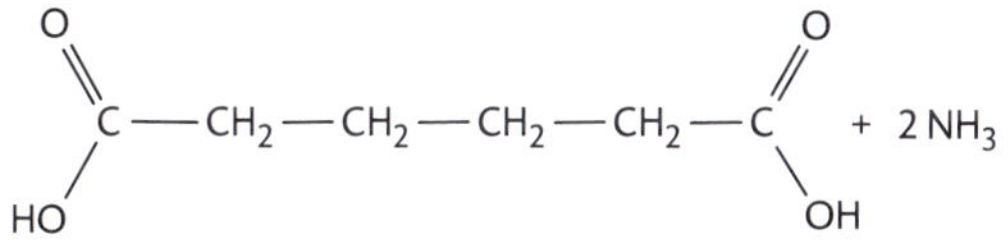

$HOOC-CH_2-CH_2-CH_2-CH_2-COOH + 2 NH_3$

Adipinsäure (1,6-Hexandisäure)

113.

a $H_2N-(CH_2)_{10}-COOH$

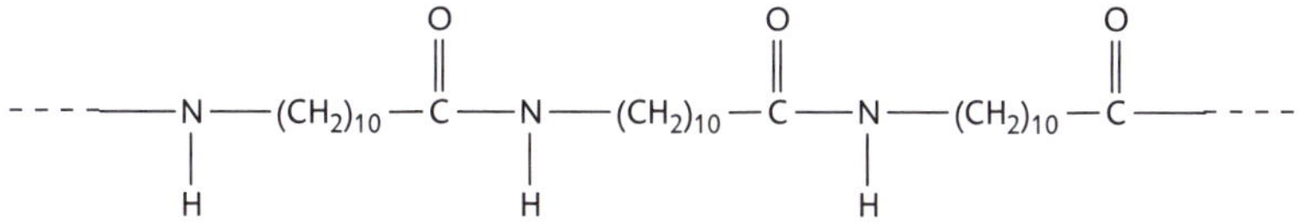

$\cdots -N(H)-(CH_2)_{10}-C(=O)-N(H)-(CH_2)_{10}-C(=O)-N(H)-(CH_2)_{10}-C(=O)- \cdots$

b $H_2N-(CH_2)_6-NH_2$ $HOOC-(CH_2)_8-COOH$

1,6-Hexamethylendiamin   Decandisäure

$\cdots -N(H)-(CH_2)_6-N(H)-C(=O)-(CH_2)_8-C(=O)-N(H)-(CH_2)_6-N(H)-C(=O)-(CH_2)_8-C(=O)- \cdots$

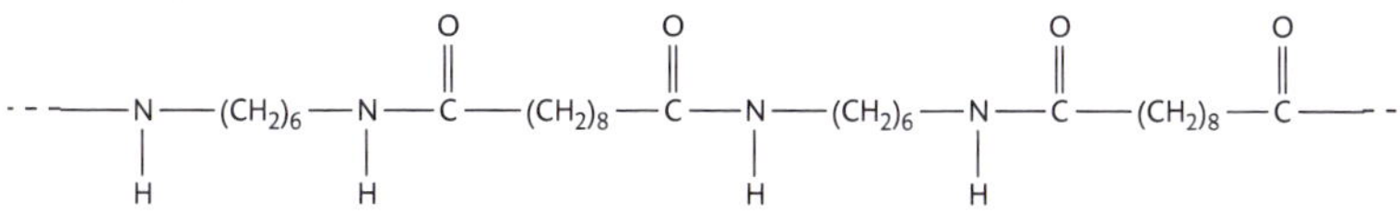

Durch Wasserstoffbrückenbindungen zwischen den –N–H- und –C=O-Gruppen bilden die Polymere Fasern:

$$\begin{array}{c} \diagdown\overline{\text{N}}\diagup \\ | \\ \text{H } \delta^+ \\ \vdots \longleftarrow \text{Wasserstoffbrückenbindung} \\ \overset{\delta^-}{\text{O}} \\ \| \\ \diagup\text{C}\diagdown \end{array}$$

Die Kunststoffe gehören in die Gruppe der Thermoplaste. Sie sind in Umkehrung der Bildungsreaktion mit Wasserdampf unter Druck wieder in die Monomere zerlegbar.

114. a A HOOC—$(CH_2)_4$—COOH   und NH_2—$(CH_2)_6$—NH_2
            1,6-Hexandisäure (Adipinsäure)   1,6-Diaminohexan (Hexamethylendiamin)

    B HOOC—⬡—COOH   und NH_2—$(CH_2)_6$—NH_2
       1,4-Benzoldicarbonsäure   1,6-Diaminohexan

    C HOOC—⬡—COOH   und H_2N—⬡—NH_2
       1,4-Benzoldicarbonsäure   p-Phenylendiamin

b Durch die höhere Anzahl an Benzolringen im Ausschnitt **C** bilden sich größere Oberflächen und so auch stärkere VAN-DER-WAALS-Kräfte.

c
$$\left[\begin{array}{c} \overset{O}{\underset{\|}{C}}-\text{⬡}-\overset{O}{\underset{\|}{C}}-\underset{H}{N}-\text{⬡}-\underset{H}{N} \end{array} \right]_x$$

Synthese z. B. durch Grenzflächenkondensation.

115. a $\boxed{F}$—H + H_2N—$\boxed{Pf}$ ⟶ $\boxed{F}^{\ominus}$ $H_3\overset{\oplus}{N}$—$\boxed{Pf}$

Reaktionstyp: Säure-Base-Reaktion; Kräfte: elektrostatische Kräfte.

b A Essigsäure (CH_3–COOH); B Diamine (H_2N–$(CH_2)_x$–NH_2). Reaktionen: Kondensationen. Der basische Charakter wird vermindert. Die Carbonylgruppe übt einen –I-Effekt aus. Elektronen werden in Richtung Carbonylgruppe abgezogen. Das freie Elektronenpaar am Stickstoffatom ist nicht mehr voll verfügbar.

116. Verknüpfungsreaktionen:

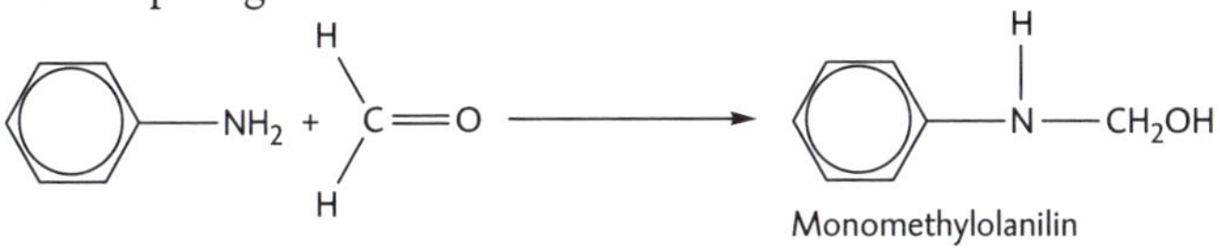

Ph—NH₂ + H₂C=O ⟶ Ph—N(H)—CH₂OH
Monomethylolanilin

Die weitere Verknüpfung (Kondensationen) erfolgt mit Anilin zu:

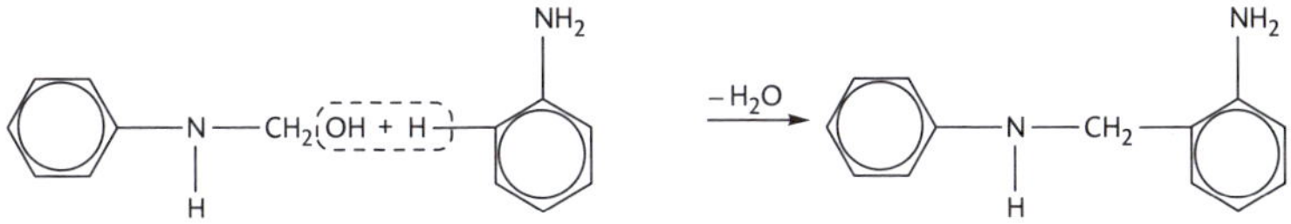

Ph—N(H)—CH₂—(OH + H)—C₆H₄—NH₂ $\xrightarrow{-H_2O}$ Ph—N(H)—CH₂—C₆H₄—NH₂

oder

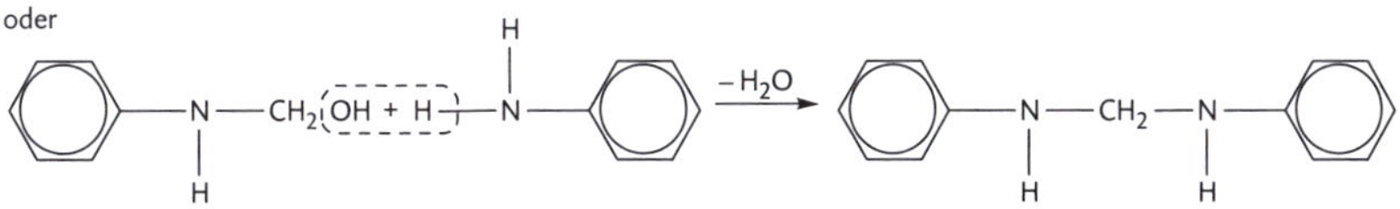

Ph—N(H)—CH₂—(OH + H)—N(H)—Ph $\xrightarrow{-H_2O}$ Ph—N(H)—CH₂—N(H)—Ph

Anilin-Formaldehyd-Harz

[Vernetzte Strukturformel des Anilin-Formaldehyd-Harzes mit über CH₂- und N-Brücken verknüpften Phenylringen]

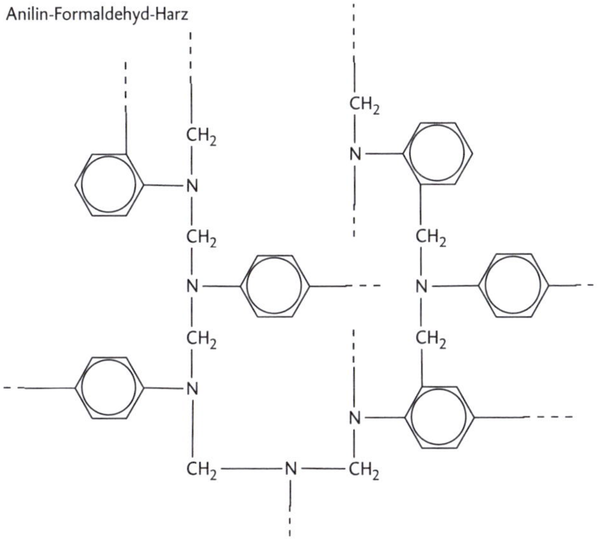

117. Ausschnitte aus einem Poly-Esterurethan, z. B.:

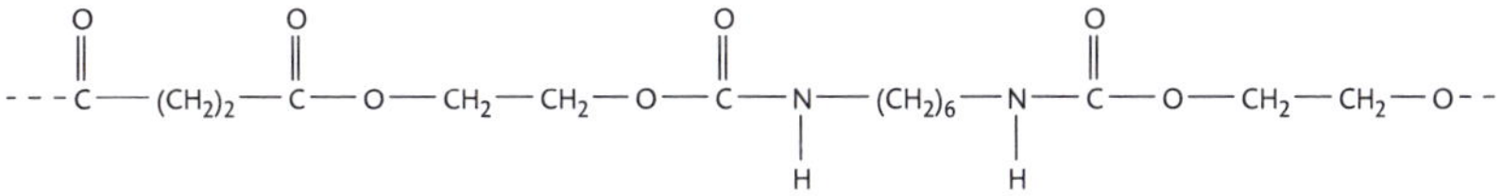

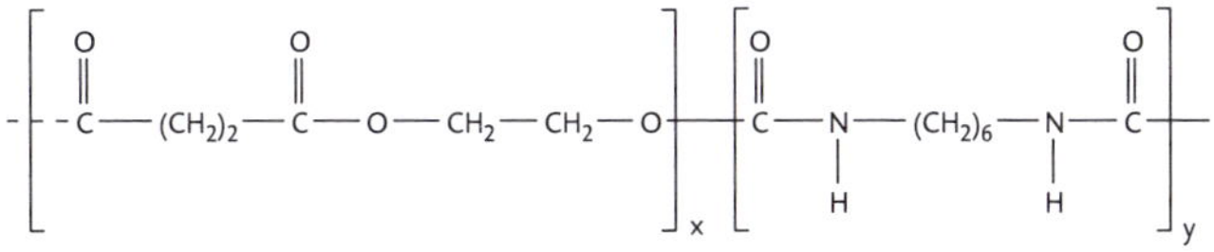

$$\cdots\text{—C(=O)—(CH}_2)_2\text{—C(=O)—O—CH}_2\text{—CH}_2\text{—O—C(=O)—N(H)—(CH}_2)_6\text{—N(H)—C(=O)—O—CH}_2\text{—CH}_2\text{—O—}\cdots$$

$$\left[\text{—C(=O)—(CH}_2)_2\text{—C(=O)—O—CH}_2\text{—CH}_2\text{—O—}\right]_x \left[\text{C(=O)—N(H)—(CH}_2)_6\text{—N(H)—C(=O)}\right]_y$$

Die Polyester-Komponenten können durch Hydrolyse abgetrennt werden. In Umkehrung der Esterbildungsreaktion entstehen aus den Polyesterkomponenten Dicarbonsäuren und Diole. Der weitere Abbau liefert CO_2 und H_2O. Beim Abbau der Polyurethan-Komponenten sind Enzyme wie Proteasen, Ureasen und Esterasen beteiligt. Freie Isocyanatgruppen werden abgebaut (Entwicklung von CO_2), Amidgruppen gespalten und Urethangruppen aufgebrochen.

118. Komponenten:
Polyether-Abschnitte („Polyalkohol"-Abschnitte):

...—O—(CH$_2$—CH$_2$—O)$_x$—CH$_2$—CH$_2$—O—...

Monomere: 1,2-Ethandiol, verknüpft über Etherbindungen

„Urethan"-Abschnitt:

Monomere: Diphenylmethan-4,4-diisocyanat

Die „Urethan"-Abschnitte lagern sich längs aneinander, sodass Kritallite (Fasern) entstehen können. Hier wirken VAN-DER-WAALS-Kräfte über die Benzolringe und Wasserstoffbrückenbindungen zwischen NH- und CO-Gruppen. Die Bindungen in den CO–NH-Gruppen zwischen den Kohlenstoff- und Stickstoffatomen haben partiellen Doppelbindungscharakter. Diese „starren" Abschnitte verhindern die Verknäuelung.

1: Wasserstoffbrückenbindungen, 2: van-der-Waals-Kräfte

Die Polyether-Abschnitte liegen verknäuelt vor. Beim Ziehen werden die Abschnitte gestreckt und die Fasern dehnen sich. Werden sie losgelassen, gehen die Polyether-Abschnitte wieder in die Knäuelform und die Fasern wieder in den Ausgangszustand zurück. Verwendung findet Elastan® z. B. in Socken, Badeanzügen und Strumpfhosen.

119. Da die Hydroxylgruppen der Polymere a, b und c in verschiedene Richtungen zeigen und die Diisocyanate zwei funktionelle Gruppen besitzen, entstehen durch Polyaddition räumlich vernetzte Strukturen. Die Hydroxylgruppen und z. T. auch andere funktionelle Gruppen, wie Carboxylgruppen bei den Huminsäuren, binden Wasserdipole über Wasserstoffbrückenbindungen. Diese können ebenfalls unter Abspaltung von Kohlenstoffdioxid Isocyanatgruppen vernetzen. Das freigesetzte Gas schäumt die sich vernetzende Masse auf (siehe Aufgabe 120).

Diphenylmethan-4,4-diisocyanat

Toluol-2,4-diisocyanat

Ricinusöl besteht überwiegend aus Triglyceriden. Die Ricinolsäure (siehe Aufgabe 111) enthält eine Hydroxylgruppe. Die Triglycerid-Moleküle sind somit trifunktionell. Sie bilden durch Addition mit den Diisocyanaten dreidimensionale Strukturen:

120. Denkbar sind Reaktionen der Hydroxylgruppen mit Carboxylgruppen von Dicarbonsäuren oder Tricarbonsäuren unter Wasserabspaltung, z. B.:

$$-\overset{O}{\underset{\|}{C}}-(CH_2)_x-\overset{O}{\underset{\|}{C}}-O-CH_2-\overset{H}{\underset{|}{\underset{OH}{C}}}-CH_2-O-\overset{O}{\underset{\|}{C}}-(CH_2)_x-\overset{O}{\underset{\|}{C}}-$$

$$+\ \underset{HO}{\overset{O}{\underset{\|}{C}}}-(CH_2)_y-\underset{OH}{\overset{O}{\underset{\|}{C}}}\quad \Big|\ -H_2O$$

$$\downarrow$$

$$-\overset{O}{\underset{\|}{C}}-(CH_2)_x-\overset{O}{\underset{\|}{C}}-O-CH_2-\overset{H}{\underset{|}{C}}-CH_2-O-\overset{O}{\underset{\|}{C}}-(CH_2)_x-\overset{O}{\underset{\|}{C}}-$$
$$\underset{\underset{\underset{C=O}{|}}{\underset{(CH_2)_y}{|}}}{\underset{C=O}{|}}{\overset{|}{O}}$$

Denkbar sind Reaktionen der Hydroxylgruppen mit Diisocyanaten (Additionsreaktionen), z. B.:

$$-\overset{O}{\underset{\|}{C}}-(CH_2)_x-\overset{O}{\underset{\|}{C}}-O-CH_2-\overset{H}{\underset{\underset{OH}{|}}{C}}-CH_2-O-\overset{O}{\underset{\|}{C}}-(CH_2)_x-\overset{O}{\underset{\|}{C}}-$$

$$+\ O=C=N-R'-N=C=O$$

$$\downarrow$$

$$-\overset{O}{\underset{\|}{C}}-(CH_2)_x-\overset{O}{\underset{\|}{C}}-O-CH_2-\overset{H}{\underset{|}{C}}-CH_2-O-\overset{O}{\underset{\|}{C}}-(CH_2)_x-\overset{O}{\underset{\|}{C}}-$$
$$\underset{\underset{\underset{R'}{|}}{\underset{H-N}{|}}}{\underset{C=O}{|}}{\overset{|}{O}}$$

a 2 O=C=N—R'—N=C=O + HO—R—OH

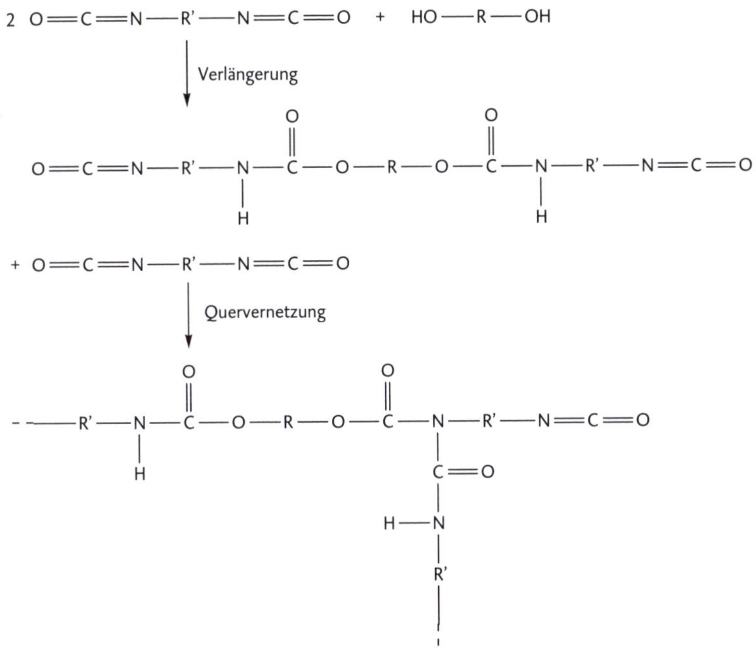

↓ Verlängerung

O=C=N—R'—N(H)—C(=O)—O—R—O—C(=O)—N(H)—R'—N=C=O

+ O=C=N—R'—N=C=O

↓ Quervernetzung

----R'—N(H)—C(=O)—O—R—O—C(=O)—N—R'—N=C=O
                                |
                                C=O
                                |
                            H—N
                                |
                                R'
                                |

b 2 O=C=N—R'—N=C=O + H₂N—R''—NH₂

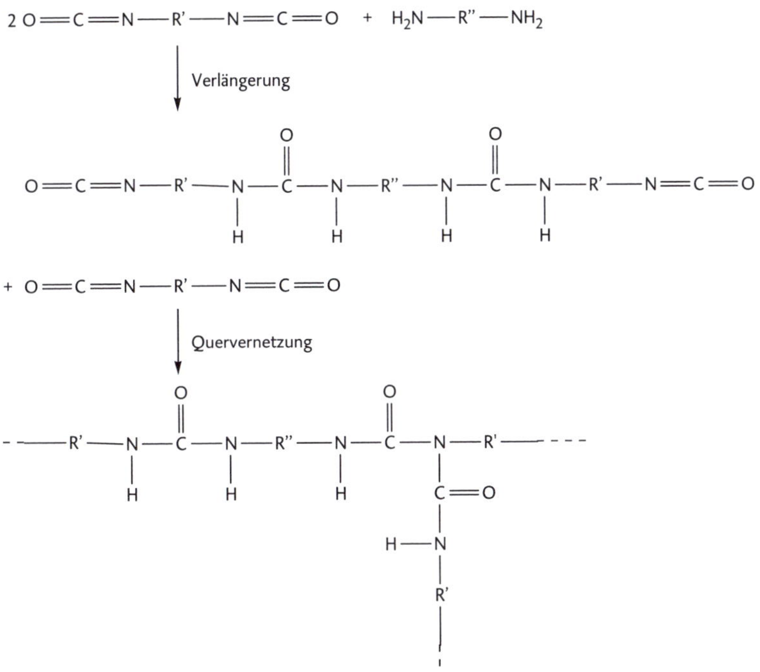

↓ Verlängerung

O=C=N—R'—N(H)—C(=O)—N(H)—R''—N(H)—C(=O)—N(H)—R'—N=C=O

+ O=C=N—R'—N=C=O

↓ Quervernetzung

----R'—N(H)—C(=O)—N(H)—R''—N(H)—C(=O)—N—R'----
                                              |
                                              C=O
                                              |
                                          H—N
                                              |
                                              R'
                                              |

c $2\ O{=}C{=}N-R'-N{=}C{=}O\ +\ H_2O$

↓ Verlängerung

$O{=}C{=}N-R'-\underset{H}{N}-\underset{\underset{O}{\|}}{C}-\underset{H}{N}-R'-N{=}C{=}O\ +\ CO_2$

$+\ O{=}C{=}N-R'-N{=}C{=}O$

↓ Quervernetzung

$O{=}C{=}N-R'-\underset{H}{N}-\underset{\underset{\underset{H-N-R'-\cdots}{|}}{\underset{C=O}{|}}}{\overset{\overset{O}{\|}}{C}}-N-R'-\cdots$

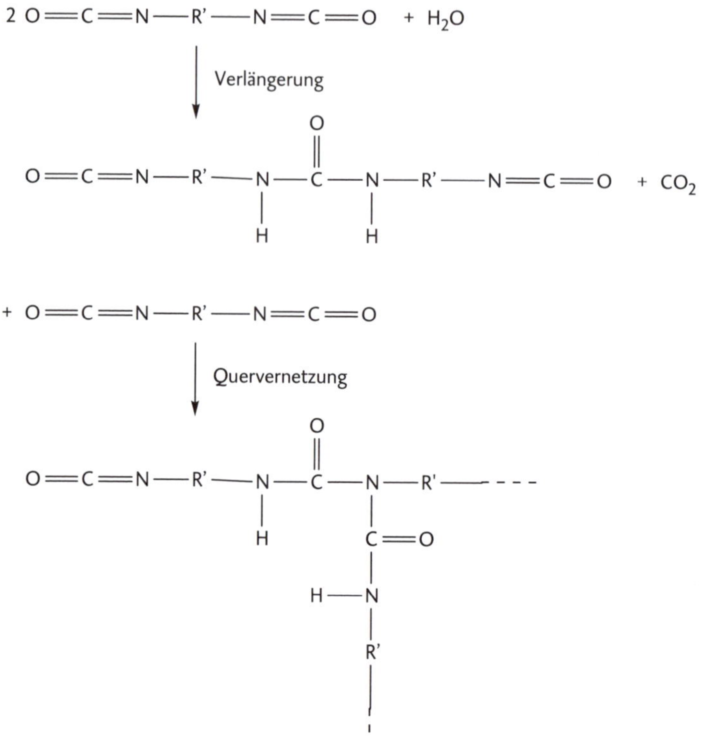

121. Monomere:

a

HO—C(=O)—⌬—C(=O)—OH   H₂C(OH)—CH₂(OH)

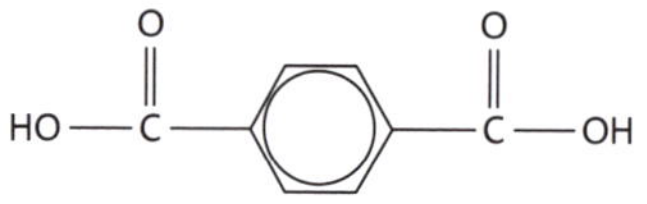

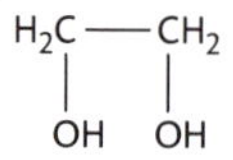

1,4-Benzoldicarbonsäure (Terephthalsäure)   1,2-Ethandiol

b

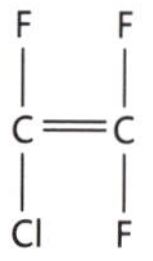

$\underset{Cl}{\overset{F}{|}}C{=}\underset{F}{\overset{F}{|}}C$

2-Chlor-1,1,2-Trifluorethen

c

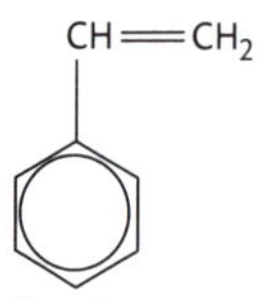

CH=CH₂—⌬   H₂C=C(CH₃)—CH=CH₂

Styrol 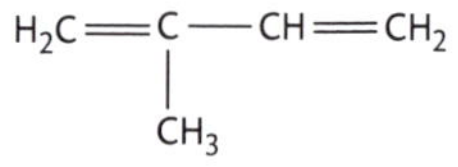   2-Methylbutadien

d

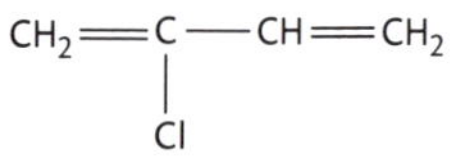

CH₂=C(Cl)—CH=CH₂

2-Chlorbutadien

Radikalischer Mechanismus für die Bildung von **b**:

Startradikal R• $\left(R\ \hat{=}\ \underset{}{⌬}-\underset{\underset{}{}}{\overset{\overset{O}{\|}}{C}}-\overline{O}{\bullet}\ \text{oder}\ ⌬{\bullet} \right)$

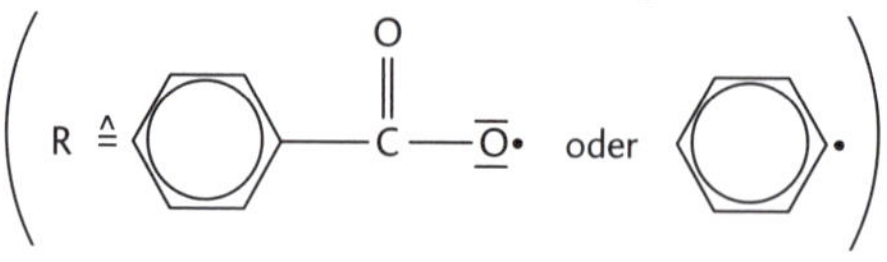

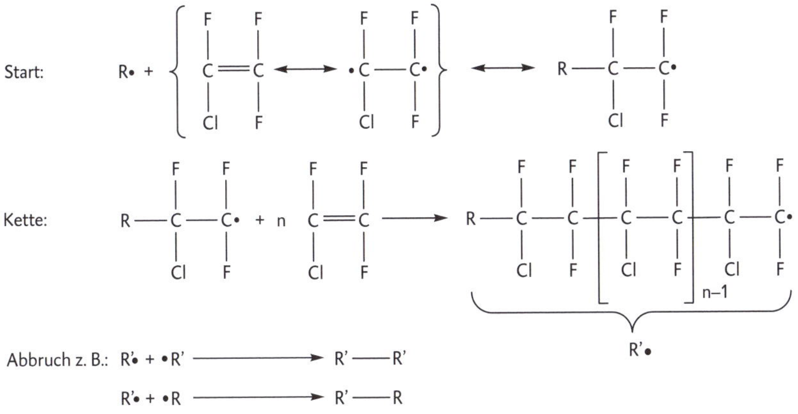

Start: R• + { F₂C=CClF ↔ •CF₂—CClF• } ↔ R—CF₂—CClF•

Kette: R—CF₂—CClF• + n C=C (F₂/ClF) ⟶ R—CF₂—CClF—[CF₂—CClF]_{n−1}—CF₂—CClF• R'•

Abbruch z. B.: R'• + •R' ⟶ R'—R'
R'• + •R ⟶ R'—R

(Strukturformeln schematisch wiedergegeben)

122. **a** Thermoplaste:
   1 Vinylchlorid: Polymerisation; Doppelbindungen können durch Radikale entkoppelt werden
   4 Styrol: Polymerisation; Doppelbindungen können durch Radikale entkoppelt werden
   Copolymere aus **1** und **4**: Copolymerisation, Entkopplung der Doppelbindungen durch Radikale

   b Duroplaste:
   2 Methanal und **3** Phenol: elektrophile Substitution und Kondensation, engmaschige Verknüpfungen sind möglich.
   2 Methanal und **5** Harnstoff: Addition und Kondensation, engmaschige Verknüpfungen sind möglich.

123. **a**

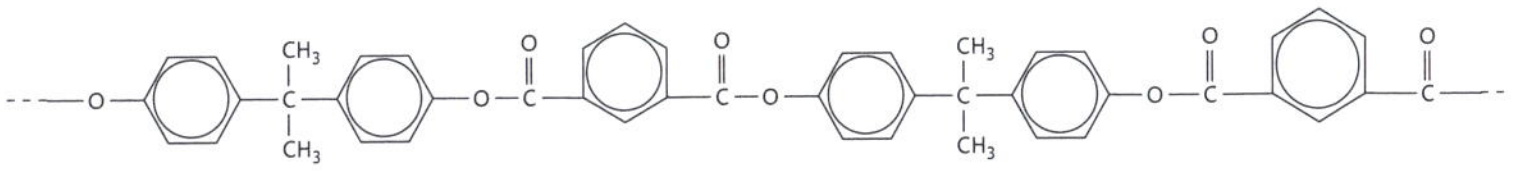

Polykondensation, aromatischer Polyester

Die zahlreichen Benzolringe besitzen relativ große Oberflächen mit starken VAN-DER-WAALS-Kräften zwischen den Ketten. Dies bedingt die große Temperaturbeständigkeit.

b

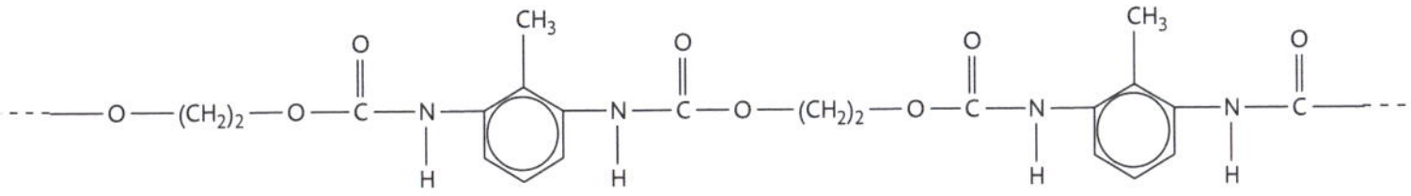

Polyaddition, Polyurethan

Vernetzung von **b**:

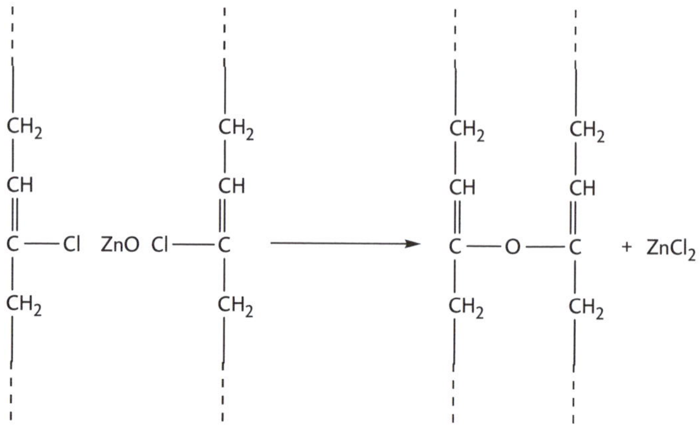

$$\begin{array}{c}\vdots\\|\\CH_2\\|\\CH\\||\\C-Cl\\|\\CH_2\\|\\\vdots\end{array}\quad ZnO\quad\begin{array}{c}\vdots\\|\\CH_2\\|\\CH\\||\\Cl-C\\|\\CH_2\\|\\\vdots\end{array}\quad\longrightarrow\quad\begin{array}{c}\vdots\\|\\CH_2\\|\\CH\\||\\C-O-C\\|\\CH_2\\|\\\vdots\end{array}\begin{array}{c}\vdots\\|\\CH_2\\|\\CH\\||\\\\|\\CH_2\\|\\\vdots\end{array}\quad+\ ZnCl_2$$

124. **Monomere:**

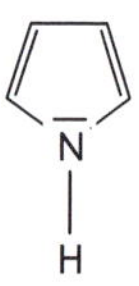

   Pyrrol   Benzol $H-C\equiv C-H$ Ethin

   Ausschnitte:

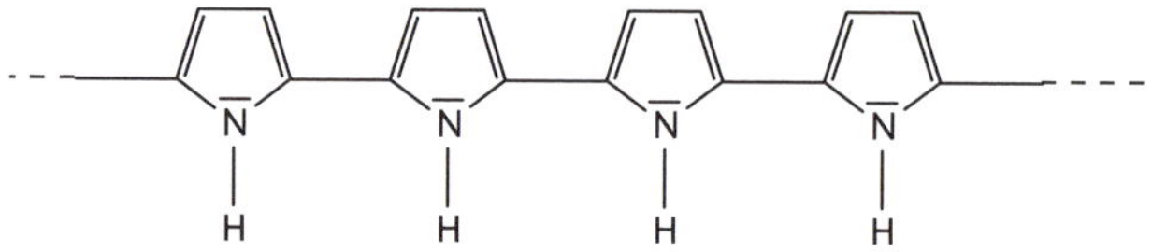

   Polypyrrolylen

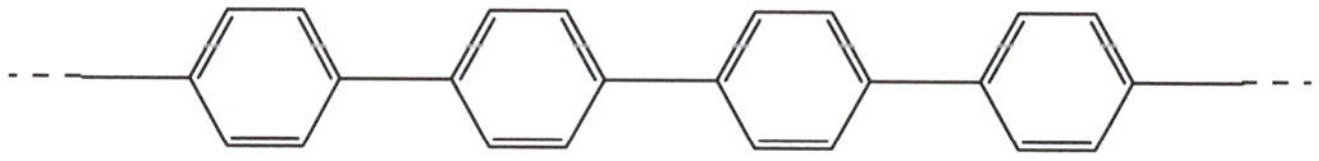

   Polyphenylen

   $--- CH=CH-CH=CH-CH=CH ----$
   Polyethin (Polyacetylen)

125. Polyethen und Polypropen sind Thermoplaste. Beim Erhitzen gehen diese in den zähplastischen Zustand über. Die Schmelze kann neue Formen einnehmen, die beim Abkühlen wieder in den spröden-harten Zustand übergehen (Methode des Umschmelzens).

Beim Verbrennen von PVC entstehen:
1. HCl (g) Chlorwasserstoff. Nachweise:
   a mit Ammoniak, weiße Nebel:
   $$NH_3 + HCl\,(g) \longrightarrow NH_4Cl\,(s)$$
   $$\text{Ammoniumchlorid}$$
   b Einleiten in Wasser, Zugabe einiger Tropfen Indikator-Lösung, Rotfärbung durch Bildung von Salzsäure:
   $$HCl\,(g) + H_2O \longrightarrow H_3O^+ + Cl^-$$
2. Kohlenstoffdioxid (CO_2). Nachweis mit Kalkwasser:
   $$CO_2 + Ca(OH)_2\,(aq) \longrightarrow CaCO_3\,(s) + H_2O$$
   $$\text{Trübung}$$
3. Wasser (H_2O). Nachweis z. B. mit wasserfreiem Kupfersulfat:
   $$CuSO_4\,(s) + 5\,H_2O \longrightarrow CuSO_4 \cdot 5\,H_2O$$
   grau → blau
4. Kohlenstoffmonooxid (CO). Nachweis mit einem Prüfröhrchen, das Iodpentaoxid I_2O_5 enthält. Bei Anwesenheit von CO verfärbt sich das Nachweisreagenz:
   $$I_2O_5 + 5\,CO \longrightarrow I_2 + 5\,CO_2$$

126. Kristallite: Einzelne Bereiche von Makromolekülketten können sich infolge von Dipol-Kräften oder Wasserstoffbrückenbindungen parallel orientieren und ein Kristallgitter bilden. Die Ketten können aber nicht in der ganzen Länge eingebaut werden. Die kleineren Kristallzonen werden als Kristallite bezeichnet. Sie sind in der amorphen Struktur enthalten.

    A Amorphe Thermoplaste: Die Zugfestigkeit ist im Glaszustand, dem Bereich unterhalb des Erweichungsbereiches, hoch und die Dehnung gering. Mit zunehmender Temperatur nehmen die Amplituden der Kettenschwingungen und die Dehnung zu, die Zugfestigkeit ab. Reicht schließlich die Energie aus, um die zwischenmolekularen Kräfte zu überwinden, dann gleiten die Moleküle gegeneinander ab. Dies geschieht zunächst in kleinen Bereichen. Bei weiterer Energiezufuhr wird die ganze Struktur beweglich und weich (Erweichungsbereich). die Zugfestigkeit nimmt stark ab und die Dehnung zu. Bei weiterer Temperaturzunahme bricht die elastische Rückstellkraft zusammen, der Stoff wird zu einer zähplastisch fließenden Masse. Nach oben ist dieser Zustandsbereich durch den Zersetzungsbereich begrenzt. In diesem beginnt der Kettenabbau und damit die Zerstörung des Kunststoffes.

B Thermoplaste mit Kristalliten: Im Erweichungsbereich tauen zunächst nur die amorphen Bereiche auf. Ein steiler Abfall der Zugfestigkeit und eine starke Zunahme der Dehnung bis zum Maximum erfolgt im Schmelzbereich der Kristallite. Im anschließenden Fließbereich kommt es zum Zusammenbruch der Gitterstrukturen und der elastischen Rückstellkräfte. Der weitere Verlauf entspricht der Darstellung unter A.

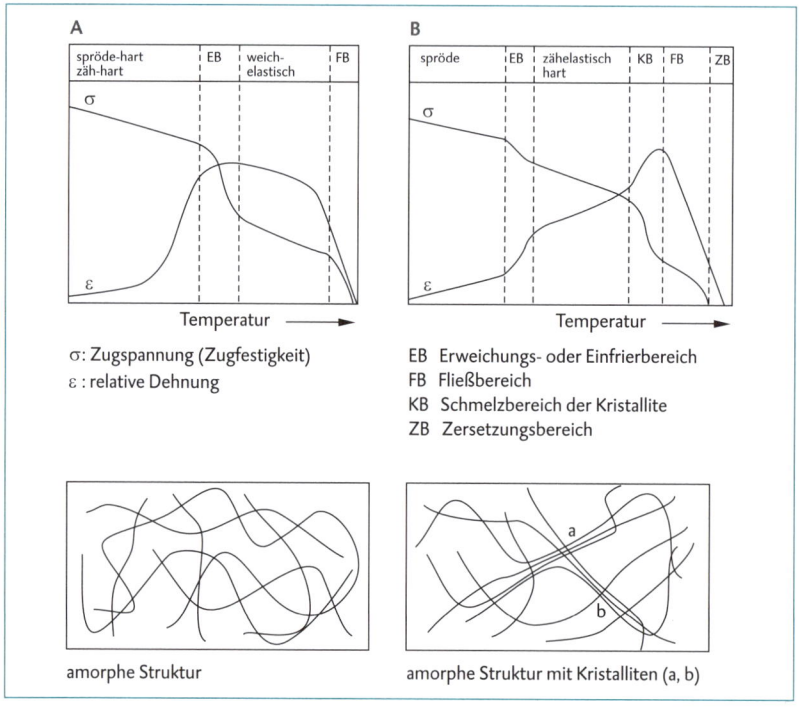

Verhältnisse bei **Duroplasten**:

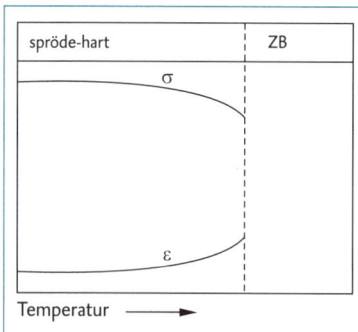

Durch die Vernetzung der Molekülketten können sich diese trotz Temperaturerhöhung nicht mehr voneinander lösen und aneinander abgleiten. Den Kunststoff kann man nicht in eine zähflüssige Schmelze überführen. Duroplaste bleiben bis zum Zersetzungsbereich im Glaszustand. Erweichungs- und Fließbereich gibt es nicht.

127. Das Polymerisat nimmt kein Wasser auf, es ist in allen Lösungsmitteln unlöslich. Die mit dem Schweiß abgegebenen Wassermoleküle (Wasserdampf) können durch die Poren der PTFE-Filme nach außen gelangen. In einem Flüssigkeitstropfen sind die Wassermoleküle über Wasserstoffbrücken miteinander verbunden. Regentropfen sind zu groß, um durch die Poren nach innen zu gelangen.

Die Polymere sind infolge ihrer chemischen Stabilität physiologisch unbedenklich, sie sind unlöslich in allen Lösungsmitteln. Aus diesen Gründen können Folien aus Polytetrafluorethen für Venen und Arterien verwendet werden. Die Polymerketten beginnen sich erst oberhalb von 400 °C zu zersetzen. Wegen dieses großen nutzbaren Temperaturbereiches ist dieser Kunststoff vielseitig einsetzbar, wie z. B. für Dichtungsbänder und Beschichtungen.

128. **Stabilisatoren** sollen
- eine vorzeitige Polymerisation der Monomere verhindern.
- bei der Verarbeitung von Thermoplasten dem Abbau durch Oxidationen oder der thermischen Zersetzung entgegen wirken.
- die Wärme-, Licht- und Sauerstoffbeständigkeit von Kunststofferzeugnissen verbessern.

Weichmacher sind schwerflüchtige Flüssigkeiten, deren Moleküle mit den Polymerketten z. B. über VAN-DER-WAALS-Kräfte oder Dipolkräfte in Wechselwirkung treten und dadurch die Kräfte zwischen den Makromolekülketten vermindern. Die Erweichungstemperatur, die Sprödigkeit und die Härte werden damit herabgesetzt.

Strukturformel:

$$\text{Benzolring mit zwei } -C(=O)-O-(CH_2)_7-CH_3 \text{ Gruppen in ortho-Stellung}$$

129. a Die pulverförmige oder körnige Masse wird beim Transport mit einer Schnecke verdichtet und mittels einer Heizung zum zähplastischen Fließen gebracht. Das so erhitzte Material tritt dann durch eine nachgeschaltete Düse. Je nach Gestalt dieser Düse entstehen unterschiedliche Formen: Mit Breitschlitzdüsen werden Bahnen, mit Ringdüsen Schläuche oder Rohre gefertigt.

b Das plastische Material wird mithilfe einer Förderschnecke oder mittels eines Kolbens durch eine Düse schnell in geschlossene, gekühlte Formen gespritzt. Nach Abkühlen und Erstarren werden die Formen ausgestoßen.
c Die plastische Masse wird durch eine Reihe von gegenläufigen Walzen befördert. Die Spaltbreite der letzten Walzen bestimmt die Dicke der Folien.
d Eine heiße plastische Masse, die von einer Form umgeben ist, wird mit Druckluft an die Innenseite der Wand gedrückt. Dadurch können z. B. Flaschen und Kanister produziert werden.
e Beim Spinnen wird die heiße plastische Masse durch feine Düsen gepresst.

Polystyrol und Polypropen sind Thermoplaste. Sie können in den Zustand des zähplastischen Fließens gebracht und entsprechend bearbeitet werden. Sie sind für das Spritzgussverfahren geeignet.

130. Beim **Werkstoff-Recycling** werden gebrauchte Kunststoffe nach Sorten (Thermoplaste, Elastomere und Duroplaste) getrennt. Danach folgt die mechanische Zerkleinerung und die Reinigung. Das Granulat wird dann weiterverarbeitet, z. B. durch Umschmelzen. Mischkunststoffe können auch zu großvolumigen, dickwandigen Teilen wie etwa Parkbänken verarbeitet werden.
Beim **Rohstoff-Recycling** werden die Polymere durch thermische Prozesse gespalten. Die Pyrolyse unter Luftabschluss liefert Gase, Öle, Benzine und Monomere. Bei der Pyrolyse mit Hydrierung werden die Polymerketten „gecrackt" und mit Wasserstoff abgesättigt sowie Bestandteile wie Chlor oder Schwefel abgetrennt. Die Produkte bestehen aus kurzkettigen Kohlenwasserstoffen. Das Pyrolysegas wird z. T. verbrannt und aus den Ölen lassen sich Treibstoffe gewinnen. Aus den Rückständen können Metalle zurückgewonnen werden.
Die Rückgewinnung der in den Kunststoffen gespeicherten Energie durch Verbrennung wird als **energetische Verwertung** bezeichnet. Diese Energie wird dann zur Erzeugung von Strom oder Dampf bzw. zur Bereitstellung von Prozesswärme genutzt.
Beim Einsatz im **Hochofen** werden aus zerkleinerten Kunststoffabfällen Kohlenstoffmonooxid und Wasserstoff als Reduktionsmittel für die Reduktion der Eisenoxide gewonnen.

131. Die unpolaren Polyethenketten bewirken, dass die Folien sehr wenig Wasser aufnehmen. Die Löslichkeit in organischen Lösungsmitteln ist äußerst gering. Die Folien werden angebracht, um eine Aufweichung des Kartons zu verhindern. Die Aluminium-Folie wirkt der Zersetzung von Lebensmitteln durch Oxidationen und Lichteinwirkungen entgegen.
Die Celluloseketten können mit ihren zahlreichen Hydroxylgruppen über Wasserstoffbrückenbindungen Wasserdipole anlagern. Die Fasern quellen dadurch auf. Mit Wasser werden die Folien anschließend von den Fasern abgeschwemmt. Letztere werden abgesaugt und weiterverarbeitet.
Die Zementindustrie braucht sehr viel Energie. Die PE-Folien werden energetisch verwertet, das Aluminium der Folien wird zu Aluminiumoxid, einem Bestandteil der Tonerde, umgewandelt.
Der Kunststoffanteil des Kartons wird zum Schmelzen gebracht, er wirkt dann wie ein Leim. Die anderen Bestandteile werden beim Abkühlen verdichtet und verbacken. Die hitzebeständige und chemisch inerte Teflonbeschichtung verhindert eine Reaktion der zerkleinerten Masse mit den Platten.

Anhang

1 Ausgangsstoffe zur Herstellung von Kunststoffen

1.1 Ungesättigte Verbindungen

Name	Ethen	Propen	Isobuten
Struktur-formel	$H_2C=CH_2$	$CH_3-CH=CH_2$	$H_2C=C(CH_3)-CH_3$

Name	2-Chlorethen (Vinylchlorid)	Tetrafluorethen	Chlortrifluorethen
Struktur-formel	$H_2C=CHCl$	$F_2C=CF_2$	$ClFC=CF_2$

Name	1,3-Butadien	2-Methyl-1,3-butadien (Isopren)	2-Chlor-1,3-butadien
Struktur-formel	$H_2C=CH-CH=CH_2$	$H_2C=C(CH_3)-CH=CH_2$	$H_2C=C(Cl)-CH=CH_2$

Name	Acrylnitril	Propensäure (Acrylsäure)	2-Methyl-propensäure (Methacrylsäure)
Struktur-formel	$H_2C=CH-C\equiv N$	$H_2C=CH-COOH$	$H_2C=C(CH_3)-COOH$

Name	Acrylsäuremethylester (Methylacrylat)	Methacrylsäuremethylester (Methylmethacrylat)	Vinylacetat
Struktur-formel	$H_2C=CH-C(=O)-O-CH_3$	$H_2C=C(CH_3)-C(=O)-O-CH_3$	$H_2C=CH-O-C(=O)-CH_3$

Name	cis-Butendisäure (Maleinsäure)	trans-Butendisäure (Fumarsäure)	Ethin (Acetylen)
Struktur-formel	cis-HOOC-CH=CH-COOH	trans-HOOC-CH=CH-COOH	$H-C\equiv C-H$

1.2 Alkanole, Alkanale und Ether

Name	1,2-Ethandiol (Glykol)	1,2,3-Propantriol (Glycerin)	1,4-Butandiol
Struktur-formel	CH_2-CH_2 | | OH OH	$CH_2-CH-CH_2$ | | | OH OH OH	$HO-(CH_2)_4-OH$
Name	1,2-Propandiol (Propylenglykol)	Methanal (Formaldehyd)	Diethylether
Struktur-formel	$CH_3-CH-CH_2$ | | OH OH	$H-\underset{\underset{H}{\|}}{\overset{\overset{O}{\|\|}}{C}}$	$CH_3-CH_2-O-CH_2-CH_3$

1.3 Dicarbonsäuren und Hydroxycarbonsäuren

Name	Decandisäure (Sebacinsäure)	Hexandisäure (Adipinsäure)	Glykolsäure
Struktur-formel	$COOH$ | $(CH_2)_8$ | $COOH$	$COOH$ | $(CH_2)_4$ | $COOH$	$COOH$ | CH_2 | OH
Name	Milchsäure	3-Hydroxybutansäure	3-Hydroxypentansäure (3-Hydroxyvaleriansäure)
Struktur-formel	$COOH$ | $H-C-OH$ | CH_3	$COOH$ | CH_2 | $H-C-OH$ | CH_3	$COOH$ | CH_2 | $H-C-OH$ | CH_2 | CH_3

1.4 Diisocyanate, Diamine und Harnstoff

Name	Hexamethylendiisocyanat	Harnstoff	Hexamethylendiamin (1,6-Diaminohexan)
Struktur-formel	$O=C=N-(CH_2)_x-N=C=O$ $x = 6$	$H_2N-\underset{\underset{O}{\|\|}}{C}-NH_2$	$H_2N-(CH_2)_6-NH_2$

1.5 Aromatische Verbindungen

Name	Ethylbenzol (Styrol)	1,4-Divinylbenzol	Phthalsäure (1,2-Benzoldicarbonsäure)
Strukturformel	CH=CH$_2$ – C$_6$H$_5$	CH=CH$_2$ – C$_6$H$_4$ – CH=CH$_2$	C$_6$H$_4$(COOH)$_2$
Name	Terephthalsäure (1,4-Benzoldicarbonsäure)	Phenol	1,4-Dihydroxybenzol (Hydrochinon)
Strukturformel	HOOC – C$_6$H$_4$ – COOH	C$_6$H$_5$–OH	HO – C$_6$H$_4$ – OH
Name	Anilin (Phenylamin)	1,4-Phenylendiamin	Phenylisocyanat
Strukturformel	C$_6$H$_5$–NH$_2$	H$_2$N – C$_6$H$_4$ – NH$_2$	C$_6$H$_5$–N=C=O
Name	4-Methyl-1,3-phenylendiisocyanat	2,2-Di(4-hydroxyphenyl)propan (Bisphenol A)	
Strukturformel	CH$_3$–C$_6$H$_3$(N=C=O)$_2$ (Positionen 1, 3, mit CH$_3$ an 4)	HO – C$_6$H$_4$ – C(CH$_3$)$_2$ – C$_6$H$_4$ – OH	
Name	Diphenylmethan-4,4-diisocyanat		
Strukturformel	O=C=N – C$_6$H$_4$ – CH$_2$ – C$_6$H$_4$ – N=C=O		

2 Häufig in Kunststoffen vorkommende Atomgruppen

Gruppe	Vinyl- (Ethenyl-)	Allyl- (2-Propenyl-)	Isopropenyl- (1-Methylethenyl-)
Strukturformel	$H_2C=CH-$	$H_2C=CH-CH_2-$	$H_2C=C(CH_3)-$

Gruppe	Hydroxyl-	Carbonyl-	Formyl- (Aldehyd-)
Strukturformel	$-OH$	$>C=O$	$-CHO$

Gruppe	Carboxyl-	Isocyanat-	Urethan-
Strukturformel	$-COOH$	$-N=C=O$	$-NH-C(=O)-O-$

Gruppe	Peptid-	Phenyl-	Benzyl-
Strukturformel	$-C(=O)-NH-$	C_6H_5-	$C_6H_5-CH_2-$

Stichwortverzeichnis

Acetal 13 f., 22
Additionsreaktion 65, 70, 116
Adenin 58 ff.
Adipinsäure 113
ADI-Wert
Aktivierungsenergie 47
Aldose 6, 14, 21
Alkanol 6, 117
Amidbindung 113
Aminoplaste 116, 119, 135
Aminosäure 30, 50
• Benennung 30
• C-terminal 41 ff.
• Eigenschaften 30 ff., 50
• Einteilung 31 f., 50
• essenziell 34
• IEP 37, 50
• Molekülbau 30 ff., 50
• Nachweis 37, 42, 49
• N-terminal 41 ff.
• Pufferwirkung 36, 50
• Reaktionen 34 ff.
• Reste R 31 ff.
• Titration 35 f.
• Trennung 37
• Zwitterion 31, 34 f., 50
Ampholyt 34
Amylase 19, 47, 51
Amylopektin 17 f., 23
Amylose 17 f., 23
Anilin 77, 81 ff., 87, 95, 119
Anomere 8 f., 14, 22
Anthracen 86
Antibiotikum 41
Arabinose 14
Aromaten 64 ff., 69
• heterozyklisch 85 f., 88
• kondensiert 86, 88
• mehrkernig 85 f.

• nicht kondensiert 85 f., 88
asymmetrisches Kohlenstoffatom 2 f., 21
AVERY 58

BAEKELAND 104, 115
Bakelit 104, 115
BAT-Wert 97 f.
Benzaldehyd 84 f, 88
Benzoesäure 84 f, 88
Benzol 64, 73, 77
• Bindungslänge 65 f.
• Bindungswinkel 66
• Chlorierung 71
• Derivate 77, 85
• Eigenschaften 65, 73
• Hydrierung 65 f., 68 f.
• Reaktionen 70
• Struktur 64 ff., 73
• Summenformel 64, 73
Benzolsulfonsäure 78, 87
Benzpyren 86, 88
Benzylalkohol 84 f., 88
Biokatalysator 47, 51
Biphenyl 85 ff.
Blutzuckerspiegel 6, 41

ε-Caprolactam 113
Carbonsäure 30
Carboxypeptidase 43
Cellobiose 16, 23
• Hydrolyse 17
• Molekülbau 17
• Summenformel 16
• Verküpfung 16
Cellophan 104
Cellulase 21
Celluloid 104
Cellulose 20, 23
• Ballaststoff 21
• Bedeutung 20, 23

• Hydrolyse 20
• Molekülbau 20, 23
• Nitro- 21, 23
Chiralität 2, 21, 30
Chlorophyll 87
CRICK 61
Cyclohexadien 68
Cyclohexen 68
Cytosin 58 ff.

Delokalisation 67 f., 73, 82
Desoxyribose 58 ff.
Diastereomere 4, 21
Disulfidbrücke 41, 45 f., 51
DNA 58 ff.
• Doppelhelix 61
• Primärstruktur 60
• Richtung 60
• Sekundärstruktur 61
• Tertiärstruktur 61
• Vorkommen 62
Dolan 110
Dralon 110
Drehwinkel 5, 8, 22
Dünnschichtchromatografie 37, 42, 50
Duroplast 115, 117, 119, 133, 135 f., 138, 142
• Eigenschaften 135 f.
• Struktur 135 f.
• Verarbeitung 135 f., 138

Eiweiß 39
Elastomere 133, 135 f.
• Eigenschaften 135 f.
• Struktur 135 f.
• Verarbeitung 136
• Vulkanisation 136
Elektrophorese 37 ff., 50
Enantiomere 2 f., 5, 21

Enzym 47 ff., 51
- aktives Zentrum 48, 51
- Anwendung 49
- Schlüssel-Schloss-Prinzip 48, 51
- Spezifität 48, 51
- -Substrat-Komplex 48, 51

Erdöl 65, 104
Ester 6
Ethandiol 112
Ethanol 20
Ethen 84
Ethylbenzol 84 f.

FARADAY 64
FEHLING'sche Probe 11, 15, 22
FISCHER-Projektion 3, 6, 22
Formaldehyd 116, 119
Fotosynthese 2, 6
Friedel-Crafts-Alkylierung 79
Fructose 9 ff., 22
- funktionelle Gruppen 9
- Gleichgewicht 10
- Nachweise 10 ff.
- offenkettige Form 9 f.
- Ringformen 9 f.
- Summenformel 9
fuchsinschweflige Säure 7, 12
funktionelle Gruppe 3, 6, 105, 111
- Aldehyd 6 f., 11 f., 21 f., 81
- Amino- 30 ff., 39, 42 ff., 50, 80 ff., 111, 118
- Carbonyl- 119
- Carboxyl- 13, 30 ff., 39, 43 f., 50, 81, 111, 119
- Hydroxyl- 3, 6 ff., 22, 60, 80, 111, 118 f.
- Keto- 9, 21
- Nitro- 77, 81, 83
- Sulfonsäure- 78, 81
- Thionyl- 41

Furan 87 f.
Furanose 9 f., 22

Gefahrstoffverordnung 96
- R-Sätze 96, 98
- S-Sätze 96, 98
genetische Information 58 ff.
Glucarsäure 13
Gluconsäure 12
Glucose 6 ff., 22
- α-/β-Form 7
- D-/L-Zuordnung 7
- Halbacetal-Form 7
- HAWORTH-Form 7 f.
- Nachweise 6 f., 11 ff., 22
- offenkettige Form 6
- Ringform 7
- Sesselform 8, 22
- spezifische Drehung 8 f.
- Summenformel 6
- Wannenform 8
Glucuronsäure 13
Glutathion 41, 50
Glycerin 112
Glycin 30 ff.
Glycogen 17, 23
Glycosidbildung 13 ff., 22
Glykol 112
Guanin 58 ff.

Halbacetal 7, 12, 14 f., 22
Halogenierung
- Benzol 71
- Toluol 80
Hämoglobin 46, 51, 87
Harnstoff 49, 116, 119
Haushaltszucker 15
HAWORTH 8
Helix 18 f., 22
Hexose 6, 21
Holz 20 f.
Hückel-Regel 69, 73

induktiver Effekt 81 f., 87
- negativer 81, 83
- positiver 81

Insulin 41, 50 f.
Invertzucker 16
Isocyanate 117 f.
IUPAC 30

Karamell 15
Katalase 47
KEKULÉ 65
Keto-Enol-Tautomerie 10
Kettenreaktion 106
- radikalische 106
- Bilanz 108
- Mechanismus 107 f.
- Startradikal 106 f.
KKK-Regel 80, 87
Kohlenhydrate 2 ff.
kolloidale Lösung 17, 23
komplementäre Basenpaarung 61 f.
Konfiguration 3
- D-/L- 3, 7, 22
Konstitution 3
Kunststoffe 104 ff.
- Abfälle 144 ff.
- Eigenschaften 133
- halbsynthetisch 104
- Historie 104
- Polyreaktionen 105
- Struktur 133
- Syntheseverfahren 105 ff.
- Verarbeitung 138 ff.
- vollsynthetisch 104
- Wiederverwertung 144 ff.

Lactase 47, 51
LD_{50}-Wert 95, 98
Lignin 21
linear polarisiertes Licht 4, 21
Lugol'sche Lösung 19

Makromolekül 39, 42, 58, 104 ff., 111, 119, 135
MAK-Wert 97 f.
Maltase 19, 47, 51

Maltose 16, 19, 22
• Molekülbau 16
• Reaktionen 16
• Summenformel 16
• Verknüpfung 16
Malzzucker 16
Mesoform 152, 156
mesomerer Effekt 81 f., 87
• negativer 81, 83
• positiver 81
Mesomerie 67 f., 81 f., 86
Mesomeriestabilisierung 68 f.
Methanal 116, 119
Methylbenzol 79, 84 f., 87
Milchsäure 2, 5
Monomere 104 ff., 119
• Übersicht 105 f.
Müllsortierung 145
mutagen 95, 98
Mutarotation 8 f., 14 f., 22

Naphthalin 70, 86
Nassspinnverfahren 140, 142
Ninhydrin 37, 50
Nitriersäure 77, 87
Nitrobenzol 77, 87
• Reduktion 77
Nitroniumion 77
NOEL-Wert 96
Nucleosid 59, 62
Nucleotid 59 ff.
Nukleinsäure 58 ff.
Nylon-6,6 113

optische Aktivität 2, 4 f., 30
optische Isomere 21
organische Base 58 ff.
• Purin- 59 ff.
• Pyrimidin- 59 ff.
Orlon 110
Oxidation 12, 22
• Glucose 12
• Thionylgruppe 41
• Toluol 84, 88

PAN 105, 110, 140
Pentose 6, 14, 21, 59
Peptid 39, 50
• allgemeine Formel 40
• Hormon 41, 50
• Hydrolyse 40, 42, 50
• Kondensation 39, 50
• Oligo- 40, 50
• Poly- 40, 50
• Vertreter 41
Peptidase 47, 51
Peptidbindung 39, 44, 50
• Bau 40, 50
• Bindungslänge 40
• Mesomerie 40 f.
Perlon 113 f.
PET 112
Pflanzenfarbstoffe 14
Phenantren 86, 88
Phenol 64, 115, 119
Phenoplaste 115, 119, 135
Phosphorsäure 58 ff.
π-Elektronen 40, 67, 84
• konjugiertes System 70
π-Komplex 71, 73, 77 ff.
Plexiglas 105, 111
Polarimeter 4, 8, 21
Polyaddition 105, 117, 119
• Polyurethane 117
Polyamide 113, 134
Polyester 112, 134
Polyethen 105, 134
Polykondensation 105, 111 f., 119
• Aminoplaste 116
• Monomere 111, 119
• Phenoplaste 115
• Polyamide 113, 119
• Polyester 112, 119
Polymer 104 ff., 119
Polymerisation 105, 119
• Co- 108, 110, 119
• Pfropf- 108 f., 119
• radikalische 105 ff., 119
• technische Durchführung 109

Polymerisation 84
• radikalische 84
Polypropen 105
Polystyrol 84, 105, 109 f.
Polyurethan 118, 134
Polyvinylchlorid 105
Protein 30, 39 f., 42, 50 f.
• α-Helix 44, 51
• β-Faltblattstruktur 44 f., 51
• Denaturierung 46, 51
• EDMAN-Abbau 42, 51
• Hydrolyse 42
• Primärstruktur 42 f., 51
• Quartärstruktur 46, 51
• Sekundärstruktur 44, 51
• Tertiärstruktur 45, 51
Puffergleichung 36
PVC 105
Pyranose 7, 22
Pyridin 86, 88
Pyrrol 87 f.

Racemat 6
Radikalbildner 106
Recycling 145
• energetisch 147 f.
• rohstofflich 146 ff.
• wertstofflich 145 f., 148
Ribose 14, 58 ff.
RNA 58 ff.
Rohrzucker 15
• -inversion 16
Rübenzucker 15

Saccharide 6
• Di- 14 ff., 22
• Mono- 6 ff., 21
• Oligo- 6, 21
• Poly- 6, 17 f., 21
Saccharose 15, 23
• Eigenschaften 15 f.
• Hydrolyse 15 f.
• Molekülbau 15
• Reaktionen 15
• Verknüpfung 15

Schaumstoff 118, 141 f.
SCHIFF'sche Probe 12
Schmelzspinnverfahren 139, 142
Schwefelsäure 78, 84
Schwefeltrioxid 78
Seitenkette 87
- aliphatisch 79
- ungesättigt 84
Seliwanow-Probe 11 f., 22
SEVESO 63, 95, 148
Sicherheitsdatenblatt 96
σ-Komplex 71, 73, 77 ff.
Silberspiegel-Probe 6 f., 11, 22
Spiegelbildisomerie 2
SSS-Regel 80, 87
Stärke 17 ff., 23
- Energiespeicher 17
- Hydrolyse 19 f.
- „Kleister" 17
- Molekülbau 17 f.
- Nachweis 19
STAUDINGER 104
Stereochemie 3
Stereoisomere 3 f.
Styrol 84 f, 88
Styropor 110
Substitutionsreaktion 65 f., 70, 73, 77 ff.
- elektrophil 70, 77 ff., 115

- Energiediagramm 72
- Geschwindigkeit 71 f.
- Katalysator 71, 73, 77
- Mechanismus 71
- radikalisch 79
Substrat 47, 51
Sulfonierung 78, 87

Teflon 105
teratogen 95, 98
Terephthalsäure 112
Tetraeder 2
Textilfasern 113 f., 139 f.
- Spinnverfahren 139 f., 142
- Verstreckung 140 ff.
Thermoplaste 133 f., 136, 138
- Aufbau 133 f., 136
- Eigenschaften 133 f.
- Granulat 138 f.
- Kristallite 136
- Verarbeitung 138 f., 142
- Verhalten 134
Thiophen 87 f.
Thymin 58 ff.
TOLLENS-Probe 22
Toluol 79, 84 f., 87
Toxikologie 95 ff.
Toxin 41, 50
Traubenzucker 6
Trevira 113

Triose 6, 21
Triphenylmethan 85 ff.
TRK-Wert 97 f.
Trockenspinnverfahren 140 ff.
Tyndall-Effekt 17, 23

Uracil 58 ff.
Urease 47, 49

VAN-DER-WAALS-Kräfte 45, 48
Viskose 104
Wasserstoffbrückenbindungen 18, 23, 44 ff., 48, 51, 61, 134, 141
WATSON 61
Weichmacher 111
WHO 96

Xylose 14

Zucker 6, 58 f.
Zuckersäure 13
Zweitsubstitution 65 f., 79 f., 87
- meta 65 f., 80 ff., 87
- Ort 80 ff., 87
- ortho 65 f., 80 ff., 87
- para 65 f., 80 ff., 87
- Reaktivität 79